Luz Stella Rozo

O Poder Milagroso dos Salmos

Tradução
MERLE SCOSS

Editora
Pensamento
SÃO PAULO

Título original: *El Poder Milagroso de Los Salmos.*

Copyright © 2002 Luz Stella Rozo.

Copyright da edição brasileira © 2004 Editora Pensamento-Cultrix Ltda.

Publicado originalmente pela Llewellyn Publications, St. Paul, MN 55164 – USA.

1ª edição 2004 (catalogação na fonte, 2006).

7ª reimpressão 2023.

Todos os direitos reservados. Nenhuma parte deste livro pode ser reproduzida ou usada de qualquer forma ou por qualquer meio, eletrônico ou mecânico, inclusive fotocópias, gravações ou sistema de armazenamento em banco de dados, sem permissão por escrito, exceto nos casos de trechos curtos citados em resenhas críticas ou artigos de revistas.

A Editora Pensamento não se responsabiliza por eventuais mudanças ocorridas nos endereços convencionais ou eletrônicos citados neste livro.

Dados Internacionais de Catalogação na Publicação (CIP)
(Câmara Brasileira do Livro, SP, Brasil)

Rozo, Luz Stella
    O poder milagroso dos salmos / Luz Stella Rozo ; tradução Merle Scoss. -- São Paulo : Pensamento, 2006.

    Título original : El poder milagroso de los salmos
    ISBN 978-85-315-1355-8

    1. Bíblia. A. T. Salmos - Miscelânea 2. Espiritualidade 3. Magia I. Título.

06.4049   CDD-223.2068

Índices para catálogo sistemático:
1. Salmos : Poderes milagrosos e mágicos : Religião   223.2068

Direitos de tradução para a língua portuguesa adquiridos com exclusividade pela
EDITORA PENSAMENTO-CULTRIX LTDA., que se reserva a
propriedade literária desta tradução.
Rua Dr. Mário Vicente, 368 – 04270-000 – São Paulo, SP – Fone: (11) 2066-9000
E-mail: atendimento@editorapensamento.com.br
http://www.editorapensamento.com.br
Foi feito o depósito legal.

Impresso por : Graphium gráfica e editora

O Poder Milagroso dos

Sobre este livro

Ao longo dos séculos, a história e a literatura preservaram a sabedoria de poderosas civilizações antigas. Assíria, Babilônia e Egito são exemplos de culturas que transmitiram ao mundo inteiro seus conhecimentos sobre as artes e as ciências, bem como suas crenças e práticas religiosas.

Os Salmos fazem parte desse valioso legado espiritual e religioso que herdamos. Seus poderes milagrosos, antes empregados apenas por algumas pessoas, esperaram o momento oportuno para ser revelados em benefício de toda a humanidade.

Neste livro, Luz Stella Rozo apresenta os resultados de suas pesquisas sobre os usos, os rituais, os benefícios e os métodos de aplicação dos Salmos. Inclui também um método fácil para pronunciá-los corretamente.*

Aqui você encontrará Salmos para alcançar prosperidade e êxito, para melhorar sua saúde e curar doenças, solucionar assuntos legais e obter proteção física e espiritual.

---

* Ver "Guia facilitado para a pronúncia do hebraico por brasileiros", p. 9.

Sobre a autora

Luz Stella Rozo é jornalista, com especialização em Relações Públicas e Publicidade. Ela abandonou o jornalismo para dedicar-se integralmente ao ofício de escritora. Sua obra é fértil, pois em onze anos de atividade já lançou treze livros, incluindo este, no mercado internacional. Sua obra literária é a seguinte:

Nueva Forma de Comunicación com los Ángeles (um manual para se fazer contato com o reino angélico). *Los Ángeles de la Prosperidad, la Abundancia y el Suministro. La Felicidad* (a revista "Selecciones del Reader's Digest" publicou extratos dessa obra em diversas edições). *Los Ángeles a través de la Biblia* (um estudo narrativo sobre as diferentes aparições de anjos nas páginas bíblicas). *El Oráculo de los Ángeles* (o primeiro oráculo desse tipo a ser publicado, para venda no mercado latino-americano; contém uma série de cartas com as respostas correspondentes). *Los Ángeles de la Navidad* (uma análise sobre os acontecimentos que tiveram de ocorrer ao longo da história, desde o início dos tempos, para que se cumprissem as profecias ligadas ao nascimento de Jesus de Nazaré). *Miguel (Arcángel) Príncipe de los Imposibles* (obra em que se destaca a importância do arcanjo Miguel nas diferentes religiões). *Decretos de Prosperidad* (um livro pequeno que em dois anos vendeu setenta mil exemplares; foi modificado e revisado, com vendas acima de cento e cinqüenta mil exemplares). A esse livro seguiram-se *Decretos de Salud* e *Un Decreto para Cada Día*.

Em novembro de 1999 foi lançado no mercado internacional seu livro *Éxito sin Límites*, pela editora norte-americana Llewellyn Worldwide. Esse trabalho obteve o prêmio de segundo lugar, entre os livros editados em espanhol sobre o tema da auto-ajuda, na Feira Internacional do Livro de Chicago, nos Estados Unidos. Também recebeu o "2000 Literary Hall of Fame Book Awards". Luz Stella Rozo lançou seu primeiro romance em novembro de 2000: *Vidas Eternas*, a história de uma vida no Egito antigo, na qual está presente o esoterismo.

Depois de muitos anos estudando os ensinamentos da Antigüidade, Luz Stella Rozo começou a escrever uma coluna semanal em dois dos mais importantes jornais de Caracas, Venezuela. Alternou essa atividade com seu próprio programa de rádio, no qual também discutia temas de viés filosófico-espiritual e auto-ajuda. Logo a seguir vieram seus livros e apresentações pessoais nos diferentes meios de comunicação social e seus freqüentes seminários sobre os temas tratados em sua obra literária. Atualmente, tem mais dois livros no prelo: *365 Días de Felicidad* é um deles; o outro é um livro de grande ajuda, uma surpresa para os leitores, que certamente irão consultá-lo diariamente.

Agradecimentos

Agradeço imensamente a destacada participação do mestre cabalista Tomás Golding, cujos ensinamentos e orientação permitiram que este livro pudesse ver a luz.

A Rafael Zubillaga H.

Guia facilitado para a pronúncia do hebraico por brasileiros

Damos aqui uma chave simplificada para a pronúncia correta do hebraico pelo leitor brasileiro que não conhece esse idioma. Evitamos detalhes e minúcias que são desnecessários para o propósito deste livro.

A sílaba tônica da palavra é indicada pelo acento agudo (som aberto, como em camélia) ou pelo acento circunflexo (som fechado, como em ônibus).

As vogais têm os mesmos sons do português (á, â, é, ê, i, ó, ô, u). A pronúncia das consoantes é indicada na tabela abaixo.

Letra	Exemplos de pronúncia da letra
B	a**b**alar, **b**eijo, a**b**ismo, **b**ola, **b**ula
Ç	a**ç**afrão, a**ç**ude, mere**ç**o, a**c**ender, ofí**c**io, **s**apo, a**ss**inatura. Usamos **s** diante de consoante e no final da palavra.
D	a**d**orar, ín**d**io, i**d**éia
F	**f**ormiga, a**f**azeres
G	**g**ato, en**g**olir, **g**ula; para evitar erros de pronúncia, usamos **gu** diante das vogais **e** e **i** (**gu**eixa, **gu**inada)
H	levemente aspirado, como no inglês *happy*, *high*, *head*
L	**l**ivro, a**l**ameda, **l**ei
M	**m**ãe, a**m**or, a**m**ericano; a pronúncia deve ser bem definida no final de palavras (tirage**m**)
N	**n**ada, a**n**oitecer; a pronúncia deve ser bem definida no final de palavras (hífe**n**)
P	**p**ai, a**p**ertar, **p**orto
Q	**q**uilo, **q**ueijo, a**q**uilatar, a**c**ordar, **c**asa, **k**ilowatt
R	ca**r**o, lou**r**o; a pronúncia deve ser suave também no início de palavras, como no inglês *rose* (ao contrário do português *rosa*)
Ch	ca**rr**o, **r**ato, **r**oer; fortemente aspirado, raspando na garganta, como no espanhol *rojo* e no alemão *ich*
Sh	**x**ícara, ori**x**á, fle**ch**a
T	**t**elefone, **t**itia,
Tz	kibu**tz**, **tz**ar
V	**v**estido, a**v**isar
Z	**z**ebra, a**z**ar, a**z**ul

Merle Scoss
São Paulo, dezembro de 2003

Sumário

Os Salmos e suas aplicações   19
Sobre Tomás Golding   27
Notas da autora   29
Prólogo   30
Introdução   32

Como usar os Salmos   34
Advertência   36
Benefício dos Salmos   39
A força energética da voz no uso dos Salmos   40
A cura por intermédio dos Salmos   42
A universalidade religiosa no uso dos Salmos   43
Um esclarecimento prévio ao uso dos Salmos   45

Salmo 1 — Para curar a mulher grávida que corre perigo de aborto. Para evitar o aborto espontâneo. 47
Salmo 2 — Para apaziguar a tormenta interior. 49
Salmo 3 — Para adquirir prosperidade. 51
Salmo 4 — Diante de qualquer problema ou indecisão, se você está passando por dificuldade. 53
Salmo 5 — Para casos desesperados de negócios, em tribunais e diante de magistrados. 55
Salmo 6 — Para curar enfermidades da vista. 57
Salmo 7 — Para afugentar ou distanciar os inimigos. 59
Salmo 8 — Para encontrar a Graça Divina e o êxito nos negócios. 61

Salmo 9 —	Para curar um homem jovem	63
Salmo 10 —	Para proteger-se de entidades maléficas.	66
Salmo 11 —	Para livrar-se do poder dos inimigos e de perseguições políticas.	68
Salmo 12 —	Para você não se debilitar. Para fortalecer o seu organismo.	69
Salmo 13 —	Para livrar-se de uma dor física e de uma morte trágica.	71
Salmo 14 —	Para livrar-se de calúnias e desconfianças. Para saber se alguém tem más intenções a seu respeito. Para perder o medo.	73
Salmo 15 —	Para curar a melancolia, a depressão ou a loucura.	75
Salmo 16 —	Para descobrir quem furtou.	77
Salmo 17 —	Para quem tem idéias suicidas.	79
Salmo 18 —	Para livrar-se de governantes despóticos ou agressivos.	81
Salmo 19 —	Para obter sabedoria. Para que um filho tenha bom coração, seja generoso e se torne bom aluno.	84
Salmo 20 —	Para se sair bem num julgamento ou problema legal.	86
Salmo 21 —	Para quem tem problemas de impotência.	88
Salmo 22 —	Para afastar os infortúnios e ser fortalecido por Deus diante de qualquer missão, acontecimento ou empreendimento. Para queimar karma.	89
Salmo 23 —	Para receber resposta em sonhos ou numa visão.	92
Salmo 24 —	Para salvar-se de uma inundação.	93
Salmo 25 —	Para salvar-se de uma desgraça.	94
Salmo 26 —	Para livrar-se de um sofrimento ou perigo.	96
Salmo 27 —	Para receber hospitalidade.	97
Salmo 28 —	Para curar a bronquite e doenças respiratórias.	99
Salmo 29 —	Para livrar-se de entidades negativas ou de um trabalho de bruxaria.	101
Salmo 30 —	Para livrar-se de feitiços.	102
Salmo 31 —	Para livrar-se do mau-olhado.	104
Salmo 32 —	Para receber de Deus a graça, o amor e a misericórdia.	106
Salmo 33 —	Para preservar a vida dos filhos.	108
Salmo 34 —	Para escapar de uma situação que não queremos prolongar. Para que os caminhos se abram.	110
Salmo 35 —	Para se sair bem num processo legal.	112

Salmo 36 —	Para exterminar o mal.	114
Salmo 37 —	Para deixar o vício do álcool.	116
Salmo 38 —	Para quem se embriaga sem controle.	119
Salmo 39 —	Para quem sofre de desmaios ou epilepsia.	121
Salmo 40 —	Para livrar-se da depressão ou da loucura e de entidades negativas.	123
Salmo 41 —	Para recuperar o dinheiro que outros lhe devem ou que fizeram você perder. Para recuperar a confiança que alguém perdeu em você. Para conseguir emprego ou trabalho.	125
Salmo 42 —	Para quem corre o risco de perder a casa, um negócio ou o emprego.	127
Salmo 43 —	Para quem vai construir uma casa.	129
Salmo 44 —	Para curar-se de urticária.	130
Salmo 45 —	Para estabelecer a harmonia no casamento.	132
Salmo 46 —	Para eliminar o ódio ou o rancor no parceiro.	134
Salmo 47 —	Para você se fazer amar por seus semelhantes.	135
Salmo 48 —	Para que seus adversários o respeitem.	137
Salmo 49 —	Para curar uma febre alta.	139
Salmo 50 —	Para você se salvar de agressores, como ladrões ou salteadores.	141
Salmo 51 —	Para ser perdoado por ter cometido um pecado grave. Para obter fortaleza diante de uma forte tentação. Para livrar-se de uma paixão.	143
Salmo 52 —	Para livrar-se de falatórios.	145
Salmo 53 —	Para obter proteção contra inimigos declarados ou ocultos. Para livrar-se da tentação de fazer fofocas e espalhar boatos.	147
Salmo 54 —	Para apressar o processo de convalescença.	148
Salmo 55 —	Para quem se encontra na prisão.	149
Salmo 56 —	Para livrar-se de um vício ou paixão, como drogas ou álcool.	151
Salmo 57 —	Para você ter êxito em tudo o que empreende.	152
Salmo 58 —	Para livrar-se da mordida de um cachorro.	154
Salmo 59 —	Para se proteger contra a possessão demoníaca.	155
Salmo 60 —	Para fazer respeitar seus direitos em geral e seus limites em particular.	157
Salmo 61 —	Para quem tem medo da casa onde mora.	159

Salmo 62 —	Para curar doenças do aparelho digestivo.	161
Salmo 63 —	Para curar doenças hepáticas e biliares.	163
Salmo 64 —	Para evitar acidentes a quem viaja por rio ou mar.	164
Salmo 65 —	Para quem necessita de algo de outra pessoa. Para pedir chuva sobre os campos.	165
Salmo 66 —	Para livrar-se de entidades negativas. Para fazer exorcismos e limpar espiritualmente uma casa, um negócio, um lugar ou uma pessoa.	167
Salmo 67 —	Para curar uma doença grave ou crônica.	169
Salmo 68 —	Para quem acha que é vítima de feitiços e bruxarias.	170
Salmo 69 —	Para corrigir-se da cobiça e da luxúria.	173
Salmo 70 —	Para salvar-se da guerra. Para salvar seu país de desastres políticos e econômicos.	176
Salmo 71 —	Para levantar o ânimo e aumentar a fé das pessoas que estão envelhecendo.	177
Salmo 72 —	Para assegurar-se de que nunca sofrerá pobreza.	180
Salmo 73 —	Para livrar-se do medo.	182
Salmo 74 —	Para curar qualquer tipo de esclerose.	184
Salmo 75 —	Para dobrar o falso orgulho.	186
Salmo 76 —	Para se salvar do fogo ou da água.	187
Salmo 77 —	Para não ser vítima de uma tragédia coletiva.	188
Salmo 78 —	Para encontrar graça e mercê aos olhos de uma pessoa poderosa.	190
Salmo 79 —	O Salmo mais poderoso contra os inimigos.	194
Salmo 80 —	Para curar doenças graves e fétidas da pele. Para eliminar o mau odor produzido pela enfermidade.	196
Salmo 81 —	Para equilibrar no nosso amado planeta as energias positivas provenientes da Divindade.	198
Salmo 82 —	Para você ter êxito numa atividade ou profissão, ou na sua missão de vida.	200
Salmo 83 —	Para ter êxito na sua missão ou na atividade que você empreender.	201
Salmo 84 —	Para quem sofre de Aids ou câncer.	203
Salmo 85 —	Para melhorar as relações com os amigos. Para desfazer uma inimizade ou mal-entendido.	205

Salmo 86 — Para evitar a arteriosclerose. 206
Salmo 87 — Para curar a miopia. 208
Salmo 88 — Para eliminar o ressentimento. 209
Salmo 89 — Para quando existe o perigo de perder um braço ou uma perna. 211
Salmo 90 — Para eliminar o vício das drogas. 214
Salmo 91 — Salmo da esperança e confiança em Deus e em Seus
           santos anjos. 216
Salmo 92 — Para ver grandes milagres. 218
Salmo 93 — Para curar a hipertensão. 220
Salmo 94 — Para livrar-se de um inimigo ou opressor. 221
Salmo 95 — Para não cometer equívocos. 223
Salmo 96 — Para alcançar harmonia e felicidade em casa. 224
Salmo 97 — Para eliminar as tensões conjugais. 225
Salmo 98 — Para estabelecer a união e a paz com familiares ou amigos.
           Para a reconciliação. 226
Salmo 99 — Para conseguir evolução espiritual. 227
Salmo 100 — Para quem sofre de lumbago ou ciática. 228
Salmo 101 — Para livrar-se de estados depressivos, de melancolia ou loucura. 229
Salmo 102 — Para que uma mulher se cure da esterilidade. 230
Salmo 103 — Para curar-se da osteoporose. 232
Salmo 104 — Para afastar pessoas daninhas ou vizinhos indesejáveis. 234
Salmo 105 — Para curar doenças eruptivas. 237
Salmo 106 — Para prevenir doenças contagiosas ou produzidas por vírus. 240
Salmo 107 — Para aliviar as cólicas menstruais. 243
Salmo 108 — Para ter êxito. 246
Salmo 109 — Para livrar-se da opressão de um inimigo. 248
Salmo 110 — Para fazer a paz com seus inimigos. 250
Salmo 111 — Para que se materialize a presença do ser amado que
           estamos esperando. 252
Salmo 112 — Para fortalecer o seu ser interior. 254
Salmo 113 — Para livrar-se de um trabalho de feitiçaria. 256
Salmo 114 — Salmo a ser recitado por um comerciante em seu negócio. 258
Salmo 115 — Para os que ofendem a Deus pedirem perdão. 260

Salmo 116 — Para salvar-se de uma morte trágica. 262

Salmo 117 — Salmo a ser rezado por quem foi caluniado. 264

Salmo 118 — Para que Deus livre você de cometer erros. 265

Salmo 119 — Vinte e duas aplicações. 267

Salmo 120 — Para fazer as pazes com alguém. Para fazer amizade
com alguém. 303

Salmo 121 — Para quem vai sair sozinho à noite. 304

Salmo 122 — Para ser bem-sucedido numa entrevista com uma pessoa
importante. 305

Salmo 123 — Para conseguir empregados domésticos ou de qualquer
outra profissão. 306

Salmo 124 — Para quem viaja de barco. 307

Salmo 125 — Para resolver uma crise de identidade. 308

Salmo 126 — Salmo a ser rezado pela mulher cujo filho foi morto. 310

Salmo 127 — Salmo a ser rezado quando nasce um filho. 311

Salmo 128 — Para levar a bom termo uma gravidez. Para um bom pós-parto. 312

Salmo 129 — Para evitar pesadelos e ter bons sonhos. 313

Salmo 130 — Para curar varizes. 314

Salmo 131 — Para você dobrar o seu orgulho. 316

Salmo 132 — Para reparar os pecados cometidos e os falsos juramentos.
Para queimar karma. 317

Salmo 133 — Para conservar e aumentar as amizades. Salmo a ser rezado
pelos pais para manter a união entre seus filhos. 319

Salmo 134 — Para elevar nossas vibrações espirituais. 321

Salmo 135 — Salmo de louvor a Deus. Para encher de boas energias a nós
e ao lugar onde oramos. 322

Salmo 136 — Para a pessoa reconhecer suas falhas e queimar karma. ... 324

Salmo 137 — Para eliminar do nosso coração o ódio, o rancor e a dor. ... 326

Salmo 138 — Para conseguir amor e amizade. 327

Salmo 139 — Para manter o amor e a harmonia no casamento. 328

Salmo 140 — Para quem vai estudar. 330

Salmo 141 — Para eliminar dores morais e curar doenças do coração. 332

Salmo 142 — Para eliminar dores musculares e câimbras nas pernas,
ou para curar as pernas de qualquer doença. 334

Salmo 143 — Para eliminar a dor de dente. Para eliminar dores e ajudar na cicatrização de doenças periodontais. 335
Salmo 144 — Para curar fraturas na mão ou no braço. 337
Salmo 145 — Para perder o medo de seres espirituais ou astrais................. 339
Salmo 146 — Para curar uma ferida infectada ou que demora a cicatrizar........ 341
Salmo 147 — Para curar picadas de cobra ou escorpião. 343
Salmo 148 — Para salvar-se de um incêndio. 345
Salmo 149 — Para que um incêndio não se alastre. 347
Salmo 150 — Salmo de agradecimento e louvor a Deus por todas as Suas obras. 348

Oração Duniá   349
Leituras recomendadas   350
O alfabeto hebraico   351

Os Salmos e suas aplicações

Para facilitar ao leitor o uso dos Salmos, nós os dividimos de acordo com suas aplicações, conservando a ordem numérica:

Amizade

Salmo 65 — Para quem necessita algo de outra pessoa. Para pedir chuva sobre os campos.

Salmo 85 — Para melhorar as relações com os amigos. Para desfazer uma inimizade ou mal-entendido.

Salmo 98 — Para estabelecer a união e a paz com familiares ou amigos. Para a reconciliação.

Salmo 111 — Para que se materialize a presença do ser amado que estamos esperando.

Salmo 133 — Para conservar e aumentar as amizades. Salmo a ser rezado pelos pais para manter a união entre seus filhos.

Salmo 138 — Para conseguir amor e amizade.

Economia

Salmo 8 — Para encontrar a Graça Divina e êxito nos negócios.

Salmo 41 — Para recuperar o dinheiro que outros lhe devem ou que fizeram você perder. Para recuperar a confiança que alguém perdeu em você. Para conseguir emprego ou trabalho.

Salmo 42 — Para quem corre risco de perder a casa, um negócio ou o emprego.

Salmo 43 — Para quem vai construir uma casa.

Salmo 57 — Para você ter êxito em tudo o que empreende.

Salmo 78 — Para encontrar graça e mercê diante dos olhos de uma pessoa poderosa.

Salmo 108 — Para ter êxito.
Salmo 114 — Salmo a ser recitado por um comerciante em seu negócio.
Salmo 119 — Letra *Quf.* Versículos 145-152. Para restabelecer o fluxo e refluxo econômico entre o macro e o micro.
Salmo 122 — Para ser bem-sucedido numa entrevista com uma pessoa importante.
Salmo 123 — Para conseguir empregados domésticos ou de qualquer outra profissão.

Problemas da gravidez

Salmo 1 — Para curar a mulher grávida que corre perigo de aborto. Para evitar o aborto espontâneo.
Salmo 102 — Para que uma mulher se cure da esterilidade.
Salmo 128 — Para levar a bom termo uma gravidez. Para um bom pós-parto.

Doenças diversas

Salmo 9 — Para curar um homem jovem.
Salmo 12 — Para você não se debilitar. Para fortalecer o organismo.
Salmo 13 — Para livrar-se de uma dor física e de uma morte trágica.
Salmo 21 — Para quem tem problemas de impotência.
Salmo 28 — Para curar a bronquite e doenças respiratórias.
Salmo 39 — Para quem sofre de desmaios ou epilepsia.
Salmo 44 — Para curar-se de urticária.
Salmo 49 — Para curar uma febre alta.
Salmo 54 — Para apressar o processo de convalescença.
Salmo 62 — Para curar doenças do aparelho digestivo.
Salmo 63 — Para curar doenças hepáticas e biliares.
Salmo 67 — Para curar uma doença grave ou crônica.
Salmo 74 — Para curar qualquer tipo de esclerose.
Salmo 11 — Para você se salvar do poder dos inimigos e de perseguições políticas.
Salmo 80 — Para curar doenças graves e fétidas da pele. Para eliminar o mau odor produzido pela enfermidade.
Salmo 84 — Para quem sofre de Aids ou de câncer.
Salmo 86 — Para evitar a arteriosclerose.
Salmo 89 — Quando existe o perigo de perder um braço ou uma perna.
Salmo 93 — Para curar a hipertensão.

Salmo 100 — Para quem sofre de lumbago ou ciática.
Salmo 103 — Para curar-se da osteoporose.
Salmo 105 — Para curar doenças eruptivas.
Salmo 106 — Para prevenir doenças contagiosas ou produzidas por vírus.
Salmo 107 — Para aliviar as cólicas menstruais.
Salmo 119 — Letra *Álef*. Versículos 1 a 8. Para curar problemas de anorexia.
Salmo 130 — Para curar varizes.
Salmo 146 — Para curar uma ferida infectada ou que demora a cicatrizar.
Salmo 147 — Para curar picadas de cobra ou escorpião.

Salmos piedosos

Salmo 32 — Para receber de Deus a graça, o amor e a misericórdia.
Salmo 81 — Para equilibrar no nosso amado planeta as energias positivas provenientes da divindade.
Salmo 91 — Salmo da esperança e confiança em Deus e em Seus santos anjos.
Salmo 115 — Para os que ofendem a Deus pedirem perdão.
Salmo 118 — Para que Deus livre você de cometer erros.
Salmo 134 — Para elevar nossas vibrações espirituais.
Salmo 135 — Salmo de louvor a Deus. Para encher de boas energias a nós e ao lugar onde oramos.
Salmo 150 — Salmo de agradecimento e louvor a Deus por todas as Suas obras.

Encomendar a Deus qualquer trabalho ou empreendimento

Salmo 7 — Para afugentar ou distanciar os inimigos.
Salmo 11 — Para salvar-se do poder dos inimigos e de perseguições políticas.
Salmo 14 — Para livrar-se de calúnias e desconfianças. Para saber se alguém tem más intenções a seu respeito. Para perder o medo.
Salmo 16 — Para descobrir quem furtou.
Salmo 18 — Para salvar-se de governantes despóticos ou agressivos.
Salmo 19 — Para obter sabedoria. Para que um filho tenha bom coração, seja generoso e se torne bom aluno.
Salmo 22 — Para afastar os infortúnios e ser fortalecido por Deus diante de qualquer missão, acontecimento ou empreendimento. Para queimar karma.

Salmo 48 — Para que seus adversários o respeitem.

Salmo 53 — Para obter proteção contra inimigos declarados ou ocultos. Para evitar fazer fofocas e boatos.

Salmo 71 — Para levantar o ânimo e aumentar a fé das pessoas que estão envelhecendo.

Salmo 65 — Para quem necessita algo de outra pessoa. Para pedir chuva sobre os campos.

Salmo 72 — Para assegurar-se de que nunca sofrerá pobreza.

Salmo 74 — Para curar qualquer tipo de esclerose.

Salmo 79 — O Salmo mais poderoso contra os inimigos.

Salmo 82 — Para ter êxito em uma atividade ou profissão, ou na sua missão de vida.

Salmo 83 — Para ter êxito em sua missão ou na atividade que você empreender.

Salmo 86 — Para evitar a arteriosclerose.

Salmo 87 — Para curar a miopia.

Salmo 92 — Para ver grandes milagres.

Salmo 94 — Para livrar-se de um inimigo ou opressor.

Salmo 95 — Para não cometer equívocos.

Salmo 104 — Para afastar pessoas daninhas ou vizinhos indesejáveis.

Salmo 109 — Para livrar-se da opressão de um inimigo.

Salmo 110 — Para fazer a paz com seus inimigos.

Salmo 112 — Para fortalecer seu ser interior.

Salmo 117 — Salmo a ser rezado por quem foi caluniado.

Salmo 119 — Letra *Hei*. Versículos 33-40. Para livrar-se de tentações e se fortalecer no caminho reto.

Salmo 119 — Letra *Iúd*. Versículos 73-80. Oração para você eliminar suspeitas infundadas sobre sua pessoa.

Salmo 119 — Letra *Sámech*. Versículos 113-120. Para alguém que precisa de apoio emocional e espiritual.

Salmo 120 — Para fazer as pazes com alguém. Para fazer amizade com alguém.

Salmo 137 — Para eliminar de nosso coração o ódio, o rancor e a dor.

Casamento e família

Salmo 33 — Para preservar a vida dos filhos.

Salmo 45 — Para estabelecer a harmonia no casamento.

Salmo 46 — Para eliminar o ódio ou o rancor no parceiro.

Salmo 51 — Para ser perdoado por ter cometido um pecado grave.
Para obter fortaleza diante de uma forte tentação.
Para livrar-se de uma paixão.

Salmo 61 — Para quem tem medo da casa onde mora.

Salmo 96 — Para alcançar harmonia e felicidade em casa.

Salmo 97 — Para eliminar as tensões conjugais.

Salmo 126 — Salmo a ser rezado pela mulher cujo filho foi morto.

Salmo 127 — Salmo a ser rezado quando nasce um filho.

Salmo 139 — Para manter o amor e a harmonia no casamento.

Salmo 140 — Para quem vai estudar.

Doenças mentais e emocionais

Salmo 40 — Para livrar-se da depressão ou da loucura e de entidades negativas.

Salmo 88 — Para eliminar o ressentimento.

Salmo 90 — Para eliminar o vício das drogas.

Salmo 101 — Para livrar-se de estados depressivos, melancolia ou loucura.

Salmo 119 — Letra *Bêt*. Versículos 9-16. Para curar a dor de ter sido esquecido por outra pessoa. Para melhorar ou curar a memória.

Salmo 125 — Para resolver uma crise de identidade.

Salmo 129 — Para evitar pesadelos e ter bons sonhos.

Salmo 142 — Para eliminar dores musculares e câimbras nas pernas, ou para curar as pernas de qualquer doença.

Tribunais

Salmo 5 — Para casos desesperados de negócios, em tribunais e diante de magistrados.

Salmo 20 — Para se sair bem em um julgamento ou problema legal.

Salmo 35 — Para se sair bem em um processo legal.

Salmo 60 — Para fazer respeitar seus direitos em geral e seus limites em particular.

Salmo 119 — Letra *Vav*. Versículos 41-48. Para livrar-se de uma demanda governamental, obter a boa vontade de quem o serve e para que paguem o que lhe devem.

Salmo 119 — Letra *Lámed*. Versículos 89-96. Para quem vai se apresentar em juízo ou prestar um exame.

Salmo 119 — Letra *Tzádiq*. Versículos 137-144. Salmo a ser rezado por juízes ou pessoas que precisam tomar uma decisão ou passar uma sentença.

Situações de perigo

Salmo 24 — Para salvar-se de uma inundação.
Salmo 25 — Para salvar-se de uma desgraça.
Salmo 26 — Para salvar-se de um sofrimento ou perigo.
Salmo 27 — Para receber hospitalidade.
Salmo 50 — Para você se salvar de atacantes, como ladrões ou assaltantes.
Salmo 58 — Para livrar-se da mordida de um cachorro.
Salmo 64 — Para evitar acidentes a quem viaja por rio ou mar.
Salmo 70 — Para salvar-se da guerra. Para salvar seu país de desastres políticos e econômicos.
Salmo 76 — Para se salvar do fogo ou da água.
Salmo 116 — Para salvar-se de uma morte trágica.
Salmo 121 — Para quem vai sair sozinho à noite.
Salmo 124 — Para a pessoa que viaja de barco.
Salmo 148 — Para salvar-se de um incêndio.
Salmo 149 — Para que um incêndio não se alastre.

Proteção

Salmo 10 — Para proteger-se de entidades maléficas.
Salmo 15 — Para curar a melancolia, a depressão e a loucura.
Salmo 22 — Para afastar os infortúnios e ser fortalecido por Deus diante de qualquer missão, acontecimento ou empreendimento. Serve para queimar karma.
Salmo 29 — Para livrar-se de entidades negativas ou de um trabalho de bruxaria.
Salmo 30 — Para livrar-se de feitiços.
Salmo 31 — Para salvar-se do mau-olhado.

Salmo 36 — Para exterminar o mal.
Salmo 47 — Para você se fazer amar por seus semelhantes.
Salmo 52 — Para livrar-se de falatórios.
Salmo 55 — Para quem se encontra na prisão.
Salmo 66 — Para livrar-se de entidades negativas. Para fazer exorcismos e limpar espiritualmente uma casa, um negócio, um lugar ou uma pessoa.
Salmo 68 — Para quem acredita ser vítima de feitiços e bruxarias.
Salmo 77 — Para não ser vítima de uma tragédia coletiva.
Salmo 113 — Para tirar um trabalho de feitiçaria.
Salmo 145 — Para perder o medo de seres espirituais ou astrais.

Doenças da vista

Salmo 6 — Para curar enfermidades da vista.
Salmo 87 — Para curar a miopia.
Salmo 119 — Letra *Guímel*. Versículos 17-24. Para curar doenças do olho direito.
Salmo 119 — Letra *Dálet*. Versículos 25-32. Para curar doenças do olho esquerdo.

Eliminação de vícios

Salmo 37 — Para deixar o vício do álcool.
Salmo 38 — Para quem se embriaga sem controle.
Salmo 56 — Para livrar-se de um vício ou paixão, como drogas ou álcool.
Salmo 59 — Para se proteger contra a possessão demoníaca.
Salmo 69 — Para corrigir-se da cobiça e da luxúria.
Salmo 75 — Para dobrar o falso orgulho.
Salmo 131 — Para você dobrar o seu orgulho.
Salmo 132 — Para reparar os pecados cometidos e os falsos juramentos. Para queimar karma.
Salmo 136 — Para a pessoa reconhecer suas falhas e queimar karma.

Vários

Salmo 2 — Para apaziguar a tormenta interior.
Salmo 4 — Diante de qualquer problema ou indecisão, se você está passando por dificuldade.
Salmo 17 — Para quem tem idéias suicidas.

Salmo 23 — Para receber resposta em sonhos ou em uma visão.
Salmo 34 — Para escapar de uma situação que não queremos prolongar. Para que os caminhos se abram.
Salmo 73 — Para livrar-se do medo.
Salmo 99 — Para conseguir evolução espiritual.

Os sete primeiros Salmos, independentemente do que está indicado em cada um deles, servem para purificação. Com esse fim, devem ser rezados da seguinte forma: o primeiro Salmo, com o rosto voltado para o oeste. O segundo, olhando para o norte. O terceiro, olhando para o sul. O quinto e sétimo, olhando para o leste. Quanto ao quarto e sexto Salmos, devem ser rezados no centro, pensando em centrar-se em si mesmo.

Sobre Tomás Golding

Estudos cabalistas: Em 1974, ingressou em uma Ordem de linhagem fundamentalmente cabalista, com profunda ascendência mazdeísta (zoroastrista-mitraica), hebraica, cristã-templária, islâmica (sufi), sumeriana, egípcia (Menfis-Tebas-Luxor), assim como pitagórica, entre outras, dirigida na época pelo venerável mestre Carlos José Negretti, "Ra-Om-El".

Sob a orientação do mestre, Tomás Golding alcançou o grau de Superior Incógnito, S.I., Venerável Livre Iniciador, assim como o 7º grau de Grão Iniciado de Zurubabel e o 9º grau de Grão Rosacruz (grau cabalista-maçônico 33º GR+C e Sacerdócio de MelqTzadekh Sumo Sacerdote S.S.). Também lhe foi conferido o grau de Zelador Adepto Menor da Ordem Aurora de Ouro (Golden Dawn).

De 1987 até hoje, encarrega-se da direção da Escola Iniciática fundada por seu mestre, "Loja Cabalista Platão nº 1 Caracas", na qual utiliza o título de M.P.M. Muito Poderoso Mestre, FR: Iluminado 33º GR+C.

Inspirado pela universalidade de seu mestre, iniciou-se na Escola de Tantra Yoga-Shivaísta: Ananda-Marga e no DADA (Juan Sarmientos). Recebeu em 1979 o nome de Tata Pury.

Também se iniciou no budismo tibetano, linhagem karma-kagyu e gelugpa, recebendo em 1984 do lama Kempo Kartar Rimpoche o nome de Karma Monlam Trìme e, em 1992, do lama Lupon-Tchechu-Rimpoche, o nome de Karma-Dorje. Este nome foi ratificado em 1995 pelo lama Ole Nidal. Por outro lado, em 1996 o lama gelugpa Geshe-Lah deu-lhe o nome de Tenzin Samten.

Posteriormente, iniciou-se na linhagem sikh-surat-shabda yoga do santbani de Caracas, de cujo sat-guru (já falecido) Ajaib-Singh-Jo recebeu a iniciação no ano de 1985. (Não recebeu nome místico.)

Em 1997, iniciou-se na linhagem taoísta (Lau-Chen-Ren, grupo Ta-Chong) dirigida pelo mestre Ou, de quem também recebeu diretamente a autorização de conferencista no tema do Tao e ganhou o nome de Yeh-T-Mao.

No ano de 1998, na mesquita Sheik Ibrahim-bin-Abdul-Azis-Ibrahim (em Caracas) abraçou a fé do Islã, recebendo o nome de Abdul-Malik.

Em 1999 iniciou-se no grupo religioso Hare-Krishna "Vaishnava" e recebeu do guru Narayana Maharah-Sri La Guru Deva o nome de Gouranga-Das.

Posteriormente fez-se membro da comunidade raja yoga Shaja-Marg (ABHYASI), do mestre Raja-Golapa-Chari. Também estuda e pratica (por conta própria) religiões, cultos e filosofias religiosas como Maya, Quéchua, Ocha (Lucumí), xintoísmo, jainismo, a fé bahá'í, a religião viking (rúnica), realizando as respectivas cerimônias nos altares privados, quase idênticos aos originais, de sua própria casa.

Católico de nascimento e fundador de um pequeno grupo de estudos práticos (ritualísticos) para o conhecimento de todas as religiões, chamado Grupo Dunía (palavra que no idioma parse — o falado pelos persas — significa "universal").

Com a morte de seu mestre, em 1999, a Loja fundada por aquele guru foi rebatizada com seu nome: Loja Cabalista nº 1 de Caracas "Carlos José Negretti".

Tomás Golding tem sido freqüentemente convidado a diversos e conhecidos programas de rádio e televisão, bem como a destacados eventos esotéricos que atraem multidões.

Notas da autora

Tendo em mente futuras edições deste livro, eu gostaria de pedir aos leitores que alcançaram resultados favoráveis com a aplicação dos Salmos — empregando-os tal como recomendo nesta obra — para enviarem o relato detalhado de experiências que possam ser qualificadas como milagrosas ou surpreendentes.

Se vocês, leitores amigos, conhecerem a ciência certa e tiverem comprovado com sucesso a aplicação dos Salmos em usos que não tenham sido mencionados neste livro, peço que nos enviem sua receita para compartilhá-la com a humanidade.

Sua correspondência poderá ser enviada para luzestela@cantv.net ou para Luz Stella Rozo, aos cuidados da Editorial Llewellyn, P.O.Box 64383, Dept. 0-7383-0190-4, St. Paul, MN 55164-0383, Estados Unidos.

Como segunda nota, as ilustrações contidas neste livro foram impressas em preto e branco. O leitor poderá fazer uso das descrições incluídas ao lado de cada ilustração para encontrar as cores adequadas que devem ser usadas ao rezar os Salmos.

Prólogo

Muita gente desconhece o grande poder mágico-sagrado dos Salmos. Talvez porque as igrejas cristãs jamais comentaram esse poder e impuseram um véu de silêncio sobre o tema.

Quando escrevia a coluna "Poder Mental" em um importante periódico, mencionei várias vezes as fórmulas aplicáveis a diversos Salmos e seu uso em diferentes situações da vida.

Três anos depois de ter deixado de publicar a coluna, ainda encontro, na rua, pessoas que me falam do assunto e pedem indicações para seus problemas específicos.

Devemos reconhecer que os antigos hebreus tinham uma enorme herança de conhecimentos secretos, adquirida de civilizações perdidas, cujos ensinamentos seguem vivos graças ao povo judeu. Esse saber provém da Caldéia, da Assíria, da Babilônia, do Egito e de muitas outras culturas ancestrais que mantiveram interação direta ou indireta com os israelitas. Algumas dessas linhagens desapareceram, embora suas interpretações dos mistérios da vida espiritual continuem vivas graças às tradições rabínicas e cabalistas dos judeus, uma raça que se negou a morrer. Pelo contrário, seu sangue é mais vital a cada geração e sua contribuição para a humanidade foi e continua sendo de valor incalculável.

"Salmo" quer dizer canto de louvor. Esses cantos de louvor à Divindade foram extensamente empregados pelas culturas antigas. Ainda podemos ler alguns desses salmos, mais de três mil anos depois que foram escritos, graças às pedras "eternas" que perpetuaram a piedade de um faraó que acreditava na existência de um Deus Único e que morreu defendendo sua crença. Foi o primeiro mártir a oferecer sua vida por essa crença. Esse faraó, cujo nome era Amenotep IV, é mais conhecido pelo nome que lhe deram os gregos quando invadiram o Egito: Amenófis ou Amenosisae; ele o mudou para Akhenaton, ou seja, o "servo de Áton" — assim chamou ele ao Deus Único.

Os sacerdotes egípcios assassinaram Akhenaton e destruíram todos os vestígios da sua existência e das suas crenças. Mas a verdade é eterna. Ficaram as Escolas dos Mistérios, que foram promovidas pelos faraós da 13ª Dinastia, à qual pertencia Akhenaton.

Nessas Escolas formou-se Moisés, que levou os conhecimentos ao seu povo, até então politeísta.

A recompilação dos conhecimentos não só foi feita por Moisés, mas também à tradição escrita e falada se acrescentaram os mais valiosos ensinamentos trazidos por todos os grandes "pais" de Israel e pelas doutrinas dadas por Deus a Moisés juntamente com as Tábuas da Lei, a Torá.

Moisés tratou de transmitir esses conhecimentos, visando à sua conservação para as gerações futuras. A Cabala se encarregou do ensinamento oral, até nossos dias, já que está impressa e é explicada por notáveis cabalistas.

A verdade da eficácia dos Salmos está respaldada pela Torá e pelo Talmude. Mas isso não é tudo: todas as igrejas cristãs assimilaram os Salmos a seus credos, até o ponto em que em seu principal rito, a missa, os versículos dos Salmos são repetidos várias vezes.

O que essas igrejas cristãs não ensinam, como já dissemos, é a utilização dos Salmos nas dificuldades da vida terrena, desconhecendo assim a nossa dualidade — corpo e espírito — e a importância que tem para o espírito manter o corpo em perfeitas condições e, portanto, a conveniência de um entorno e de circunstâncias apropriados ao nível de vida ideal dentro desta dimensão.

Introdução

Cada Salmo tem um efeito milagroso específico. Para obtê-lo, não somente se deve rezar na forma aqui indicada como também é necessário utilizar os ingredientes exigidos para o ritual, os quais vêm sendo empregados há séculos e cujo efeito mágico é indiscutível. Também é imprescindível cumprir os requisitos exigidos quanto aos dias ou noites para rezá-los e ainda a fase lunar indicada para cada um deles.

O poder secreto ou mágico-milagroso dos Salmos era amplamente conhecido do povo hebreu, envolvendo a religião e a religiosidade em todas as atividades da vida diária.

Quando não havia médicos nem escolas de medicina, o povo judeu usava o potencial sagrado dos Salmos para curar ou pôr ordem em suas calamidades. Ainda hoje, são muitos os judeus que continuam utilizando o poder da oração para curar os outros e a si mesmos. Entre as mulheres, permanece o costume de se reunirem para rezar os Salmos que ajudam a futura mãe no trabalho de parto, bem como o costume de utilizar a leitura de alguns Salmos para resolver problemas no casamento, nos negócios e na vida cotidiana em geral.

O estudo dessa prática, tão antiga como o povo judeu, levou a autora ao trabalho de investigar o mistério de cura das orações chamadas "Salmos" e de sua eficácia. Se você, leitor ou leitora, tem algum amigo judeu, pergunte-lhe sobre esse costume: serão muitas as histórias que ele poderá contar sobre os milagres que conhece, obtidos graças ao uso adequado dos Salmos.

É claro que, na Antigüidade, não existiam as doenças de que hoje padecemos e o modo de vida atual nos obriga a enfrentar riscos diferentes. Mas, tal como há cinco mil anos, continuamos expostos a assaltos, ataques e mordidas de cães raivosos (embora essa última possibilidade seja cada vez menos freqüente). As probabilidades de um leão nos atacar são quase nulas, a menos que trabalhemos no zoológico ou numa reserva de animais selvagens, onde estaremos expostos a essa contingência.

Por outro lado, temos os estragos da Aids, do câncer e das doenças cardíacas. Portanto, depois de muitas investigações e consultas, encontramos alguns Salmos que se aplicam às doenças e situações atuais, bem como a outras situações a que chegamos por dedução ou derivação.

Em alguns livros da Cabala e em especial naqueles que narram a história das diferentes calamidades sofridas pelo povo judeu ao longo de milhares de anos, principalmente quando foi obrigado a viver em guetos na Europa, até o começo da Segunda Guerra Mundial, fala-se do uso dos Salmos pelo povo de Iahweh (Javé ou Jeová) para pedir a cura de todas as suas circunstâncias e enfermidades.

Como usar os Salmos

O uso dos Salmos, com seu ritual correspondente, é o uso autêntico da magia branca. O ideal é rezar os Salmos todos os dias, queimando-se incenso. Igualmente benéfico é acender uma lamparina com azeite de santuário ou azeite sagrado (fáceis de obter em algumas localidades).

Cada um dos Salmos descritos na Bíblia judeu-cristã nasceu de um momento especial, um período histórico crucial. Foram recompilados, para conservar um instrumento santificado que permite estabelecer uma melhor relação com Deus.

A maioria dos primeiros Salmos recolhidos pela Bíblia é atribuída ao rei Davi, que os cantava acompanhado pelo alaúde [ou saltério], tal como fazia o faraó Akhenaton, que foi o autor de alguns dos Salmos atribuídos ao rei hebreu. Para cantá-los, o faraó se fazia acompanhar da harpa e outros instrumentos musicais dos antigos egípcios.

Quão múltiplas são as Tuas obras.
Elas estão escondidas dentro de nós.
Ó Deus Único,
Cujo poder nenhum outro possui.
— Faraó Amenotep IV, conhecido como Akhenaton

No idioma hebraico, Salmo se diz *Tehilím*. O Talmude afirma que todos os *Tehilím* foram compostos sob a qualificação *Ruách Haqodésh*, ou seja, "inspiração divina".

Também é necessário entender que os Salmos cantados ou rezados no idioma hebraico, *Lashôn Haqodésh* — a língua sagrada — têm valor especial, pois em determinadas linhas empregam-se palavras de grande sentido cabalístico. Seu número tem um significado e, no conjunto, obtém um poder mágico explicado pela Cabala.

Os Salmos são expressões naturais de grande efeito místico e profundidade esotérica, cujo entendimento é impossível de ser obtido em qualquer outro idioma.

Portanto, não é apenas o que diz um Salmo, mas também a pronúncia da palavra mágica que vai concatenar os efeitos ritualísticos para a obtenção do milagre.

Pensando nisso, decidi solicitar a importantes cabalistas e eminentes rabinos, alguns dos quais preferiram manter seu nome no anonimato, para me ajudarem na tarefa de entregar ao público os Salmos em hebraico, destacando em cada caso as palavras mágicas ou de efeito milagroso. Foi um trabalho árduo e extenso.

Como a escrita do idioma hebraico é impossível de ser decifrada por quem não sabe ler esse idioma, decidimos escrever sua fonética na língua espanhola [aqui adaptada para a língua portuguesa] para que qualquer pessoa o pudesse ler e assim obter os resultados esotéricos desencadeados por essas palavras milagrosas.

Por isso, não é preciso publicar aqui nenhuma instrução adicional sobre a maneira de pronunciar os Salmos, pois eles já vêm escritos com a fonética indicada. Facilitado o trabalho, a única coisa que nosso leitor tem de fazer é ler os Salmos como se os estivesse lendo em sua língua natal, acentuando as palavras em que marcamos os acentos prosódicos ou fonéticos por meio de acentos ortográficos.

Vejamos um exemplo: *Ach El-Elóhim Dumiá Nafísh...* Como você pode ver, a pronúncia é fácil. Somente é preciso botar a força do acento na letra "o" da palavra *El-Elóhim*. Neste caso, a letra "h" é muda e você deve também enfatizar o acento prosódico da letra "a" de *Dumiá*. A frase quer dizer: "Somente no Todo-poderoso [Deus] tem silêncio [paz] a minha alma".

Advertência

Os Salmos são orações muito poderosas e eficazes. Seu emprego pode ser muito delicado. É como um computador. Ao tocar uma tecla, sempre aparecerá a resposta. Se tocarmos a tecla errada, a resposta será errada. Isso quer dizer que sempre virá uma manifestação. E depende de você se essa manifestação é boa para si mesmo ou para outra pessoa. Explico: se você está pedindo ressarcimento contra seu inimigo, o castigo chegará. Mas se o inimigo for você mesmo, e não o outro, é contra você que o castigo chegará. Se, por exemplo, você está pedindo justiça a Deus e acontece de o injusto ser você mesmo e a vítima ser a outra pessoa, Deus fará justiça. Deus castigará você e ajudará a outra pessoa a salvar-se e se vingar de você, que neste caso é o opressor e não a vítima.

Como os leitores gostam de ler exemplos das coisas descritas pelos autores, vou narrar duas histórias verídicas.

Rosa era uma jovem empregada de uma confecção. Não cumpria suas tarefas e por isso foi demitida. Rosa exigiu da empresa alguns benefícios trabalhistas que não se aplicavam no seu caso. Foram pagas as compensações previstas em lei, mas Rosa não admitia que o erro era seu. Começou a atacar verbalmente os donos da empresa, criando uma guerra psicológica e tratando de fazer "justiça" com as próprias mãos. Tudo isso causou grande mal-estar entre os outros empregados.

Vendo que aquela chantagem não dava os resultados esperados, Rosa decidiu apelar para a Justiça Divina. Conhecedora do poder dos Salmos, começou a rezá-los pedindo apoio para obter o dinheiro que desejava.

E a justiça chegou: uma forte chuva causou sérios danos na casa de Rosa, obrigando-a a abandoná-la. Rosa perdeu tudo o que tinha, casa e móveis. Por outro lado, a confecção ganhou um antigo litígio do qual as pessoas já quase se haviam esquecido.

Contarei agora outro caso, muito próximo de mim, que mostra o resultado eficaz do poder dos Salmos quando são bem utilizados por quem os reza.

Lucia Santelmo e seu marido, dois profissionais jovens e empreendedores, descobriram que a Bolsa de Valores era uma maneira eficaz de multiplicar suas poupanças. Um sobrinho os apresentou a Sérgio Vorasz, corretor hábil e "sério" em quem confiavam muitas empresas, grandes e pequenas, e diversos profissionais liberais. Lucia e Heitor faziam planos para os lucros futuros. Até pensavam em ter filhos. Que felicidade!

Um belo dia, leram nos jornais que o sr. Vorasz era procurado pela polícia por causa de irregularidades nos serviços que prestava a algumas empresas. O casal ficou preocupado.

Tentaram inutilmente lhe telefonar. Passadas algumas semanas, pediram ajuda ao sobrinho. Este, com lágrimas nos olhos, informou que todos os clientes do sr. Vorasz tinham sido "depenados" e que o indivíduo ainda estava na cidade, escondido na casa de uns parentes.

A busca de uma solução nos tribunais de justiça humanos não deu em nada. Foi então que o casal decidiu fazer sua petição de justiça por meio dos Salmos.

Também neste caso a justiça chegou, só que de outra maneira.

Tempos antes, Lucia e Heitor tinham comprado um bilhete da rifa beneficente de uma associação de amparo a crianças deficientes, cujo maior prêmio era uma bela casa. O resultado é que hoje eles são seus felizes moradores.

E o sr. Sérgio?

Passados onze meses, em uma de suas saídas fortuitas, bateu o carro e foi detido. Ao fazer as verificações de praxe, a polícia comprovou sua identidade. O sr. Sérgio ficará atrás das grades até pagar tudo o que deve. Eis aí outro exemplo verídico da eficácia do uso dos Salmos.

Nas orações para livrar-se das dívidas e pecados, portanto, deve ficar bem claro que o "bandido" seja realmente a outra pessoa e não você mesmo; veja bem se não é você o malvado inimigo dos justos. Quem reza os Salmos deve estar seguro de ser a vítima e não o carrasco, porque a resposta ao Salmo rezado será a justiça divina em favor do prejudicado e contra o "bandido"; se este o reza, na verdade está pedindo o próprio castigo. Estes Salmos não são para castigo nem vingança, mas sim para justiça dentro da Lei do Equilíbrio, ou Lei de Causa e Efeito.

Para melhor aplicação dos Salmos, os nomes sagrados foram sublinhados para que o leitor os identifique com facilidade. Os nomes sagrados — Javé e Jeová — devem ser ditos com determinada intenção no momento em que se reza o Salmo e não podem ser pronunciados completamente.

Ao traduzir a Torá, os judeus escrevem parcialmente os nomes divinos: Jah ou Jhv. O ideal é que o leitor os escreva, leia-os mentalmente e os conserve na mente. Quando você está lendo ou repetindo de memória o Salmo, de sua boca não pode sair o som desses nomes santos, porque então o efeito poderia ser bem diferente do desejado ou solicitado. Isso acontece porque os judeus ortodoxos consideram que os seres humanos, simples mortais, não são dignos de pronunciar o nome sagrado de Deus. Em vez de escrever "Deus", eles escrevem "D'us". E segundo os judeus, quem pronuncia o nome de Deus está cometendo uma imensa irreverência, quase uma blasfêmia ou pecado contra Ele. É para evitar pronunciar o nome sagrado que utilizamos uma série de eufemismos: O Incognoscível, o Eterno, O Onipotente, O Absoluto, O Onisciente, O Todo-poderoso, O Senhor e outros.

São 72 os santos nomes de Deus no idioma hebraico. Na verdade, alguns se referem a Deus e outros a anjos.

A esse respeito, Tomás Golding enfatiza: "Como o ser humano sempre esteve mergulhado em profunda ignorância, a cada momento da vida, ele costuma empregar com leviandade os nomes Divinos".

Se prestarmos atenção ao modo de falar das pessoas, perceberemos quantas vezes, sem pensar, empregamos futilmente o nome de D'us. "Juro por (...) que não gostei do filme." "Pelo amor de (...), como é que você foi esquecer de comprar o sorvete?" "Santo (...), nunca vi coisa tão feia!" E por aí vai, além de juramentos falsos, sem entrar nas imprecações e blasfêmias.

Na cultura hebraica, os nomes Divinos foram deliberadamente protegidos contra a leviandade cotidiana com que o ser humano se expressa. Mas pessoas cultas e conhecedoras do assunto (não necessariamente doutores e sábios) não empregam com leviandade os nomes sagrados. Com tais pessoas, que sabem empregar os nomes sagrados e pensam bem antes de fazê-lo, não se corre o risco de ver os sagrados nomes de Deus caírem em más línguas ou serem pronunciados em vão.

Benefício dos Salmos

O rei Davi, cujo nome hebraico é Hamélech, pediu a Deus que todos os recitadores dos Salmos fossem considerados por Ele como se tivessem realizado os estudos mais profundos do Talmude.

Os Salmos, lidos antes de qualquer outra oração, preparam a pessoa para uma melhor sintonia com a Fonte Divina, pois eliminam qualquer interferência que possa haver entre o fiel e o Criador.

Em seu comentário sobre o Gênesis, o rabino Efraim diz que a pessoa que reza os Salmos todos os dias será digna de habitar o espaço abaixo do Trono Celestial Divino.

A melhor hora para rezar os Salmos é de madrugada, antes do nascer do Sol. Isso se aplica especialmente ao Salmo 119, com as 22 letras do alfabeto hebraico iniciando seus versículos, na ordem usual.

É aconselhável não ler os Salmos à noite — entre o momento em que o Sol se põe e uma e meia da madrugada —, porque, segundo a tradição hebraica, nessas horas dominam os *Diním*, forças da justiça. De acordo com a Cabala, a leitura dos Salmos nessas horas sem sol pode ser contraproducente, porque gera um grande contraste. Depois da uma e meia da madrugada, a leitura é recomendável (o ideal é rezar os Salmos nessas horas), pois são as horas que precedem a aurora.

Mas a qualquer hora da noite do sábado, o *Shabát*, pode-se recitar os Salmos. Por outro lado, não só é permitido, mas exigido, ler os Salmos diante da pessoa que acaba de morrer, sem importar a hora — antes do enterro os Salmos devem ser recitados diante do corpo presente, para proteger sua alma de "forças estranhas".

Não se deve ler os Salmos em locais em que haja maus odores, coisas repugnantes, excrementos ou diante de alguém despido, mesmo que seja uma criança.

Não há restrições nos seguintes casos: se a mulher está menstruada, se um doente está com sonda inserida no corpo ou se a pessoa que reza os Salmos (ou para quem se reza) tem uma ferida aberta.

A força energética da voz no uso dos Salmos

Nós, seres humanos, vivemos imersos num mundo de energia. A maioria desta imensa humanidade não está consciente disso e, portanto, usa mal a energia. Tudo aquilo que nos rodeia, o que vemos e o que não vemos, também é energia. Nosso ser é um complexo organismo bidimensional, composto tanto por nossos diversos corpos sutis como pela matéria física; todos esses corpos, quando bem integrados em uma unidade, formam um só "pacote" energético que, por sua vez, está ligado por uma série de forças vitais mutuamente complementares, que devem funcionar de modo harmonioso.

Devemos compreender que harmonia é perfeição. Saúde é ambas as coisas. Quando todo o nosso "eu" está harmonioso, ele funciona em concordância com o Cósmico — que, por sua vez, é harmonicamente perfeito — e estamos plenos de saúde e paz profunda.

Entre as energias mais poderosas manejadas pelo ser humano, e que não existem apenas na nossa dimensão, mas também na Mente Divina, estão o pensamento, a palavra e o amor.

A energia primária é o pensamento, fazedor absoluto das coisas, porque nele se iniciam todas as obras. Quando Deus "decidiu" criar, na verdade Ele pensou que "deveria" ou "gostaria" de dar forma ao Seu plano. Por isso, a Criação partiu do pensamento. Isso nos comprova que o pensamento tem uma poderosa capacidade criadora e que, se soubermos empregar bem essa força, seremos capazes de utilizá-la em nosso benefício para tornar realidade o que queremos atrair para nós e desejamos ter na vida.

Portanto, se ao rezar os Salmos partirmos de um pensamento criador sobre o que queremos alcançar por intermédio do Salmo que vamos empregar, um pensamento imerso na fé de obter o objetivo buscado, já teremos alcançado uma grande parte. Mas se a esse pensamento tão poderoso acrescentamos outra imensa energia, a da voz, poderemos dizer então que já alcançamos o que buscávamos.

O poder da voz é tão imenso que chega a ser reconhecido por importantes religiões. No Novo Testamento cristão encontramos o escrito em que João conta como Deus utilizou o verbo criador — ou seja, a palavra — para fazer o Universo. João está nos explicando que Deus empregou o verbo criador para fazer o mundo. Os antigos egípcios também conheciam o imenso poder da voz, quando explicam a criação universal realizada por Thot, o deus da sabedoria, da medicina, do tempo, etc. No parágrafo referente a essa ação, descrevem: "...e Thot disse às águas: 'Vinde a mim', e assim separou a terra das águas".

Ainda há mais: podemos somar nossas energias para construir uma energia inacreditavelmente poderosa. Começamos com o pensamento, seguimos com a voz, continuamos com a palavra. Tanto no Prólogo deste livro como na tabela sobre os valores de cada uma das 22 letras que compõem o alfabeto hebraico ou o iídiche, explico o significado valioso de cada uma delas. Cada letra tem seu próprio valor. Por isso há Salmos em hebraico nos quais cada um dos versículos começa de tal maneira que, agrupando todos os inícios, utilizam-se as 22 letras do alfabeto.

Depois vem o valor que adquire cada palavra especificamente pela soma das letras que a compõem. Trata-se de um valor agregado, que enriquece ainda mais cada palavra. Por isso, a potência dos Salmos aumenta quando eles são lidos em voz alta. E podemos aumentar ainda mais essa potência, cantando os Salmos no estilo dos cantos gregorianos. Assim ocorria nas missas cristãs do passado, quando os Salmos eram entoados em latim. Essa maneira de cantar, em si, também emprega uma série de energias mântricas* que facilitam a comunicação entre a pessoa que reza e a Divindade.

Resumindo: se você entoa com muita fé o Salmo escolhido para determinado objetivo, na forma de canto gregoriano, depois de ter seguido as indicações ou rituais correspondentes, tenha a certeza absoluta de que encontrou, por fim, a maneira de ser ouvido diretamente por Deus.

---

* Mântrica é uma derivação do vocábulo *mantra* que, no idioma sânscrito, quer dizer "palavra de grande poder".

A cura por intermédio dos Salmos

Já explicamos que os Salmos foram inicialmente criados como um canto de louvor à Divindade. Porém, depois de milênios de uso constante, o povo hebreu percebeu a grande força energética contida nas palavras que formavam os Salmos e aprendeu a utilizá-los amplamente em diversas ocasiões da vida cotidiana.

Vamos partir do princípio de que toda oração é poderosa. Todos os clamores dirigidos a Deus são ouvidos. Com maior razão será mais poderosa nossa prece e mais prontamente ouvida se empregarmos orações com poderes "mágicos", tais como os contidos nos Salmos.

Não são apenas os cabalistas que sabem da energia poderosa contida em cada letra do alfabeto hebraico e da "fórmula alquímica" liberada pela interposição ou conjunção de algumas letras. Esse poder, pronto para ser liberado nas forças energéticas no Universo, está latente nos Salmos, sem mistérios nem segredos, aberto a todas as pessoas que desejam dele se beneficiar.

Neste livro cada Salmo tem seu ritual, mas damos uma explicação mais ampla para que o leitor compreenda a importância e eficácia da aplicação da força vital cósmica que acompanha cada Salmo, a fim de curar muitas "aparências" de doença e problemas na vida cotidiana. A poderosa potência dos Salmos, quando bem adaptada a cada caso, tem a capacidade de harmonizar em nós a energia que saiu do equilíbrio ou se desorganizou.

Numa cidade do sul dos Estados Unidos ocorreu um incêndio que acabou com um grupo de casas da classe média. João, que ali morava com sua família, sofreu graves queimaduras. Os médicos esperavam que João ficasse cerca de três meses hospitalizado. Diversos grupos de oração visitavam os doentes, mas ninguém se atrevia a entrar em seu quarto por causa do grande número de feridas em seu corpo. Na época não havia nenhum rabino ou grupo judeu visitando aquele hospital.

Uma freira católica, conhecedora do poder dos Salmos, dedicou-se diariamente, de manhã e à tarde, a recitar em voz alta e com grande fé os Salmos de cura diante do leito de João. Assombrados, os médicos viam com incredulidade sua rápida e extraordinária recuperação. Passadas sete semanas, João voltou para casa, totalmente restabelecido e andando com seus próprios pés.

A universalidade religiosa no uso dos Salmos

Como explicamos no início deste livro, os Salmos são cantos de louvor a Deus. Todas as religiões antigas e modernas se acostumaram a entoar louvores à Divindade. Os cantos de louvor mais conhecidos são os Salmos dos antigos hebreus, que foram adotados para uso cotidiano e como coisa própria pelas religiões cristãs. Por esse motivo, são conhecidos por diversos povos e não somente pelos judeus. Mas não devemos esquecer que os antigos hebreus aprenderam dos egípcios essa forma de louvar ao Criador; os egípcios, por sua vez, foram influenciados pelas religiões de outros países com os quais mantiveram relações culturais ao longo de sua história.

É por isso que queremos, neste livro, universalizar os Salmos, tal como foi sua origem. Incluímos, especialmente nos primeiros Salmos, alguns rituais que utilizam uma combinação da Cabala judaica com o Tarô egípcio. Recorde-se que a palavra tarô quer dizer "as cartas de Toth". Agora cabe aqui a pergunta: qual religião é mais antiga, a politeísta dos antigos egípcios ou a monoteísta dos hebreus?

A resposta, sem dúvida, favorece a antigüidade dos deuses egípcios. Não esqueçamos que quando os hebreus chegaram ao Egito, com José, já fazia milênios que os deuses egípcios eram cultuados nos templos à margem do Nilo. Nas gerações posteriores a José, nasceu Moisés, que foi educado no palácio do faraó e conseguiu ser aceito nas famosas Escolas dos Mistérios, onde aprendeu que existe um Deus verdadeiro e único. Os outros deuses do olimpo egípcio são seres de luz: mestres, anjos e guias.

É essa crença em um só Deus, recebida dos egípcios, que Moisés procura impor a seu povo. A Bíblia narra vários episódios sobre o regresso dos israelitas aos antigos deuses alheios a Javé, aproveitando a ausência ocasional de Moisés, bem como a ira e a atitude absolutista do patriarca, que quebra as imagens dos deuses construídas por seus compatriotas e os castiga com o açoite. Portanto, Thot e suas cartas divinatórias não são estranhos à Cabala judaica.

O mestre Tomás Golding pensa que o verdadeiro cabalista não deve limitar-se ao judaísmo. Ele acredita que, por ser a palavra Cabala sinônimo de uma tradição oral de mestre a discípulo, todo mestre de qualquer religião ou grupo filosófico é um transmissor dos mistérios. É um cabalista.

Por isso, devemos entender e aceitar como válidos todos os conhecimentos transmitidos de mestre a discípulo, sem dar importância à sua proveniência religiosa.

Um cabalista, se não for universal, não é um verdadeiro cabalista. Foi por isso que incluímos neste livro as representações de diferentes crenças e religiões.

Um esclarecimento prévio ao uso dos Salmos

As informações contidas neste livro têm somente propósito informativo, pois, recorde-se, não havia médicos entre os antigos hebreus. Todos os casos de doença eram levados aos sacerdotes, que procuravam curar os doentes com ajuda divina por meio da oração. Também invocavam Javé para que fizesse justiça.

Estas indicações do uso dos Salmos não pretendem, em momento algum, substituir o exame médico ou a consulta a um advogado, psiquiatra ou outro especialista. Seu uso visa reforçar a sabedoria desses profissionais na hora de aplicar seus conhecimentos, seja para diagnosticar uma doença ou decidir o melhor tratamento, seja para decretar uma sentença judicial eqüitativa, sempre imbuídos do espírito de Deus.

Desde épocas imemoriais, os Salmos têm sido utilizados como apoio energético, para obter êxito, e seu uso conjugou-se a mantras e orações de outras filosofias religiosas.

Salmo 1*

Para curar a mulher grávida que corre perigo de aborto. Para evitar o aborto espontâneo

QADÓSH

---

* A tradução dos Salmos adotada nesta edição é a da nova edição revista e ampliada da *Bíblia de Jerusalém*, Editora Paulus, 2002.

** A Lua é fertilidade e fundamento. Não há fertilidade sem fundamento. O arcano da carta A Lua (cujo nome divino é *Qadósh*, palavra que significa Santo ou Santidade) está relacionado ao poder regenerador que a Lua e a sexualidade (arcano 18) exercem sobre a natureza. Para uma gravidez chegar a bom termo, deve-se realmente utilizar a carta A Lua.

Explicações sobre o uso da palavra *Qadósh*: Na árvore da vida da Cabala, há 33 textos "ietziráticos" (ou seja, de formação, de ensino). Um deles é o chamado "Inteligência Corpórea", porque renova o corpo e promove a sua reprodução.

Instruções:

Olhando para o oeste, contemple simultaneamente a palavra Qadósh (conforme mostrada aqui) e a carta do Tarô correspondente ao arcano 18, da Lua.

Repita alternadamente "Gabriel Shemá Bo-Elái", enquanto contempla o arcano do Tarô (18 ou A Lua). Depois, mentalmente, imagine que você está rodeado por três círculos de prata. Coloque-se no centro deles e comece a rezar este Salmo. Assim, você estará protegido do ponto de vista espiritual.

(1) Feliz o homem que não vai ao conselho dos ímpios, não pára no caminho dos pecadores, nem se assenta na roda dos zombadores. (2) Pelo contrário: seu prazer está na lei de Iahweh, e medita sua lei, dia e noite. (3) Ele é como árvore plantada junto a riachos: dá seu fruto no tempo devido e suas folhas nunca murcham; tudo o que ele faz é bem-sucedido. (4) Não são assim os ímpios! Pelo contrário: são como a palha que o vento dispersa... (5) Por isso os ímpios não ficarão de pé no Julgamento, nem os pecadores no conselho dos justos. (6) Sim, Iahweh conhece o caminho dos justos, mas o caminho dos ímpios perece.

A seguir você encontrará a transcrição fonética deste Salmo em hebraico, utilizando a escrita ocidental e acentuando a ênfase que deve ser dada em cada palavra. (Fizemos o mesmo para os demais Salmos.)

(1) Ashrê haísh ashér ló halách baatzát reshaím, uvdérech chataím ló amád, uvmosháv letzím ló iasháv. (2) Qi im betorát Adonái cheftzó uvtorato iegué iomám valáila. (3) Vehaiá qeetz shatúl al pálgue máim, ashér pirió itén beitó vealéhu ló iból, vechól ashér iaaçé iatzlíach. (4) Ló chen harshaím, qi im qamótz ásher tidefénu rúach. (5) Al qen ló iaqúmu reshaím bamishpát, vechataím baadát tzadiqím. (6) Qi iodêa Adonái dérech tzadiqím, vedérech reshaím tovéd.

---

* Invocamos Gabriel porque sua pessoa significa o arcanjo (não o anjo) da Lua e do Caminho, por ser uma entidade lunar. Gabriel significa "A Força de Deus".

Salmo 2

Para apaziguar a tormenta interior

QAIÁM

Antes de rezar este Salmo, repita "Qaiám", a palavra de poder que, segundo a Cabala, Jesus de Nazaré usou para apaziguar as águas. Ao reiterar esta palavra e rezar este Salmo, consegue-se não apenas aquietar qualquer tempestade produzida pelos elementos naturais, mas também as tempestades internas.

קדדם

MEVORACHÊI EL SHEMÁ BO ELÁI

---

* A palavra Qaiám é empregada para tranqüilizar as emoções.

Explicações sobre as palavras hebraicas e o mantra aqui empregado:
A escrita hebraica é lida da direita para a esquerda. Esta composição de letras significa Inteligência Estável: quietude, estabilidade.

As palavras escritas em hebraico, com o som em português, devem ser repetidas como um mantra. Elas significam:

Bendito Deus, escuta-me, vem a mim.

(1) Por que as nações se amotinam, e os povos planejam em vão? (2) Os reis da terra se insurgem, e, unidos, os príncipes enfrentam Iahweh e seu Messias: (3) "Rebentemos seus grilhões, sacudamos de nós suas algemas!" (4) O que habita nos céus ri, o Senhor se diverte à custa deles. (5) E depois lhes fala com ira, confundindo-os com seu furor: (6) "Fui eu que consagrei o meu rei sobre Sião, minha montanha sagrada!" (7) Publicarei o decreto de Iahweh: Ele me disse: "Tu és meu filho, eu hoje te gerei. (8) Pede, e eu te darei as nações como herança, os confins da terra como propriedade. (9) Tu as quebrarás com um cetro de ferro, como um vaso de oleiro as despedaçarás." (10) E agora, reis, sede prudentes, deixai-vos corrigir, juízes da terra. (11) Servi a Iahweh com temor, (12) beijai seus pés com tremor para que não se irrite e pereçais no caminho, e num instante sua cólera inflama. Felizes aqueles que nele se abrigam!

(1) Láma ragueshú goím, uleumím iégu riq. (2) Itiatzevú málche éretz, verozením nóçedu iáchad, al Adonái veal meshichó. (3) Nenateqá et moçerotêmo, venashlícha miménu avotêmo. (4) Ioshév bashamáim is'cháq, Adonái ílag lámo (5) Az iedabér elêmo veapó, uvacharonó iebahalêmo. (6) Vaaní naçáchti malqí, al Tzión har qadshí. (7) Açaperá el choq, Adonái amár elái béni áta, aní haiôm ielidtícha. (8) Sheál miméni veetená goím nachalatêcha, vaachuzatechá afçê áretz. (9) Teroem beshébet barzél, kichlí iotzér tenapetzém. (10) Veatá melachím hasqílu, hivaçerú shoftê áretz. (11) Ibdú et Adonái beirá, veguílu bir'adá. (12) Náshequ bar, pen ieenáf vetóbdu dérech, qi ib'ar qim'at apô, ashré qol choçê vo.

Salmo 3

Para adquirir prosperidade

Antes de rezar este Salmo, diga a seguinte oração:

> Da inesgotável riqueza de tua alma,
> que compreende a substância indivisa;
> se está na lei, extraio todas as coisas
> tanto espirituais como materiais
> necessárias para mim, aqui e agora.
> *Ptah!* (Nome do criador de todas as coisas)

Em seguida, contemplando o arcano nº 3 do Tarô (A Imperatriz), a pessoa que está rezando se visualiza no centro ou rodeada por quatro círculos dourados, consigo no meio do primeiro círculo, olhando para o sul. E então lê com muita fé este Salmo.

(1) *Salmo de David. Quando fugia de seu filho Absalão.* (2) Iahweh, quão numerosos são meus adversários, numerosos os que se levantam contra mim, (3) numerosos os que dizem a meu respeito: "Onde está sua salvação em Deus?" (Pausa) (4) Mas tu, Iahweh, és o escudo que me protege, minha glória e o que ergue minha cabeça. (5) Em alta voz eu grito a Iahweh, e ele me responde do seu monte sagrado. (Pausa) (6) Eu me deito e logo adormeço. Desperto, pois é Iahweh quem me sustenta. (7) Não temo o povo em multidão que em cerco se instala contra mim. (8) Levanta-te, Iahweh! Salva-me, Deus meu! Pois golpeias no queixo meus inimigos todos, e quebras os dentes dos ímpios. (9) A Iahweh pertence a salvação! E sobre teu povo, a tua bênção. (Pausa)

(1) Mizmór ledavíd, bevorichó mipenê Avshalóm benó. (2) Adonái ma rabú tzarái, rabím qamím alái. (3) Rabím omerím lenafshí, ein ieshuáta ló velohím çelá. (4) Veatá Adonái maguén baadí, qebodí umerím roshí. (5) Qolí el Adonái eq'rá, vaiaanéni mehár qodshó cêla. (6) Aní shachábti vaishána, heqitzóti qi Adonái ismechéni. (7) Ló irá merivevót am, ashér çabíb shátu alái. (8) Qumá Adonái hoshiêni Elohái qi hiqíta et qol oiebái léchi, shinê reshaím shibárta. (9) Ladonái haishuá, al amechá virchatêcha çelá.

---

* A Imperatriz representa muita prosperidade no nível da natureza, muita água, flores, bosques, abundância no nível floral, clorofílico.

Salmo 4

*Diante de qualquer problema ou indecisão,
se você está passando por dificuldade*

A partir do centro do seu coração, enquanto contempla o arcano número zero do Tarô (O Louco) e ao mesmo tempo visualiza uma coluna de luz incolor descendo sobre si e dentro de si, repita várias vezes:

*Atá She Atá Ashérhatá. Shemá. Nozél Norá Vechazáq Zorém.
Vemitóch Elái Ve Tair Oti*

---

* Usamos a letra hebraica Qúf, porque ela precipita e coagula o desejado.

Sua tradução é:

"Tu que és o que és. Escuta-me:
flui neste instante fortemente dentro de mim e através de mim e desperta-me."

(1) *Do mestre de canto. Com instrumentos de corda. Salmo. De Davi.* (2) Quando te invoco, responde-me, meu justo Deus! Na angústia tu me aliviaste: tem piedade de mim, ouve a minha prece! (3) Ó homens, até quando insultareis minha glória, e amareis o nada, e buscareis a ilusão? (Pausa) (4) Sabei que Iahweh põe à parte seu fiel: Iahweh ouve quando eu o invoco. (5) Tremei e não pequeis, refleti no vosso leito e ficai em silêncio. (Pausa) (6) Oferecei sacrifícios justos e confiai em Iahweh. (7) Muitos dizem: "Quem nos fará ver o bem?" Iahweh, levanta sobre nós a luz da tua face. (8) Puseste em meu coração mais alegria do que quando seu trigo e seu vinho transbordam. (9) Em paz me deito e logo adormeço, porque só tu, Iahweh, me fazes viver em segurança.

(1) Lamenatzêach binguinót mizmór ledavíd. (2) Beqor'í anéni Elohê tzidqí, batzár hir'chávta li, chonéni ushemá tefilatí. (3) Benê ish, ad mé chevodí lichlimá teehavún riq, tevaqshú chazáv çelá. (4) Udeú qi hiflá Adonái chaçíd ló, Adonái ishmá beqor'í eláv. (5) Rigzú véal techetáu, imrú vilvavechém al mish'chav'chém vedômu çelá. (6) Zivechú zivechê tzédeq, uvitchú el Adonái. (7) Rabím omerím mi iar'ênu tôv, néça Alênu or panêcha Adonái. (8) Natáta simchá velibí, meét deganám vetiroshám rábu. (9) Beshalóm iachdáv eshqevá veishán, qi atá Adonái levadád lavêtach toshivêni.

Salmo 5

Para casos desesperados de negócios, em tribunais e diante de magistrados

Se você tem problemas de justiça ou está diante de governantes dos quais deseja um favor especial, prepare um recipiente amplo e nele coloque azeite de oliva virgem. Ao amanhecer e ao entardecer, reze este Salmo sobre o recipiente, contemplando o Sol. Peça a Deus para "tocar" o coração daquela pessoa importante. Depois unte todo seu corpo com o azeite, especialmente a palma das mãos e a planta dos pés.

Para reativar seus negócios, repita este Salmo completo até o último versículo, todos os dias, acreditando com muita fé que seu problema econômico será solucionado. Antes de começar a ler o Salmo, acenda uma vela dourada e deixe-a acesa até se acabar. Reze até que a solução se torne realidade.

(1) *Do mestre de canto. Para flautas. De Davi.* (2) Iahweh, escuta as minhas palavras, considera o meu gemido. (3) Ouve atento meu grito por socorro, meu Rei e meu Deus! É a ti que eu suplico, (4) Iahweh! De manhã ouves a minha voz; de manhã eu me preparo para ti e fico esperando... (5) Tu não és um Deus que goste da impiedade, o mau não é teu hóspede; (6) não, os arrogantes não se mantêm na tua presença. Odeias todos os malfeitores. (7) Destróis os mentirosos, o homem sanguinário e fraudulento Iahweh o rejeita. (8) Quanto a mim, por teu grande amor entro em tua casa: eu me prostro em teu sagrado templo, cheio de temor. (9) Guia-me segundo tua justiça, Iahweh, por causa dos que me espreitam. Aplaina à minha frente o teu caminho! (10) Pois não há sinceridade em sua boca, em seu íntimo não há mais que ruína; sua garganta é sepulcro aberto e sua língua é fluente. (11) Declara-os culpados, ó Deus, que seus projetos fracassem! Persegue-os por seus crimes numerosos, porque se revoltam contra ti. (12) Todos os que se abrigam em ti se alegrem e se rejubilem para sempre; tu os proteges e exultam em ti os que amam o teu nome. (13) Sim, Iahweh, tu abençoas o justo, teu favor o cobre como escudo.

(1) Lamenatzêach el hanechilót mizmór ledavíd. (2) Amarái haazína, Adonái, biná haguiguí. (3) Haq'shivá leqól shav'í malqi velohái, qi elêcha etpalál. (4) Adonái, bóqer tishmá qolí, bóqer éerach lechá vaatzapé. (5) Qi ló el chafétz résha, áta, ló iegurchá rá. (6) Ló iit'iatzevú holelím lenéged enécha, sanéta qol pôale áven. (7) Teabéd doverê chazáv, ish damím umirmá ietaév, Adonái. (8) Vaaní beróv chasdechá avô vetêcha, eshtachavê el héchal qodshechá beiir'atêcha. (9) Adonái nechéni vetzidqatêcha lemaan shorerái, haishár lefanái darqêcha. (10) Qi ein befíhu nechoná, qirbám havót, qéver patúach gueronám, leshonám iachaliqún. (11) Haashimém Elohím, iipelú mimoatzotehém, beróv pish'ehém hadichémo qi máru vach. (12) Veis'mechú qol choçê vach, leolám ieranênu, vetaçéch alémo, veialetzú vechá ohavê shemêcha. (13) Qi atá tevaréch tzadíq Adonái, qatziná ratzón taterênu.

Salmo 6

Para curar enfermidades da vista

Contemplando este desenho, repita várias vezes:

Azei El Shemá Bo Elái
El Shemá Bo Elái Azéi

Depois reze o seguinte Salmo:

(1) *Do mestre de canto. Com instrumentos de corda. Sobre a oitava. Salmo de David.* (2) Iahweh, não me castigues com tua ira, não me corrijas com teu furor! (3) Tem piedade de mim, Iahweh, pois meus ossos tremem;

---

* A letra hebraica *Áin* significa olho e o ponto médio é o terceiro olho. Ao dizer *azéi*, a visualização é na cor vermelha e representa a coluna maçônica do Sul. Ao dizer el, a visualização é em azul e representa a coluna do Norte. O signo central é visualizado na cor violeta-escuro (púrpura) e representa a coluna do Centro.

(4) todo o meu ser estremece e tu, Iahweh, até quando? (5) Volta-te, Iahweh! Liberta-me! Salva-me, por teu amor! (6) Pois na morte ninguém se lembra de ti, quem te louvaria no Xeol? (7) Estou esgotado de tanto gemer, de noite eu choro na cama, banhando meu leito de lágrimas. (8) Meus olhos derretem-se de dor pela insolência dos meus adversários. (9) Afastai-vos de mim malfeitores todos: Iahweh escutou a voz do meu pranto! (10) Iahweh ouviu meu pedido, Iahweh acolheu minha prece. (11) Envergonhem-se e tremam meus inimigos todos, retirem-se depressa, cheios de vergonha!

(1) Lamenatzêach binguinót al hasheminít mizmór ledavíd. (2) Adonái al beapechá tochichêni, véal bachamatechá teiaçerêni. (3) Chonêni Adonái, qi umlál áni, refaêni Adonái, qi niv'halú atzamái. (4) Venafshí niv'halá meód, veatá Adonái ad matái. (5) Shuvá Adonái, chaletzá nafshí, hoshiêni lemáan chasdêcha. (6) Qi en bamávet zich'rêcha, bisheól mi iode lach. (7) Iagáti beanchatí, as'ché véchol láila mitatí, bedim'atí arçí amçê. (8) Asheshá miqáas ení, ateqá bechól tzórerai. (9) Çúru miméni qol pôale áven, qi shamá Adonái qol bichií. (10) Shamá Adonái techinatí, Adonái tefilatí iiqách. (11) Ievôshu veibahalú meód qol oievái, iashúvu ievôshu rága.

Salmo 7

Para afugentar ou distanciar os inimigos

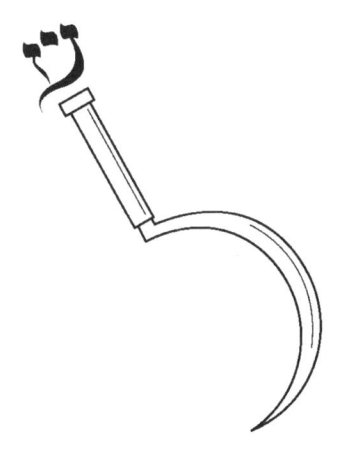

Vendo este desenho entre o inimigo e você mesmo, diga a seguinte oração antes de rezar o Salmo:

Ó Elohím Norá, Atá She Atá, Azei El Shemá Bo Elái

Advertência: Se quem está cometendo a injustiça é você e não seu inimigo real, quem triunfará será ele e não você. Isso porque se está pedindo justiça e da

---

* A letra *Áin* (letra de Saturno) vai em amarelo porque o arcano número zero, O Louco, é o pai supremo de todos os arcanos do Tarô. A foice representa a capacidade destruidora de Deus contra a ignorância.

Divindade virá a razão, sem importar quem a pede. Portanto, se quem pede justiça é o injusto, será ele quem receberá o castigo. A justiça Divina é cega e eminentemente justa.

(1) *Lamentação. De Davi. Ele a cantou para Iahweh, a propósito de Cuch, o benjaminita.* (2) Iahweh, meu Deus, eu me abrigo em ti! Salva-me de meus perseguidores todos! Liberta-me! (3) Que não me apanhem, como leão, e me dilacerem, e ninguém me liberte! (4) Iahweh, meu Deus, se eu fiz algo... se em minhas mãos há injustiça, (5) se paguei com o mal o meu benfeitor, se poupei sem razão o meu adversário, (6) que o inimigo me persiga e me alcance! Que me pisoteie vivo por terra e atire meu ventre contra a poeira! (7) Levanta-te com tua ira, Iahweh! Ergue-te contra o excesso dos meus adversários! Vigia a meu lado; tu que ordenas o julgamento! (8) Que a assembléia dos povos te cerque; assenta sobre ela, no mais alto. (9) (Iahweh é o juiz dos povos). Julga-me, Iahweh, conforme a minha justiça, e segundo a minha integridade. (10) Põe fim à maldade dos ímpios e confirma o justo, pois tu sondas os corações e os rins, Deus justo! (11) Meu escudo está junto de Deus, o salvador dos corações retos. (12) Deus é justo juiz, lento para a cólera, mas é Deus que ameaça a cada dia. (13) Se o homem não se corrige, que afie sua espada, retese seu arco e o aponte, (14) mas é para si que faz armas de morte e fabrica suas flechas chamejantes. (15) Ei-lo gerando a iniqüidade: concebe a maldade e dá à luz a mentira. (16) Ele cava e aprofunda um buraco, mas cai na cova que fez. (17) Sua maldade se volta contra ele, sobre o crânio lhe cai a própria violência. (18) Eu agradecerei a Iahweh a sua justiça, quero tocar o nome do Altíssimo.

(1) Shigaión ledavíd ásher shar ladonái al div'rê Chush ben Ieminí. (2) Adonái Elohái bechá chaçíti, hoshiêni míqol rodefái vehatzilêni. (3) Pen iitróf qeariê nafshí, poréq veén matzíl. (4) Adonái Elohái, im açíti zot, im iesh ável bechapái. (5) Im gamálti sholemí rá, vaachaletzá tzorerí reqám. (6) Iiradóf oiév nafshí veiaçég veiirmós laáretz chaiái, uch'vodí leafár iashkén çela. (7) Qumá Adonái beapêcha, hinaçé beavrót tzorerái, veúra elái, mishpát tzivíta. (8) Vaadát leumím teçovevêqa, vealêha lamaróm shúva. (9) Adonái iadín amím, shofténi Adonái qetzidqí uchtumí alái. (10) Íigmor na ra reshaím, utechonén tzadíq uvochén libót uchlaiót Elohím tzadíq. (11) Maguiní al Elohím, moshía iishrê lév. (12) Elohím shofét tzadíq, veél zoém béchol iôm. (13) Im ló iashúv, charbó iiltósh, qashtó darách vaichonenêa. (14) Veló hechín qelê mávet, chitzáv ledoleqím iif'al. (15) Hinê iéchabel áven, vehará amál veiálad sháqer. (16) Bor qára vaiachperêhu, vaiipól besháchat iif'al. (17) Iashúv amaló veroshó, veál qodqodó chamaçó ieréd. (18) Odê Adonái qetzidqó, vaazamerá shém Adonái Eliôn.

Salmo 8

Para encontrar a Graça Divina e o êxito nos negócios

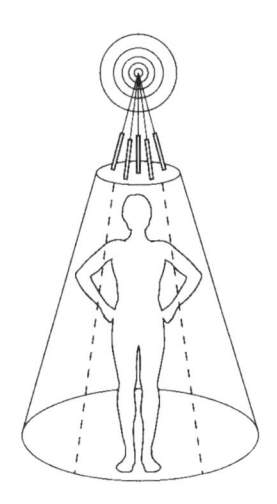

Reze a seguinte oração depois do Salmo. Repita e pense constantemente na palavra *Hashém*, um dos nomes sagrados de Deus. Para obter êxito em um negócio que você tem em mente, reze este Salmo com seu ritual correspondente durante três dias seguidos.

Ó Chaniel Shemá Bo Elái

Enquanto visualiza uma esfera de cor âmbar sobre si, espargindo luzes com todas as cores do arco-íris, diga: "Ó graça e misericórdia divina, derrama teus dons sobre mim e minhas circunstâncias."

Também se recomenda a seguinte oração budista, enquanto você imagina um Buda de cor azul índigo (porque é a cor do Buda supremo não manifestado) derramando um arco-íris sobre você. Veja-o também dentro de si, irradiando um arco-íris.

Om-Ah-Jung Sanguié Vajradára. Gúru Pédma Siddhí Hung

(1) *Do mestre de canto. Sobre a (...) de Gat. Salmo. De Daví.* (2) Iahweh, Senhor nosso, quão poderoso é teu nome em toda a terra! Ele divulga tua majestade sobre o céu. (3) Pela boca das crianças e bebês tu o firmaste, qual fortaleza, contra os teus adversários, para reprimir o inimigo e o vingador. (4) Quando vejo o céu, obra dos teus dedos, a lua e as estrelas que fixaste, (5) que é um mortal, para dele te lembrares, e um filho de Adão, para vires visitá-lo? (6) E o fizeste pouco menos do que um deus, coroando-o de glória e beleza. (7) Para que domine as obras de tuas mãos sob os pés tudo colocaste: (8) ovelhas e bois, todos, e as feras do campo também; (9) a ave do céu e os peixes do mar quando percorre ele as sendas dos mares. (10) Iahweh, Senhor nosso, quão poderoso é teu nome em toda a terra!

(1) Lamenatzêach al haguitít mizmór ledavíd. (2) Adonái Adonênu, ma adír shimchá béchol haáretz, ashér tená hodechá al hashamáim. (3) Mipí olelím veioneqím içádta oz, lemáan tzorerêcha, lehashbít oiév umitnaqém. (4) Qi er'é shamêcha maaçé etz'beotêcha, iarêach vechochavím ashér qonánta. (5) Ma enósh qi tizqerênu, úven adám qi tifqedênu. (6) Vatechaçerêhu meát meelohím, vechavód vehadár teaterêhu. (7) Tamshilêhu bemaaçê iadêcha, qol sháta táchat raglav. (8) Tzoné vaalafím qulám, vegám bahamót çadái. (9) Tzipór shamáim udeguê haiám, ovér orchót iamím. (10) Adonái Adonênu, ma adír shim'chá bechól haáretz.

Salmo 9

Para curar um homem jovem

יפאל

Este Salmo é um remédio seguro para o restabelecimento dos filhos homens. Contemplando-o ou o mantendo na mente, visualize que este hexágono é amarelo brilhante e que sobre ele estão colocadas as letras hebraicas mostradas no desenho. Enquanto o observa, reze a oração e depois o Salmo.

---

* As letras hebraicas mostradas dentro do pentágono indicam a palavra Leafar, que quer dizer "Deus, cura-me". Essa palavra deve ser dita de maneira impositiva e imperativa.

Ó Altíssimo Onipotente, seja Tua vontade curar de sua enfermidade o .... (diga aqui o nome do jovem enfermo).

Caso seja rezada pelo próprio enfermo, este deve se identificar da seguinte maneira:

A mim, (nome do enfermo), *liberta-me desta enfermidade. Amém* (Çêla).

(1) *Do mestre de canto. Para oboé e harpa. Salmo. De Davi.* (2) Eu te celebro, Iahweh, de todo coração, enumero todas as tuas maravilhas! (3) Eu me alegro e exulto em ti, e toco ao teu nome, ó Altíssimo! (4) Meus inimigos voltam atrás, tropeçam e somem à tua presença, (5) pois defendeste minha causa e direito: sentaste em teu trono como justo juiz. (6) Ameaçaste as nações, destruíste o ímpio, para todo o sempre apagaste o seu nome. (7) O inimigo acabou para sempre em ruínas, arrasaste as cidades, sua lembrança sumiu. (8) Eis que Iahweh sentou-se para sempre, para o julgamento firmou o seu trono. (9) Ele julga o mundo com justiça, governa os povos com retidão. (10) Seja Iahweh fortaleza para o oprimido, fortaleza nos tempos de angústia. (11) Em ti confiam os que conhecem teu nome, pois não abandonas os que te procuram, Iahweh! (12) Tocai para Iahweh, que habita em Sião; narrai entre os povos as suas façanhas: (13) ele busca os assassinos, lembra-se deles, não se esquece jamais do clamor dos pobres. (14) Piedade, Iahweh! Vê minha aflição! Levanta-me das portas da morte, (15) para que eu publique todo o teu louvor, e com tua salvação eu exulte às portas da filha de Sião! (16) Os povos caíram na cova que fizeram, no laço que ocultaram prenderam o pé. (17) Iahweh se manifestou fazendo justiça, apanhou o ímpio em sua armadilha. (Em surdina. Pausa) (18) Que os ímpios voltem ao Xeol, os povos todos que esquecem a Deus! (19) Pois o indigente não será esquecido para sempre, a esperança dos pobres jamais se frustrará. (20) Levanta-te, Iahweh, não triunfe um mortal! Que os povos sejam julgados em tua frente! (21) Infunde-lhes, medo, Iahweh: saibam os povos que são homens mortais! (Pausa).

(1) Lamenatzêach al mut labén mizmór ledavíd. (2) Odê Adonái béchol libí, açaperá qol nifleotêcha. 3 Esmechá veeeltzá vach, azamerá shimchá Eliôn. (4) Beshúv oievái achór, iiqashelú veiov'dú mipanêcha. (5) Qi açíta mishpatí vediní, iashávta lechiçé shofét tzédeq. (6) Gaárta goím, ibádta rashá, shemám machíta leolám vaéd. (7) Haoiév támu choravót lanétzach, vearím natáshta, avád zich'rám héma. (8) Vadonái leolám ieshév, qonén lamishpát qiç'ó. (9) Vehú iishpót tevél betzédeq, iadín leumím bemesharím. (10) Vihí Adonái misgáv ladách, misgáv leitót batzará. (11) Veiiv'techú vechá iodeê shemêcha, qi ló azávta doreshêcha Adonái. (12) Zamerú ladonái ioshév Tzión, haguídu vaamím alilotáv. (13) Qi dorésh damím otám zachár,

ló shachách tzaaqát anavím. (14) Chonenéni Adonái, reé onií miçoneái, meromemí misháare mávet. (15) Lemáan açaperá qol tehilatêcha beshaarê vat Tzión, aguíla bishuatêcha. (16) Taveú goím besháchat açú, beréshet zu tamánu nilqedá raglám. (17) Nodá Adonái mishpát açá, befóal qapáv noqésh rashá, higaión çelá. (18) Iashúvu reshaím lish'óla, qol goím shechechê Elohím. (19) Qi ló lanétzach iishachách evión, tiq'vát aniiím továd laád. (20) Qumá Adonái al iaóz enósh, iishafetú goím al panêcha. (21) Shitá Adonái morá lahém, iedeú goím enósh héma çelá.

Salmo 10

Para proteger-se de entidades maléficas

Utilize uma vasilha de barro nova e nela ponha a ferver água com gardênia e gengibre. Mantenha a vasilha (com a água, a gardênia e o gengibre) durante 72 horas, expondo-a — unicamente durante a noite — à ação protetora e psíquica da luz lunar. Reze este Salmo com muita fé sobre a vasilha, toda noite, enquanto a água ferve. Depois que a água esfriar, banhe-se com ela enquanto recita este Salmo.

Diga a seguinte prece, com muita devoção, antes e depois de ler o Salmo:

Ó Olám Ha Atzilút Gédhulei El

Aprenda esse nome e repita-o constantemente.
Sua tradução é:

Deus é supremo. (Poderoso e protetor)

(1) Iahweh, por que ficas longe e te escondes no tempo de angústia? (2) A soberba do ímpio persegue o infeliz. Fiquem presos nas tramas que urdiram! (3) o ímpio se gloria da própria ambição, o avarento que bendiz despreza Iahweh. (4) O ímpio é soberbo, jamais investiga: — "Deus não existe!" — é tudo o que pensa. (5) Suas empresas têm sucesso em todo tempo, teus julgamentos estão além do seu alcance, ele desafia seus adversários todos. (6) E diz em seu coração: "Eu sou inabalável! Jamais me acontecerá uma desgraça". (7) Maldição, fraude e violência lhe enchem a boca, sob sua língua há opressão e maldade. (8) Põe-se de emboscada entre os juncos e às escondidas massacra o inocente. Com os olhos espreita o miserável; (9) de tocaia, bem oculto, como leão no covil, ele se embosca para pegar o infeliz: captura o infeliz e o arrasta em sua rede. (10) Ele espreita, se agacha, se encurva, e o miserável cai em seu poder. (11) E reflete: "Deus esquece, cobre a face para não ver até o fim!" (12) Levanta-te, Iahweh! Ó Deus, ergue a tua mão!

Não te esqueças dos infelizes! (13) Por que o ímpio desprezaria Deus, pensando que não investigas? (14) Mas tu vês a fadiga e o sofrimento, e observas para tomá-lo na mão: a ti se abandona o miserável, para o órfão tu és um socorro. (15) Quebra o braço do ímpio e do mau e procura sua maldade: não a encontras! (16) Iahweh é rei para sempre e eternamente, as nações desapareceram de sua terra. (17) Iahweh, tu ouves o desejo dos pobres, fortaleces seu coração e lhes dá ouvidos, (18) fazendo justiça ao órfão e ao oprimido, para que o homem terreno já não infunda terror.

(1) Lamá Adonái taamód berachóq, ta'lím leitót batzará. (2) Begaavát rashá iidláq aní, iitafeçú bimzimót zu chashávu. (3) Qi hilél rashá al taavát nafshó, uvotzêa bérech niétz, Adonái. (4) Rashá qegóva apó bal iidrósh, en Elohím qol mezimotáv. (5) Iachílu deracháv béchol et, maróm mishpatêcha minegdó, qol tzoreráv iafíach bahém. (6) Amár belibó bal emót, ledór vadór ashér ló verá. (7) Alá píhu malé umirmót vatóch, táchat leshonó amál vaáven. (8) Ieshév bemaráv chatzerím, bemistarím iaharóg naqí, enáv lechelechá iitzpónu. (9) Ieeróv bamistár qearié veçuqó, ieeróv lachatóf aní, iach'tóf aní bemosh'chó verishtó. (10) Iideqé iashôach, venafál baatzumáv chel qaím. (11) Amár belibó sháchach El, histír panáv bal raá lanétzach. (12) Qumá Adonái, El neçá iadêcha, al tish'qách anavím. (13) Al mé niétz rashá, Elohím, amár belibó ló tidrósh. (14) Raíta qi atá amál vachá'as tabít, latet beiadêcha, alêcha iaazóv chelêcha, iatóm atá haiíta ozér. (15) Shevór zerôa rashá, vará tidrósh rish'ó val timtzá. (16) Adonái mélech olám vaéd, avedú goím meartzó. (17) Taavát anavím shamáta Adonái, tachín libám taq'shív oznêcha. (18) Lishpót iatóm vadách, bal ioçíf od laarótz enósh min haáretz.

Salmo 11

*Para livrar-se do poder dos inimigos
e de perseguições políticas*

Antes de recitar este Salmo, diga a oração correspondente ao Salmo 7, levando em conta a advertência que ali se faz.

(1) *Do mestre de canto. De Davi.* Eu me abrigo em Iahweh. Como podeis dizer-me: "Foge para os montes, passarinho! (2) Vê os ímpios que retesam o arco, ajustando a flecha na corda, para atirar ocultamente nos corações retos; (3) se os fundamentos estão destruídos que pode o justo fazer?" (4) Mas Iahweh está no seu templo sagrado, Iahweh tem seu trono no céu; seus olhos contemplam o mundo, suas pupilas examinam os filhos de Adão. (5) Iahweh examina o justo e o ímpio, ele odeia quem ama a violência: (6) fará chover, sobre os ímpios, brasas, fogo e enxofre e vento de tempestade, é a parte que lhes cabe. (7) Sim, Iahweh é justo, ele ama a justiça, e os corações retos contemplarão sua face.

(1) Lamenatzêach ledavíd, badonái chaçíti, ech tomerú lenafshí núdi harchém tzipór. (2) Qi hinê hareshaím iid'rechún qéshet, qonenú chitzám al iéter, lirót bémo ófel leiíshre lev. (3) Qi hashatót iehareçún, tzadíq ma paál. (4) Adonái behechál qodshó Adonái bashamáim qiç'ó, enáv iechezú, af'apáv iivchanú benê adám. (5) Adonái tzadíq iivchán, verashá veohév chamás çaneá nafshó. (6) Iamtér al reshaím pachím esh vegof'rít, verúach zil'afót menát qoçám. (7) Qi tzadíq Adonái, tzedaqót ahév, iashár iechezú fanémo.

Salmo 12

Para você não se debilitar. Para fortalecer o seu organismo

עזיאל

Azei El Shemá Bo Elái

Este Salmo deve ser rezado com a face voltada para o oeste e invocando a ajuda do arcanjo Rafael e dos anjos do raio esmeralda. Enquanto reza, você deve visualizar a energia verde da cura. Invoque também, no momento em que o Sol se oculta, os anjos dos batalhões comandados por Rafael.

(1) *Do mestre de canto. Para instrumentos de oito cordas. Salmo. De Davi.* (2) Socorro, Iahweh! Não há mais homem fiel! A lealdade desapareceu dentre os filhos de Adão! (3) Cada qual mente ao seu próximo, falando com lábios fluentes e duplo coração. (4) Corte Iahweh todos os lábios fluentes e a língua que profere grandezas, (5) os que dizem: "A língua é nossa força: nossos lábios nos defendem, quem seria nosso mestre?" (6) "Por causa do pobre que despojam, do infeliz que geme, agora me levanto — declara Iahweh: porei a salvo a quem o deseja!" (7) As palavras de Iahweh são palavras sinceras, prata pura saindo da terra, sete vezes refinada. (8) Sim, Iahweh, tu nos guardarás. Tu nos protegerás de tal geração para sempre. (9) Por toda parte se agitam os ímpios, a corrupção aumenta entre os filhos de Adão.

---

* As palavras hebraicas escritas no quadro acima significam *Azei El*, cuja tradução é "A força de Deus". As palavras colocadas sob o quadro significam: "A força de Deus vem a mim, escuta-me". É uma súplica.

(1) Lamenatzêach al hasheminít mizmór ledavíd. (2) Hoshía Adonái qi gamár chaçíd, qi fáçu emuním mibenê adám. (3) Shav iedaberú ish et reêhu, çefát chalaqót, belév valév iedabêru. (4) Iach'rét Adonái qol çiftê chalaqót, lashón medabéret guedolót. (5) Ashér amerú lileshonênu nagbír çefatênu itánu, mi adón lánu. (6) Mishód aniiím meenqát evioním, atá aqúm iomár Adonái, ashít beiêsha iafíach ló. (7) Imerót Adonái amarót tehorót, qéçef tzarúf, baalíl laáretz mezuqáq shiv'atáim. (8) Atá Adonái tishmerém, titzerênu min hador zu leolám. (9) Çavív reshaím iit'haláchun, qerúm zulút livnê adám.

Salmo 13

Para livrar-se de uma dor física e de uma morte trágica

Coloque diante de si uma foice toda de ouro, inclusive seu cabo. Visualize que, entre o perigo e você, essa foice de ouro corta tanto a dor física como o perigo. Repita a palavra abaixo, enquanto faz a visualização:

Chaçid

Depois reze o Salmo com muita devoção.
(1) *Do mestre de canto. Salmo. De Davi.* (2) Até quando me esquecerás, Iahweh? Para sempre? Até quando esconderás de mim a tua face? (3) Até quando terei sofrimento dentro de mim e tristeza no coração, dia e noite? Até quando triunfará meu adversário? (4) Atenda, Iahweh meu Deus! Responde-me! Ilumina meus olhos, para que eu não adormeça na morte. (5) Que meu inimigo não diga: "Ven-

---

* O desenho acima mostra que a foice corta, elimina o perigo. Mostramos acima a foice simulando o efeito de cortar o perigo indicado pela teia da aranha.

ci-o", e meus adversários não exultem ao me fazer tropeçar. (6) Quanto a mim eu confio no teu amor! Meu coração exulta com a tua salvação. Cantarei a Iahweh pelo bem que me fez, tocarei ao nome de Iahweh, o Altíssimo!

(1) Lamenatzêach mizmór ledavíd. (2) Ad ána Adonái tish'qachêni nétzach, ad ána tastír et panêcha mimêni. (3) Ad ána ashít etzót benafshí iagón bilevaví iomám, ad ána iarúm oieví alái. (4) Habíta anêni Adonái Elohái, haíra enái pen ishán hamávet. (5) Pen iomár oiví iechaltív, tzarái iaguílu qi emót. (6) Vaaní bechasdechá vatáchti, iaguél libí bishuatêcha, ashíra ladonái qi gamál alái.

Salmo 14

Para livrar-se de calúnias e desconfianças.
Para saber se alguém tem más intenções a seu respeito.
Para perder o medo

Visualize esta letra dentro do seu peito, no interior do seu coração. Visualize as colunas bem altas, para sentir-se protegido. Primeiro veja a coluna da esquerda (do lado de sua mão esquerda) na cor azul e depois a coluna da direita na cor vermelha. Repita este mantra:

Azéi El

---

* A coluna vermelha simboliza o fogo do Espírito Santo. A letra hebraica *Áin*, que se mostra entre as duas colunas, representa o equilíbrio entre a água e o fogo. A coluna azul representa a água.

Depois reze este Salmo:

(1) *Do mestre de canto. De Davi.* Diz o insensato em seu coração: "Deus não existe!" Suas ações são corrompidas e abomináveis: ninguém age bem. (2) Do céu Iahweh se inclina sobre os filhos de Adão, para ver se há um sensato, alguém que busque a Deus. (3) Estão todos desviados e obstinados também: não, ninguém age bem, não, nem um sequer. (4) Não sabem todos os malfeitores que devoram meu povo, como se comessem pão, e não invocam a Iahweh? (5) Lá, eles tremerão, pois Deus está com a raça dos justos: (6) vós caçoais da revolta do pobre, mas Iahweh é seu abrigo. (7) Quem trará de Sião a salvação para Israel? Quando Iahweh reconduzir os cativos de seu povo, alegria em Jacó e regozijo em Israel!

(1) Lamenatzêach ledavíd, amár navál belibó en Elohím, hish'chítu hit'ívu alilá en oçe tôv. (2) Adonái mishamáim hishqíf al benê adám, lir'ót haiésh masqíl, dorésh et Elohím. (3) Haqól çar, iachdáv neeláchu, en oçe-tôv, en gam echád. (4) Haló iadeú qol pôale áven, ochelê amí áchelu léchem, Adonái ló qaráu. (5) Sham páchadu fáchad, qi Elohím bedór tzadíq. (6) Atzát aní tavíshu, qi Adonái mach'çéhu. (7) Mi itén mitzión ieshuát Israél, beshúv Adonái shevút amó, iaguél iaaqóv ismách Israél.

Salmo 15

Para curar a melancolia, a depressão ou a loucura

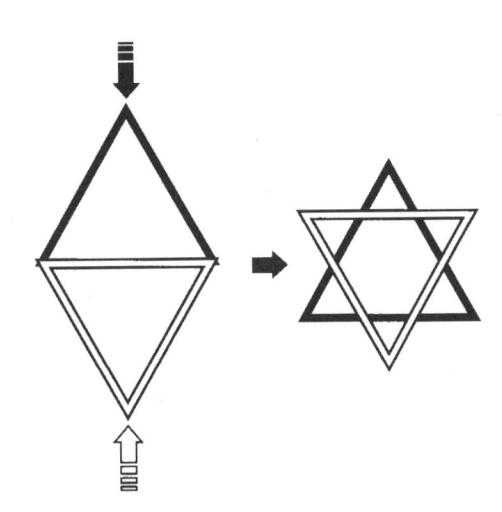

Contemplando o arcano nº 12 (O Enforcado), visualize dois triângulos que ao se unirem formam uma estrela de Davi. Descendo o triângulo que tem o vértice para cima, recite este mantra:

Oz Ánozen Eçtí Qatozén Eçtí

---

* O Enforcado representa a quietude interior. A Estrela representa a reconciliação, dentro da pessoa, do macro e do micro. A estrela que se forma pela interposição dos dois triângulos (um apontando para o norte e o outro para o sul) indica que "assim como é em cima, assim é embaixo", e vice-versa. Ou seja, assim como é na terra é nos céus.

Faça o mesmo com o triângulo que tem o vértice para baixo e repita o seguinte:

Oz Qatozén Eçtí Ánozen Eçtí

Depois de ter formado mentalmente a Estrela de Davi, coloque-se no meio dela e reze este Salmo.

(1) *Salmo. De Davi.* Iahweh, quem pode hospedar-se em tua tenda? Quem pode habitar em teu monte sagrado? (2) Quem anda com integridade e pratica a justiça: fala a verdade no coração, (3) e não deixa a língua correr; em nada lesa seu irmão nem insulta seu próximo; (4) despreza o ímpio com o olhar, mas honra os que temem a Iahweh; jura com dano próprio sem se retratar; (5) não empresta dinheiro com usura, nem aceita suborno contra o inocente. Quem age deste modo jamais vacilará!

(1) Mizmór ledavíd, Adonái mi iagúr beaholêcha, mi ishqón behár qodshêcha. (2) Holéch tamím ufoél tzédeq, vedovér emét bilevavó. (3) Ló ragál al leshonó, ló açá lereêhu raá, vecherpá ló naça al qerovó. (4) Nivzé beenáv nim'ás, véet iir'é Adonái iechabéd, nishbá lehará veló iamír. (5) Qaspó ló natán benéshech, veshóchad al naqí ló laqách, óçe êle ló imót leolám.

Salmo 16

Para descobrir quem furtou

```
        J
        U
        S
        T
        I
        Ç
        A
  VERDADE
```

Para encontrar algo perdido ou saber quem tem más intenções. Este Salmo possui várias formas de aplicação. Uma delas é rezá-lo todos os dias com muita fé e o coração pleno de amor — você transformará suas dores em alegrias e seus inimigos em amigos. Para descobrir um ladrão, pegue lodo ou barro na nascente de um riacho cujas águas não tenham sido contaminadas.

---

* A letra hebraica *Áin*, segundo a Cabala, significa "O olho de Deus". Também significa "A força de Deus". A letra que se encontra no meio do *Áin* (o *Iúd*) indica a presença, a visão e a força de Deus. O esquadro, de acordo com os ensinamentos da maçonaria, representa a retidão de Deus, sem a qual não existe progresso verdadeiro.

Com o barro, escreva sobre tirinhas individuais de papel o nome de cada uma das pessoas de quem você suspeita. Com a mesma água pura e cristalina recolhida do manancial, encha um recipiente e nele coloque as várias tirinhas de papel com o nome de cada suspeito. A tira de papel que subir à superfície será a que tem o nome da pessoa que cometeu o roubo ou furto. Enquanto espera que a tira suba à tona da água, contemple a água e reze este Salmo.

Este Salmo também serve para quando se perdeu alguma coisa e se deseja que ela apareça. Pegue treze velas brancas previamente untadas com essência de rosas e polvilhadas com um pouco de café moído. Acenda as velas sobre uma laje ou pedra plana. Reze o Salmo ao colocar as velas ou logo depois de as ter acendido.

Este Salmo tem um mantra:

Éin Aní. Iachíd Iehóva

A tradução desse mantra é: Não existe nenhum "Eu Sou" pessoal. O único "Eu Sou" foi, é e será sempre Deus. Repita-o em voz alta e mentalmente.

O último ritual serve para que o Espírito Santo ilumine você sobre as intenções (boas ou más) de alguém.

(1) *À meia voz. De Davi.* Guarda-me, ó Deus, pois eu me abrigo em ti. (2) Eu disse a Iahweh: És tu o meu Senhor, minha felicidade não está em nenhum (3) desses demônios da terra. Eles se impõem a todos os que os amam. (4) Multiplicam seus ídolos, correm atrás deles. Jamais derramarei suas libações de sangue, nem porei seus nomes em meus lábios. (5) Iahweh, minha parte na herança e minha taça, és tu que garantes a minha porção; (6) o cordel mediu para mim um lugar delicioso, sim, é magnífica a minha herança. (7) Bendigo a Iahweh que me aconselha, e, mesmo à noite, meus rins me instruem. (8) Ponho Iahweh à minha frente sem cessar, com ele à minha direita eu não vacilarei. (9) Por isso meu coração se alegra, minhas entranhas exultam e minha carne repousa em segurança; (10) pois não abandonarás minha vida no Xeol, nem deixarás que teu fiel veja a cova! (11) Ensinar-me-ás o caminho da vida, cheio de alegrias em tua presença e delícias à tua direita, perpetuamente.

(1) Michtam ledavíd, shamerêni El qi chaçíti vach. (2) Amárt ladonái, Adonái áta, tovatí bal alêcha. (3) Liqdoshím ásher baáretz hêma, veadiré qol chéftzi vam. (4) Irbú atzevotám, achér maharú, bal açích nisqehém midám, úval eçá et shemotám al çefatái. (5) Adonái, menát chelqí vechoçí, atá tomích goralí. (6) Chavalím náfelu li baneimím, af nachalát shaferá alái. (7) Avaréch et Adonái ashér iaatzáni, af lelot içerúni chil'iotái. (8) Shivíti Adonái lenegdí tamíd, qi miminí bal emót. (9) Lachén çamách líbi vaiáguel qevodí, af beçari ishqón lavêtach. (10) Qi ló taazóv nafshí lishe'ól, ló titén chaçidechá lir'ót sháchat. (11) Todiêni órach chaiím, çóva çemachót et panêcha, neimót biminechá nétzach.

Salmo 17

Para quem tem idéias suicidas

Este Salmo purifica todos os planos espirituais e devolve a pessoa a Deus, faz com que ela regresse a Deus. Reze este Salmo pelo menos uma vez por dia, pois sua eficácia para livrá-lo de todo o mal dura 24 horas. Tome gotas do remédio floral *Cherry Plum*, do Dr. Bach — comece com dez gotas a cada duas horas, até sentir-se mais calmo, e depois vá aumentando o intervalo de tempo entre as doses. Cada vez que tomar *Cherry Plum*, reze este Salmo.

(1) *Prece. De Davi.* Ouve, Iahweh, a causa justa, atende ao meu clamor; dá ouvido à minha súplica, que não sai de lábios mentirosos. (2) Que minha presença provenha de tua face, teus olhos vejam onde está o direito. (3) Tu sondas meu coração, tu me visitas de noite, tu me provas sem encontrar em mim infâmia; minha boca não transgrediu (4) como costumam os homens. Eu observei a palavra dos teus lábios, no caminho prescrito (5) mantenho os meus passos; meus pés não vacilam nas tuas pegadas. (6) Eu clamo a ti, pois tu me respondes, ó Deus! Inclina a mim teu ouvido, ouve a minha palavra, (7) demonstra o teu amor, tu que salvas dos agressores quem se refugia à tua direita. (8) Guarda-me como a pupila dos olhos, esconde-me à sombra de tuas asas, (9) longe dos ímpios que me oprimem, dos inimigos mortais que me cercam. (10) Eles envolvem seu coração com gordura, sua boca fala com arrogância. (11) Caminham contra mim e agora me cercam, fixando seus olhos para jogar-me por terra. (12) Parecem leão, ávido por devorar, filhote de leão, agachado em seu covil. (13) Levanta-te, Iahweh! Enfrenta-os! Derruba-os! Que tua espada me liberte do ímpio, (14) e tua mão, ó Iahweh, dos mortais, dos mortais, que em vida, já têm sua parte deste mundo! Enche-lhes o ventre com o que tens em reserva: seus filhos ficarão saciados e deixarão o que sobrar para seus pequeninos. (15) Quanto a mim, com justiça eu verei tua face; ao despertar, eu me saciarei com tua imagem.

(1) Tefilá ledavíd, shim'á Adonái tzédeq, haq'shivá rinatí, haazína tefilatí beló çiftê mirma. (2) Milefanêcha mishpatí ietzé, enêcha techezêna mesharím. (3) Bachánta libí, paqádeta láila, tzeraftáni val timtzá, zamotí bal iáavor pi. (4) Lif'ulót adám bidvár çefatêcha, aní shamárti orchót parítz. (5) Tamóch ashurái bemaguelotêcha, bal namôtu feamái. (6) Aní qeratícha qi taanêni El, hat oznechá li, shemá imratí. (7) Haflé chaçadêcha, moshía choçím mimitqomemím biminêcha. (8) Shomréni qeishón bat-aín, betzél qenafêcha tastirêni. (9) Mipenê reshaím zu shadúni, oievái benéfesh iaqífu alái. (10) Chelbámo çaguerú, pímo diberú vegueút. (11) Ashurênu atá çevavúnu, enehém iashítu lintót baárets. (12) Dimionó qearié ich'çóf litróf, vechich'fír ioshév bemistarím. (13) Qumá Adonái qademá fanáv, hach'riêhu, paletá nafshí merashá charbêcha. (14) Mimetím iadechá Adonái, mimetím mechéled, chelqám bachaiím utzefunchá temalé vitnám, isbeú vaním, vehiníchu it'rám leol'lehém. (15) Aní betzédeq echezé fanêcha, esbeá vehaqíts temunatêcha.

Salmo 18

Para livrar-se de governantes despóticos ou agressivos

Recite o mantra dos Salmos 16 e 17, que aniquila e extingue todos os rastros do "eu sou" pessoal e, portanto, torna você "inexistente". E o inexistente, exatamente por não existir, não pode ser capturado, aprisionado ou oprimido por ninguém. Reze com muita fé este Salmo, depois de recitar o mantra.

(1) *Do mestre de canto. De Davi, servo de Iahweh, que dirigiu a Iahweh as palavras deste cântico, quando Iahweh o libertou de todos os seus inimigos e da mão de Saul.* (2) *Ele disse*: Eu te amo, Iahweh, minha força, (meu salvador, tu me salvaste da violência). (3) Iahweh é minha rocha e minha fortaleza, meu libertador, é meu Deus. Nele me abrigo, meu rochedo, meu escudo e minha força salvadora, minha cidade forte. (4) Seja louvado! Eu invoquei a Iahweh e fui salvo dos meus inimigos. (5) As ondas da Morte me envolviam, as torrentes de Belial me aterravam, (6) cercavam-me os laços do Xeol, as ciladas da Morte me aguardavam. (7) Na minha angústia invoquei a Iahweh, ao meu Deus lancei o meu grito; do seu templo ele ouviu minha voz, meu grito chegou aos seus ouvidos. (8) E a terra balançou e tremeu, as bases dos montes se abalaram, (por causa do seu furor estremeceram); (9) de suas narinas subiu uma fumaça e da sua boca um fogo que devorava (dela saíam brasas ardentes). (10) Ele inclinou o céu e desceu, tendo aos pés uma nuvem escura; (11) cavalgou um querubim e voou, planando sobre as asas do vento. (12) Das trevas ele fez seu véu, sua tenda, de águas escuras e nuvens espessas; (13) à sua frente um clarão inflamava granizo e brasas de fogo. (14) Iahweh trovejou do céu, o Altíssimo fez ouvir sua voz; (15) atirou suas flechas e os dispersou, expulsou-os, lançando seus raios. (16) Então apareceu o leito do mar, as bases do mundo se descobriram, por causa da tua ameaça, Iahweh, pelo vento soprando das tuas narinas. (17) Do alto ele estende a mão e me toma, tirando-me das águas torrenciais; (18) livra-me do inimigo poderoso, de adversários mais fortes que eu. (19) Afrontaram-me no dia da minha derrota, mas Iahweh foi apoio para mim. (20) Fez-me sair para lugar espaçoso, libertou-me, porque ele me ama.

(21) Iahweh me trata segundo minha justiça, e me retribui conforme a pureza de minhas mãos, (22) pois eu observei os caminhos de Iahweh e não fui infiel ao meu Deus. (23) Seus julgamentos estão todos à minha frente, jamais apartei de mim seus decretos; (24) sou íntegro para com ele e guardo-me do pecado. (25) Iahweh me retribui segundo minha justiça, minha pureza, que ele vê com seus olhos. (26) Com o fiel tu és fiel, com o íntegro és íntegro, (27) puro com quem é puro, mas com o perverso te mostras astuto; (28) pois tu salvas o povo pobre e rebaixas os olhos altivos. (29) Iahweh, tu és minha lâmpada; meu Deus ilumina minha treva; (30) sim, contigo eu forço a amurada, com meu Deus eu salto a muralha. (31) Deus é perfeito em seu caminho, a palavra de Iahweh é provada. Ele é escudo para todos aqueles que nele se abrigam. (32) Pois fora Iahweh, quem é Deus? E quem é rochedo, a não ser nosso Deus? (33) Ele é o Deus que me cinge de força e torna perfeito o meu caminho; (34) iguala meus pés aos das corças e me sustenta em pé nas alturas; (35) instrui minhas mãos para a guerra, e meu braço a tender o arco de bronze. (36) Tu me dás teu escudo salvador (tua direita me sustém) e me atendes sem cessar; (37) alargas os meus passos e meus tornozelos não se torcem. (38) Persigo meus inimigos e os alcanço, não volto atrás sem tê-los consumido; (39) eu os massacro, e não podem levantar-se, eles caem debaixo dos meus pés. (40) Tu me cinges de força para a guerra e curvas sob mim os meus agressores; (41) entregas a nuca dos meus inimigos, e eu extermino os que me odeiam. (42) Eles gritam, e não há quem os salve, gritam a Iahweh, mas ele não responde; (43) eu os reduzo como a poeira no vento, eu os piso como o barro das ruas. (44) Tu me livras das querelas do meu povo, e me colocas como chefe das nações; um povo que eu não conheci põe-se a meu serviço, (45) os filhos de estrangeiros submetem-se a mim, dão-me ouvidos e me obedecem; (46) os filhos de estrangeiros se enfraquecem e saem tremendo de suas fortalezas. (47) Viva Iahweh, bendito seja o meu rochedo, seja exaltado o meu Deus salvador, (48) o Deus que me concede as vinganças e submete os povos a mim! (49) Livrando-me de inimigos furiosos tu me exaltas sobre os meus agressores, e me libertas do homem violento. (50) Por isso eu te louvo entre as nações, Iahweh, e toco em honra do teu nome: (51) "Ele dá grandes vitórias ao seu rei e age pelo seu ungido com amor, por Davi e sua descendência para sempre".

(1) Lamenatzêach leéved Adonái ledavíd, ashér dibér ladonái et div'rê hashirá hazót, beiôm hitzíl Adonái otó miqáf qol oieváv umiiád Shaúl. (2) Vaiomár, er'chamchá Adonái chizqí. (3) Adonái çal'í umetzudatí, umefaltí, Elí tzurí échece-bo, maguiní veqéren ish'í misgabí. (4) Mehulál eqrá Adonái, úmin oievái ivashêa. (5) Afafúni chevlê mávet, venachalê veliiáal ievaatúni. (6) Chevlê sheól çevavúni, qidemúni moqeshê mávet. (7) Bátzar li eqrá Adonái, veél Elohái ashavêa, ishmá mehechaló qolí, veshav'atí lefanáv tavó veoznáv. (8) Vatig'ásh vatir'ásh haáretz, umoçedê harím irgázu, vaitgaa-

shú qi chará lo. (9) Alá ashán beapo, véesh mipív tochél, guechalím baarú minénu. (10) Vaiét shamáim vaierád, vaarafél táchat raglav. (11) Vair'qáv al qerúv vaiaóf, vaiedê al qanfê rúach. (12) Iashét chóshech çitró çevivotáv çuqató, chésh'chat máim avê shechaqím. (13) Minôga negdó aváv averú, barád vegachalê esh. (14) Vaiar'ém bashamáim Adonái, veeliôn itén qoló, barád vegachalê esh. (15) Vaishlách chitzáv vaifitzém, uvrakím ráv vaihumém. (16) Vaieraú afiqê máim, vaigalú moçedót tevél, migaaratechá Adonái, minishmát rúach apêcha. (17) Ishlách mimaróm iqachêni, iamshêni mimáim rabím. (18) Iatzilêni meoiví az, umiçoneái qi ametzú mimení. (19) Ieqademúni véiom edí, váiehi Adonái lemish'án li. (20) Vaiotziêni lamer'cháv, iechaletzêni qi cháfets bi. (21) Igmelêni Adonái qetzidqí, qevór iadái iashív li. (22) Qi shamárti darchê Adonái, veló rasháti meelohái. (23) Qi chol mishpatáv lenegdí, vechuqotáv ló açír mêni. (24) Vaehí tamím imó, vaeshtamér meavoní. (25) Vaiáshev Adonái li chetzidqí, qevór iadái lenégued enáv. (26) Im chaçíd tit'chaçád, im guevár tamím titamám. (27) Im navár titbarár, véim iqésh titpatál. (28) Qi atá am aní toshía, veenáim ramót tashpíl. (29) Qi atá taír nerí, Adonái Elohái iaguíha choshqí. (30) Qi vechá arútz guedúd, uvelohái ádaleg shur. (31) Haél tamím darqó, ímrat Adonái tzerufá, maguén hu lechól hachoçím bo. (32) Qi mi Elôha mibal'adê Adonái, umí tzur zulatí Elohênu. (33) Haél hameazerêni cháil, vaitén tamím darqí. (34) Meshavé raglái caaialót, veál bamotái iaamidêni. (35) Melaméd iadái lamilchamá, venichatá qéshet nechushá zerootái. (36) Vatíten li maguén ish'êcha, viminechá tiç'adêni, veanvatechá tarbêni. (37) Tar'chív tzaadí tachtái, veló maadú qarçulái. (38) Erdóf oieváí veaçiguém, veló ashúv ad qalotám. (39) Em'chatzém velo-iúch'lu qum, ipelú táchat raglái. (40) Vateazerêni cháil lamilchamá, tach'ría qamái tachtái. (41) Veoievái natáta li óref, umeçan'ái atzmitém. (42) Ieshaveú veén moshía, al Adonái veló anám. (43) Veesh'chaqém qeafár al penê rúach, qetít chutzót ariqém. (44) Tefaletêni merivê am, teçimêni lerósh goím, am ló iadáti iaavdúni. (45) Leshéma ózen ishámeu li, benê-nechar iecháchashu li. (46) Benê-nechar ibôlu, veiach'regú mimisguerotehém. (47) Chai Adonái uvarúch tzurí, veiarúm Elohê ish'í. (48) Haél hanotén neqamót li, vaiadbér amím tachtái. (49) Mefaletí meoivái, af min qamái teromemêni, meísh chamás tatzilêni. (50) Al qen odechá vagoím, Adonái, ul'shimchá azamêra. (51) Magdíl ieshuót malqó, veóçe chéçed limeshichó, ledavíd ulezar'ó ad olám.

Salmo 19

*Para obter sabedoria.
Para que um filho tenha bom coração,
seja generoso e se torne bom aluno*

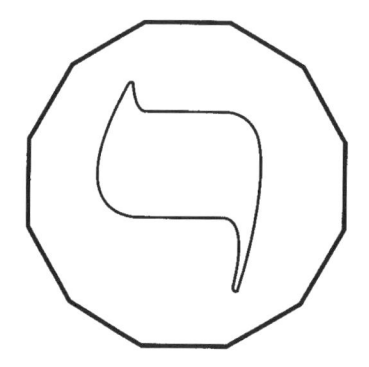

Para o primeiro caso: visualize um dodecaedro azul-celeste tendo em seu centro a letra hebraica *Iúd* em vermelho-fogo. Mantendo a imagem na mente, diga este mantra:

Ó Chochmá El Atá Ashér Aní Shemá Bo Elái

Repita-o várias vezes, alternando com a expressão "Iúd, Iúd" até sentir que a oração foi escutada.

---

* O dodecaedro representa os 12 signos do zodíaco. Seu interior, de cor azul-celeste, representa a suprema sabedoria (*Olatzilut Choqmá*). A letra Iúd em vermelho simboliza o mago Merlin, que comanda a Távola Redonda.

Para que um filho seja bom e também para que sua inteligência se abra e ele compreenda o que estão lhe ensinando: reze este Salmo sobre um copo cheio de vinho e mel e depois dê de beber o vinho com mel à criança. Esta prática também protegerá a criança contra espíritos ou influências negativos.

(1) *Do mestre de canto. Salmo. De Davi.* (2) Os céus contam a glória de Deus, e o firmamento proclama a obra de suas mãos. (3) O dia entrega a mensagem a outro dia, e a noite a faz conhecer a outra noite. (4) Não há termos, não há palavras, nenhuma voz que deles se ouça, (5) e por toda a terra sua linha aparece, e até aos confins do mundo a sua linguagem. Ali pôs uma tenda para o sol, (6) e ele sai, qual esposo da alcova, como alegre herói, percorrendo o caminho. (7) Ele sai de um extremo dos céus e até o outro extremo vai seu percurso; e nada escapa ao seu calor. (8) A lei de Iahweh é perfeita, faz a vida voltar; o testemunho de Iahweh é firme, torna sábio o simples. (9) Os preceitos de Iahweh são retos, alegram o coração; o mandamento de Iahweh é claro, ilumina os olhos; (10) O temor de Iahweh é puro, estável para sempre; as decisões de Iahweh são verdadeiras, e justas igualmente; (11) são mais desejáveis do que o ouro, são ouro refinado; são mais saborosas do que o mel escorrendo dos favos. (12) Com elas também teu servo se esclarece, e observá-las traz grande proveito. (13) Quem pode discernir os próprios erros? Purifica-me das faltas escondidas! (14) Preserva também o teu servo do orgulho, para que ele nunca me domine; então eu serei íntegro e inocente de uma grande transgressão. (15) Que te agradem as palavras de minha boca e o meditar do meu coração, sem treva em tua presença, Iahweh, meu rochedo, redentor meu!

(1) Lamenatzêach mizmór ledavíd. (2) Hashamáim meçaperím qevód El, umaaçé iadáv maguíd haraqía. (3) Iôm leiôm iabía ômer, veláila leláila iéchave dáat. (4) En ômer veén devarím, belí nishmá qolám. (5) Béchol haáretz iatzá qavám uviqtzê tevél milehém, lashémesh çam óhel bahém. (6) Vehú qechatán iotzé mechupató, iaçís qeguibór larútz órach. (7) Miqtzé hashamáim motzaó, utqufató al qetzotám, veén nistar mechamató. (8) Torát Adonái temimá meshívat náfesh, edút Adonái neemaná machqímat pêti. (9) Piqudê Adonái iesharím meçamechê lev, mitzvát Adonái bará meirát enáim. (10) Ir'át Adonái tehorá omédet laád, mishpetê Adonái emét tzadqú iachdáv. (11) Hanechemadím mizaháv umipáz rav, umetuqím midevásh venófet tzufím. (12) Gam avdechá niz'hár bahém, beshomrám ékev rav. (13) Sheguiót mi iavín, ministarót naqéni. (14) Gam mizedím chaçóch avdêcha, al ímshelu vi, az etám veniqêti mipêsha rav. (15) Ihiú leratzón imrê fi, veheguión libí lefanêcha, Adonái tzurí vegoalí.

Salmo 20

Para se sair bem num julgamento ou problema legal

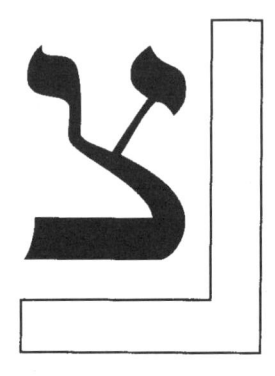

Este Salmo tem seu mantra no antigo idioma persa:

El Ásha Waíshta Bemán Gusqón Az Tómi Jaján Darmán. Iáarishavánd

(O som do "sh" persa deve ser produzido como se fosse um "z". Vibrando o "z" como o zumbido da abelha.) Depois de recitar este mantra, reze o Salmo com muita fé, visualizando o momento em que é dada a sentença beneficiando quem tem razão (a quem corresponde por direito; se a justiça é de seu adversário, para ele chegará a justiça divina).

---

* A cor azul é para as emoções; a cor violeta, para a transmutação; juntas (ou seja, o azul-violeta) são para a transmutação das emoções. É por isso que esta letra hebraica se visualiza na cor azul-violeta. O esquadro corrige as emoções retorcidas e o ouro simboliza o nível supremo de correção (o correto, a justiça). O esquadro deve ser visualizado na cor dourada.

(1) *Do mestre de canto. Salmo. De Davi.* (2) Que Iahweh te responda no dia da angústia, que o nome do Deus de Jacó te proteja! (3) Que do santuário ele te envie um socorro e te sustente desde Sião! (4) Que recorde tuas ofertas todas e aprecie o teu holocausto! (5) Que te dê o que teu coração deseja e realize todos os teus projetos! (6) Então gritaremos de alegria em tua vitória, ergueremos bandeira em nome do nosso Deus! Que Iahweh realize teus pedidos todos! (7) Agora eu sei que Iahweh dá a salvação ao seu messias; ele responde do seu santuário celeste com as proezas de sua direita salvadora. (8) Uns confiam em carros, outros em cavalos; nós, porém, invocamos o nome de Iahweh nosso Deus. (9) Eles se inclinam e caem; nós, porém, nos mantemos de pé. (10) Iahweh, salva o rei! No dia em que clamarmos, responde-nos!

(1) Lamenatzêach mizmór ledavíd. (2) Iaanchá Adonái beiôm tzará, ieçaguev'chá shém Elohê Iaaqóv. (3) Ishlách ezrechá miqódesh, umitzión iç'adêqa. (4) Izqor qol minchotêcha, veolatechá iedashené çelá. (5) Íten lécha chilvavêcha, véchol atzatechá iemalê. (6) Neranená bishuatêcha, uvshém Elohênu nidgól, iemalé Adonái qol mish'alotêcha. (7) Atá iadáti, qi hoshía Adonái meshichó, iaanêhu mishemê qôdsho, bigvurót iesha iemíno. (8) Éle varéchev veéle vaçuçím, vaanáchnu beshém Adonái Elohênu nazqír. (9) Hêma qareú venafálu, vaanáchnu qámnu vanit'odád. (10) Adonái hoshía, hamélech iaanênu veiôm qor'ênu.

Salmo 21

Para quem tem problemas de impotência

Dê nove voltas caminhando (o mais rapidamente possível ou correndo, se puder) no quarteirão de sua casa. Enquanto faz a caminhada, reze este Salmo com muita fé. Chegando em casa, banhe-se com água fria (na temperatura mais fria que puder agüentar) e continue rezando o Salmo com muita fé. Quando estiver curado, não deixe de continuar este tratamento.

(1) *Do mestre de canto. Salmo. De Davi.* (2) Iahweh, o rei se alegra com tua força, e como exulta com tua salvação! (3) Concedeste o desejo do seu coração, não negaste o pedido de seus lábios. (4) Pois tu o precedes com bênçãos felizes, cinges com coroa de ouro sua cabeça; (5) ele te pediu a vida e tu a concedeste, dias sem fim, para sempre. (6) Grande é a glória com a tua salvação, tu o vestiste com honra e esplendor; (7) sim, tu o constituis como bênção para sempre e enches de alegria com tua presença. (8) Sim, o rei confia em Iahweh, e, com o amor do Altíssimo, jamais vacilará. (9) Tua mão encontrará teus inimigos todos, tua direita encontrará os que te odeiam; (10) deles farás uma fornalha no dia da tua face: Iahweh os engolirá em sua ira, o fogo os devorará; (11) extirparás da terra sua posteridade, sua descendência dentre os filhos de Adão. (12) Se pretenderem o mal contra ti, se amadurecerem um plano, nada conseguirão, (13) pois tu os porás de costas, visarás sua face com teu arco! (14) Levanta-te com tua força, Iahweh! Nós cantaremos e tocaremos ao teu poder.

(1) Lamenatzêach mizmór ledavíd. (2) Adonái beozechá ísmach mélech, uvishuatechá ma iáguel meód. (3) Taavát libó natáta ló, vaaréshet çefatáv bal manáta çelá. (4) Qi teqaduménu birchót tôv, tashít leroshó atéret paz. (5) Chaím shaál mimechá natáta ló, órech iamím olám vaéd. (6) Gadól qevodó bishuatêcha, hod vehadár teshavé aláv. (7) Qi teshitêhu verachót laád, techadêhu veçimchá et panêcha. (8) Qi hamélech botêach badonái, uvechéçed Eliôn bal imót. (9) Timtzá iadechá léchol oivêcha, ieminechá timtzá çoneêcha. (10) Teshitêmo qetanúr esh leét panêcha, Adonái beapó ievaléem vetochelém esh. (11) Píriamo meéretz teabéd, vezar'ám mibenê adám. (12) Qi natú alêcha raá, chashevú mezimá bal iuchálu. (13) Qi teshitêmo shéchem, bemetarêcha techonén al penehém. (14) Rúma Adonái beuzêcha, nashíra unezamerá guevuratêcha.

Salmo 22

Para afastar os infortúnios e ser fortalecido por Deus diante de qualquer missão, acontecimento ou empreendimento. Para queimar karma

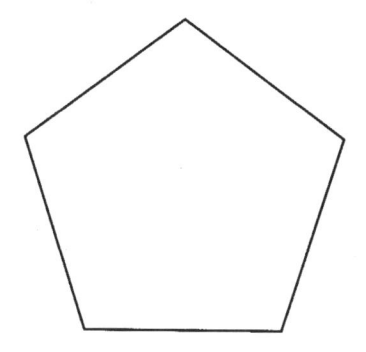

Elohím Guivór Páchad Shemá Bo Elái

A tradução deste mantra, escrito em iídiche, é:

Ó Valentia de Deus, Deus valente, temor a Deus, escuta-me, vem a mim!

Repita o mantra em hebraico antes de rezar este Salmo. Eis a maneira de aplicar este Salmo: contemple o pentágono, visualizando sua borda em vermelho e o centro na cor laranja.

---

* O pentágono na cor laranja simboliza a Mente Suprema (em atividade). Sua borda, em vermelho, representa a atividade.

Essa visão causa impacto no interior da pessoa, extraindo as energias que ali existem. Reze com muita fé este Salmo, tendo a absoluta segurança de que Deus afastará de você todos os infortúnios, apressando a compensação kármica ou o aprendizado da lição correspondente. Repita (em hebraico) a frase que está marcada no Salmo (versículo 2), porque ela é mágica: é a frase que Jesus pronunciou antes de morrer.

(1) *Do mestre de canto. Sobre "A corça da manhã". Salmo. De Davi.* (2) Meu Deus, meu Deus, por que me abandonaste, descuidado de me salvar, apesar das palavras de meu rugir? (3) Meu Deus, eu grito de dia, e não me respondes, de noite, e nunca tenho descanso. (4) E tu és o Santo, habitando os louvores de Israel! (5) Nossos pais confiavam em ti, confiavam e tu os salvavas; (6) eles gritavam a ti e escapavam, confiavam em ti e nunca se envergonharam. (7) Quanto a mim, sou verme, não homem, riso dos homens e desprezo do povo; (8) todos os que me vêem caçoam de mim, abrem a boca e meneiam a cabeça: (9) "Que ele recorra a Iahweh, que ele o liberte, que o salve, se é que o ama!" (10) Pois és tu quem me tirou do ventre de minha mãe, quem me confiou ao seu peito; (11) eu fui lançado a ti ao sair das entranhas, tu és o meu Deus desde o ventre materno. (12) Não fiques longe de mim, pois a angústia está perto e não há quem me socorra. (13) Cercam-me touros numerosos, touros fortes de Basã me rodeiam; (14) escancaram sua boca contra mim, como leão que dilacera e ruge. (15) Eu me derramo com água e meus ossos todos se desconjuntam; meu coração está como a cera, derretendo-se dentro de mim; (16) seco está meu paladar, como caco, e minha língua colada ao maxilar; tu me colocas na poeira da morte. (17) Cercam-me cães numerosos, um bando de malfeitores me envolve, como para retalhar minhas mãos e meus pés. (18) Posso contar meus ossos todos, as pessoas me olham e me vêem; (19) repartem entre si as minhas vestes, e sobre minha túnica tiram sorte. (20) Tu, porém, Iahweh, não fiques longe! Força minha, vem socorrer-me depressa! (21) Salva minha vida da espada, minha pessoa da pata do cão! (22) Salva-me da goela do leão, dos chifres do búfalo minha pobre vida! (23) Anunciarei teu nome aos meus irmãos, louvar-te-ei no meio da assembléia: (24) "Vós que temeis a Iahweh, louvai-o! Glorificai-o, descendência toda de Jacó! Temei-o, descendência toda de Israel!" (25) Sim, pois ele não desprezou, não desdenhou a pobreza do pobre, nem lhe ocultou sua face, mas ouviu-o, quando a ele gritou. (26) De ti vem meu louvor na grande assembléia, cumprirei meus votos frente àqueles que o temem. (27) Os pobres comerão e ficarão saciados, louvarão a Iahweh aqueles que o buscam: "Que vosso coração viva para sempre!" (28) Todos os confins da terra se lembrarão e voltarão a Iahweh; todas as famílias das nações diante dele se prostrarão. (29) Pois a Iahweh pertence a realeza: ele governa as nações. (30) Sim, só diante dele todos os poderosos da terra se prostrarão. Perante ele se curvarão todos os que descem ao pó; e por quem não vive mais, (31) sua descendência o servirá e anunciará o Senhor às gerações (32) que virão, contando a sua justiça ao povo que vai nascer: eis sua obra!

(1) Lamenatzêach al aiélet hasháchar mizmór ledavíd. (2) **Elí Elí láma azavtáni**, rachóq mishuatí divrê shaagatí. (3) Elohái eqrá iomám veló taané, veláila veló dumiiá li. (4) Veatá qadósh, ioshév tehilót Israél. (5) Bechá batechú avotênu, batechú vatefaletêmo. (6) Elêcha zaaqú venimlátu, bechá vatechú vélo-vôshu. (7) Veanochí toláat vélo-ish, cherpát adám uvzúi am. (8) Qol róai ial'ígu li, iaftíru veçafá ianíu rosh. (9) Gol el Adonái iefaletêhu, iatzilêhu qi cháfetz bo. (10) Qi atá gochí mibáten, mavtichí al shedê imí. (11) Alêcha hosh'láchti meráchem, mibéten imí Éli-áta. (12) Al tir'cháq mimêni qi tzará qerová, qi en ôzer. (13) Çevavúni parím rabím, abirê vashán qiterúni. (14) Patzú álai pihém, ariê toréf veshoég. (15) Qamáim nishpachtí vehitparedú qol atzmotái, haiá libí qadonág namés betóch meái. (16) Iavésh qachéres qochí uleshoní mudbáq malqochái, veláafar mávet tishpetêni. (17) Qi çevavúni qelavím, adát mereím hiqifúni, qaarí iadái veraglái. (18) Açapér qol atzmotái, héma iabítu yír'u vi. (19) Iechalequ vegadái lahém, véal levushí iapílu gorál. (20) Veatá Adonái al tir'cháq, eialutí leezráti chúsha. (21) Hatzíla mechérev nafshí, míiad qélev iechidatí. (22) Hoshiêni mipí ariê, umiqarnê remím anitáni. (23) Açaperá shimchá leechái, betóch qahál ahalêleqa. (24) Ir'ê Adonái halelúhu, qol zéra Iaaqóv qabedúhu, vegúru mimênu qol zéra Israél. (25) Qi ló vazá veló shiqátz enút aní, veló histír panáv mimênu, uveshaveô eláv shamêa. (26) Meitechá tehilatí beqahál rav, nedárai ashalém négued iereáv. (27) Iochelú anavím veisbáu, iehalelú Adonái doresháv, iechí levavchém laád. (28) Isqerú veiashúvu el Adonái qol afçê áretz, veishtachavú lefanêcha qol mishpechót goím. (29) Qi ladonái heluchá, umoshél bagoím. (30) Achelú vaishtachavú qol dishnê éretz, lefanáv ich'reú qol ioredê afár, venafshó ló chiiá. (31) Zéra iaavdênu, ieçupár ladonái ladór. (32) Iavôu veiaguídu tzidqató, leám nolád qi açá.

Salmo 23

Para receber resposta em sonhos ou numa visão

Reze o seguinte mantra:

Ó Eín Çof La Or Atá Sheatá, Chaiá Chov Ve Ichié Shemá Bo Elái Elión. Bo Elái Ve Tahír Otí.

A tradução deste mantra, escrito em hebraico, é:

Ó Luz infinita, Tu que és o que foi, é e será, escuta-me. Supremo Deus, vem a mim e desperta-me!

Repita o mantra, com o desejo e a fé absoluta de que vai alcançar o favor solicitado de obter a revelação por meio de um sonho ou de uma visão. Repita-o várias vezes durante o dia e especialmente antes de dormir. Depois de entoar o mantra, reze este Salmo.

(1) *Salmo. De Davi*. Iahweh é meu pastor, nada me falta. (2) Em verdes pastagens me faz repousar. Para as águas tranqüilas me conduz (3) e restaura minhas forças; ele me guia por caminhos justos, por causa do seu nome. (4) Ainda que eu caminhe por vale tenebroso nenhum mal temerei, pois estás junto a mim; teu bastão e teu cajado me deixam tranqüilo. (5) Diante de mim preparas a mesa, à frente dos meus opressores; unges minha cabeça com óleo, e minha taça transborda. (6) Sim, felicidade e amor me seguirão todos os dias da minha vida; minha morada é a casa de Iahweh por dias sem fim.

(1) Mizmór ledavíd, Adonái roí ló ech'çár. (2) Bin'ót déshe iarbitzêni, al mê menuchót ienahalêni. (3) Nafshí ieshovév, ianchêni vemaguelê tzédeq lemáan shemó. (4) Gam qi eléch begué tzalmávet, ló irá ra qi atá imadí, shivtechá umish'antêcha hêma ienachamúni. (5) Taaróch lefanái shulchán négued tzorerái, dishánta vashémen roshí, qoçí revaiá. (6) Ach tôv vachéçed irdefúni qol iemê chaiái, veshavtí bevét Adonái leórech iamím.

Salmo 24

Para salvar-se de uma inundação

Este mantra está em tibetano. Damos cada palavra em separado porque você, ao pronunciar as três primeiras, deve visualizar a cor correspondente.

Om (veja luz branca bem na sua frente)
Ah (veja luz vermelha na sua garganta)
Jung (veja luz azul-celeste no seu peito)
Sánguié Vájra Dará Máhakala Gurú Pédme Síddhi Hung

Com a última frase não há necessidade de ver alguma cor de luz em especial. A seguir, reze este Salmo.

(1) *Salmo. De Davi.* De Iahweh é a terra e o que nela existe. O mundo e seus habitantes; (2) ele próprio fundou-a sobre os mares e firmou-a sobre os rios. (3) Quem pode subir à montanha de Iahweh? Quem pode ficar de pé no seu lugar santo? (4) Quem tem mãos inocentes e coração puro, e não se entrega à falsidade, nem faz juramentos para enganar. (5) Ele obterá de Iahweh a bênção, e do seu Deus salvador a justiça. (6) Esta é a geração dos que o procuram, dos que buscam tua face, ó Deus de Jacó. (7) Levantai, ó portas, os vossos frontões; elevai-vos, antigos portais, para que entre o rei da glória! (8) Quem é este rei da glória? É Iahweh, o forte e valente, Iahweh, o valente das guerras. (9) Levantai, ó portas, os vossos frontões; elevai-vos, antigos portais, para que entre o rei da glória! (10) Quem é este rei da glória? É Iahweh dos Exércitos: ele é o rei da glória!

(1) Ledavíd mizmór, ladonái haáretz umeloá, tevél veioshevê vá. (2) Qi hu al iamím ieçadá, veál neharót iechonenêha. (3) Mi iaalê véhar Adonái, umí iaqúm bimqóm qodshó. (4) Neqí chapáim úvar leváv, ashér ló naçá lasháv nafshí, veló nishbá lemirmá. (5) Içá verachá meét Adonái, utz'daqá meelohê yish'ó. (6) Zé dor dresháv, mevaqeshê fanêcha Iaaqóv, çelá. (7) Çeú shearím rashechém vehinaçeú pitchê olám, veiavó mélech haqavód. (8) Mi zé mélech haqavód, Adonái izúz veguibór, Adonái guibór milchamá. (9) Çeú shearím rashechém uç'ú pitchê olám, veiavó mélech haqavód. (10) Mi hu zé mélech haqavód, Adonái tzevaót hú mélech haqavód, çelá.

Salmo 25

Para salvar-se de uma desgraça

Este mantra também está em tibetano. É utilizado pelos lamas do Tibete para escapar da opressão chinesa em seu país.

*Om Ah Jung Sánguie Vájra Dára Máha Kála-Páláen
Lámo Gúru P'dma Síddhi Hung*

(1) *De David*. A ti, Iahweh, eu me elevo, (2) ó meu Deus. Eu confio em ti, que eu não seja envergonhado, que meus inimigos não triunfem contra mim! (3) Os que esperam em ti não ficam envergonhados, ficam envergonhados os que traem sem motivo. (4) Mostra-me teus caminhos, Iahweh, ensina-me tuas veredas. (5) Guia-me com tua verdade, ensina-me, pois tu és o meu Deus salvador. Eu espero em ti o dia todo. (6) Recorda a tua compaixão, ó Iahweh, e o teu amor, que existem desde sempre. (7) Não recordes os pecados de minha juventude, e minhas revoltas, lembra-te de mim, conforme o teu amor por causa da tua bondade, Iahweh. (8) Iahweh é bondade e retidão, e aponta o caminho aos pecadores; (9) encaminha os pobres conforme o direito e ensina seu caminho aos infelizes. (10) As sendas de Iahweh são todas amor e verdade, para os que guardam sua aliança e seus preceitos. (11) Por causa do teu nome, Iahweh, perdoa minha falta, pois é grande. (12) Qual o homem que teme a Iahweh? Ele instrui sobre o caminho a seguir; (13) sua vida repousará feliz e sua descendência possuirá a terra. (14) O segredo de Iahweh é para aqueles que o temem, fazendo-os conhecer a sua aliança. (15) Meus olhos estão sempre em Iahweh, pois ele tira os meus pés da rede. (16) Volta-te para mim, tem piedade de mim, pois solitário estou, e infeliz. (17) A angústia cresce em meu coração, tira-me das minhas aflições. (18) Vê minha fadiga e miséria e perdoa meus pecados todos. (19) Vê meus inimigos que se multiplicam, e o ódio violento com que me odeiam. (20) Guarda-me a vida! Liberta-me! Que eu não seja envergonhado por abrigar-me em ti! (21) Que a integridade e re-

tidão me preservem, pois em ti eu espero, Iahweh! (22) Ó Deus, resgata Israel de todas as suas angústias!

(1) Ledavíd, elêcha Adonái nafshí eçá. (2) Elohái bechá vatáchti al evôsha, al iaaltzú oievái li. (3) Gam qol qovêcha ló ievôshu, ievôshu haboguedím reqám. (4) Derachêcha Adonái hodiêni, orechotêcha lamedêni. (5) Hadrichêni vaamitêcha, velamedêni qi atá Elohê ish'í, otechá qivíti qol haiôm. (6) Zéchor rachamêcha Adonái vachaçadêcha, qi meolám hêma. (7) Chatót neurái ufshaái al tizqór, qechasdechá zéchor li-áta, lemáan tuvechá Adonái. (8) Tôv veiashár Adonái, al qen ioré chataím badárech. (9) Iadréch anavím bamishpát, vilaméd anavím darqó. (10) Qol or'chót Adonái chéçed veemét, lenotzerê veritó veedotáv. (11) Lemáan shimchá Adonái, veçalachtá laavoní qi rav hu. (12) Mi zé haísh ieré Adonái, iorênu bedérech iv'chár. (13) Nafshó betóv talín, vezar'ó iírash áretz. (14) Çod Adonái lireáv, uveritó lehodiám. (15) Ênai tamíd el Adonái, qi hu iotzí meréshet raglái. (16) Pené elái vechonêni, qi iachíd veaní áni. (17) Tzarót levaví hir'chívu, mimetzuqotái hotziêni. (18) Reé onií veamalí, veçá léchol chatotái. (19) Reé oievái qi rábu, veçin'át chamás çeneúni. (20) Shomrá nafshí vehatzilêni, al evósh qi chaçíti vach. (21) Tom vaiósher itzerúni, qi qivitícha. (22) Pedé Elohím et Israel miqól tzarotáv.

Salmo 26

Para livrar-se de um sofrimento ou perigo

Reze o mantra correspondente ao Salmo 25 e depois recite este Salmo.
(1) *De Davi*. Faz-me justiça, ó Iahweh, pois ando em minha integridade; eu confio em Iahweh, sem vacilar. (2) Examina-me, Iahweh, põe-me à prova, depura meus rins e meu coração: (3) à frente dos meus olhos está o teu amor, e caminho na tua verdade. (4) Não me assento com os impostores, nem caminho com os hipócritas; (5) detesto a assembléia dos maus e com os ímpios não me assento. (6) Na inocência lavo minhas mãos para rodear o teu altar, Iahweh, (7) proclamando a ação de graças, enumerando tuas maravilhas todas. (8) Iahweh, eu amo a beleza de tua casa e o lugar onde a tua glória habita. (9) Não me ajuntes com os pecadores, nem minha vida com os assassinos: (10) eles têm a infâmia nas mãos, sua direita está cheia de subornos. (11) Quanto a mim, eu ando na minha integridade, resgata-me, tem piedade de mim! (12) Meu pé está firme no reto caminho, eu bendirei Iahweh nas assembléias.

(1) Ledavíd, shoftêni Adonái qi aní betumí haláchti, uvadonái batáchti ló em'ád. (2) Bechanêni Adonái venaçêni, tzarfá chiliotái velíbi. (3) Qi chasdechá lenégued enái, vehit'haláchti baamitêcha. (4) Ló iashávti im metê shav, veím naalamím ló avó. (5) Çanêti qehál mereím, veím reshaím ló eshév. (6) Erchátz beniqaión qapái, vaaçovevá et mizbachachá Adonái. (7) Lashmía beqól todá, uleçapér qol nif'leotêcha. (8) Adonái ahávti meôn betêcha, umeqóm mishqán qevodêcha. (9) Al teeçóf im chataím nafshí, veím anshê damím chaiái. (10) Ásher bidehém zimá, viminám maleá shôchad. (11) Vaaní betumí eléch, pedêni vechonêni. (12) Raglí amedá vemishór, bemaq'helím avaréch Adonái.

Salmo 27

Para receber hospitalidade

Este Salmo não tem oração especial e, por isso, é suficiente em si. Antes de você chegar ao local onde deseja ser bem recebido, reze-o e continue recitando-o enquanto se dirige ao lugar onde quer ser bem acolhido.

(1) *De Davi*. Iahweh é minha luz e minha salvação: de quem terei medo? Iahweh é a fortaleza de minha vida: frente a quem temerei? (2) Quando os malfeitores avançam contra mim para devorar minha carne, são eles, meus adversários e meus inimigos, que tropeçam e caem. (3) Ainda que um exército acampe contra mim, meu coração não temerá; ainda que uma guerra estoure contra mim, mesmo assim estarei confiante. (4) Uma coisa peço a Iahweh, a coisa que procuro: é habitar na casa de Iahweh todos os dias de minha vida, para gozar a doçura de Iahweh e meditar no seu templo. (5) Pois ele me oculta em sua cabana no dia da infelicidade; ele me esconde no segredo de sua tenda, e me eleva sobre uma rocha. (6) Agora minha cabeça se ergue sobre os inimigos que me cercam; sacrificarei em sua tenda sacrifícios de aclamação. Cantarei, tocarei em honra de Iahweh! (7) Ouve, Iahweh, meu grito de apelo, e tem piedade de mim, e responde-me! (8) Meu coração diz a teu respeito: "Procura sua face!" É tua face, Iahweh, que eu procuro, (9) não me escondas a tua face. Não afastes teu servo com ira, tu és o meu socorro! Não me deixes, não me abandones, meu Deus salvador! (10) Meu pai e minha mãe me abandonaram, mas Iahweh me acolhe! (11) Ensina-me o teu caminho, Iahweh! Guia-me por vereda plana por causa daqueles que me espreitam; (12) não me entregues à vontade dos meus adversários, pois contra mim se levantaram falsas testemunhas, respirando violência. (13) Eu creio que verei a bondade de Iahweh na terra dos vivos. (14) Espera em Iahweh, sê firme! Fortalece teu coração e espera em Iahweh!

(1) Ledavíd, Adonái orí veish'í mimí irá, Adonái maóz chaiái mimí ef'chád. (2) Biq'róv alái mereím leechól et beçarí, tzarái veoievái li, hêma chashelú venafálu. (3) Im tachané alái machané ló iirá libí, im taqúm alái mil'chamá bezót aní votêach. (4) Achát shaálti méet Adonái, otá avaqésh, shivtí bevét Adonái qol iemê chaiái, lachazót benôam Adonái ulvaqér behechaló. (5) Qi itzpenêni beçuqó beiôm raá, iastirêni beçéter aholó, betzúr ieromemêni. (6) Veatá iarúm roshí al oievái çevivotái, veezbechá veahólo ziv'chê teruá, ashíra vaazamerá ladonái. (7) Shemá Adonái qolí eq'rá, vechonêni vaanêni. (8) Lechá amár libí baqeshú fanái, et panêcha Adonái avaqésh. (9) Al tastér panêcha mimêni, al tat beáf avdêcha, ezratí haiíta, al titeshêni véal taazvêni Elohê ish'í. (10) Qi aví veimí azavúni, vadonái iaasfêni. (11) Horêni Adonái dar˙êcha, unchêni beôrach mishór lemáan shorerái. (12) Al titnêni benéfesh tzarái, qi qámu vi êde shéqer vifêach chamás. (13) Lulê heemánti lir'ót bétuv Adonái beéretz chaiím. (14) Qavé el Adonái, chazáq veiaamétz libêcha, veqavé el Adonái.

Salmo 28

Para curar bronquite e doenças respiratórias

Uma vez concluídas as abluções preliminares descritas no início deste livro, bata palmas duas vezes acima de sua cabeça e então diga:

Ó Ténri No Mimto Dóço Qité.
Ó Amatér Çu Dóço Qité.
Ó Izanágui Hiómiqó Dóço Qité.
Ó Suzanóvo Hinómiqo Dóço Qité.
Ó Nínígui Hinó Mim Dóço Qité.
Ó Omíqamínomíchi Dóço Qité.

Concluída a oração, acenda uma vela branca e deixe-a queimar até se consumir.
(1) *De Daví.* A ti, Iahweh, eu clamo, rocha minha, não me sejas surdo; que eu não seja, frente ao teu silêncio, como os que descem à cova! (2) Ouve minha voz suplicante quando grito a ti, quando levanto as mãos para o teu santo dos santos. (3) Não me arrastes com os ímpios, nem com os malfeitores; eles falam de paz com seu próximo mas têm o mal no coração. (4) Dá-lhes conforme suas obras, segundo a malícia de seus atos! Dá-lhes conforme a obra de suas mãos, paga-lhes o devido salário! (5) Eles desconhecem as obras de Iahweh, a obra de suas mãos; que ele os arrase e não os reconstrua! (6) Bendito seja Iahweh, pois ele ouve a minha voz suplicante! (7) Iahweh é minha força e meu escudo, é nele que meu coração confia; fui socorrido, meu coração exulta, com meus cantos lhe dou graças. (8) Iahweh é a força de seu povo, a fortaleza que salva o seu messias. (9) Salva o teu povo, abençoa tua herança! Apascenta-os e conduze-os para sempre!

(1) Ledavíd, elêcha Adonái eqrá, tzurí al techerásh mimêni, pen techeshé mimêni venimshálti im ioredê vor. (2) Shemá qol tachanunái beshaveí elêcha, benoç'í iadái el devír qodshêcha. (3) Al tim'shechêni im reshaím veím pôale

áven, doverê shalôm im reehém veraá bilvavám. (4) Ten lahém qefaolám uch'rôa maalelehém, qemaaçé iedehém ten lahém, hashév guemulám lahém. (5) Qi ló iavínu el peúlot Adonái véel maaçé iadáv, ieherçém veló ivném. (6) Barúch Adonái qi shamá qol tachanunái. (7) Adonái uzí umaguiní, bo vatách libí veneezárti, vaiaalóz libí umishirí ahodênu. (8) Adonái oz lámo, umaóz ieshuót meshichó hu. (9) Hoshía et amêcha, uvaréch et nachalatêcha, ur'êm venaçeém ad haolám.

Salmo 29

Para livrar-se de entidades negativas ou de um trabalho de bruxaria

Elimine de seu pensamento todas as associações ou lembranças dessas entidades. Ouça música alegre mas bem afinada — não rock pesado ou rap nem qualquer tipo de música utilizada por quem consome drogas alucinógenas. Mantenha o ambiente bem iluminado e ventilado. Coloque flores muito perfumadas, como lírios. Aprenda este Salmo de cor e recite-o enquanto caminha por toda a sua casa. Será bem melhor se você também queimar incenso autêntico.

(1) *Salmo de Davi*. Tributai a Iahweh, ó filhos de Deus, tributai a Iahweh glória e poder, (2) tributai a Iahweh a glória ao seu nome, adorai a Iahweh no seu átrio sagrado. (3) A voz de Iahweh sobre as águas, o Deus glorioso troveja, Iahweh sobre as águas torrenciais. (4) A voz de Iahweh com a força, a voz de Iahweh no esplendor! (5) A voz de Iahweh despedaça os cedros, Iahweh despedaça os cedros do Líbano, (6) faz o Líbano pular qual bezerro e o Sarion como cria de búfalo. (7) A voz de Iahweh lança chispas de fogo, (8) a voz de Iahweh sacode o deserto, Iahweh sacode o deserto de Cades! (9) A voz de Iahweh retorce os carvalhos, descascando as florestas. E no seu Templo tudo grita: Glória! (10) Iahweh está sentado sobre o dilúvio, Iahweh sentou-se como rei para sempre. (11) Iahweh dá força ao seu povo, Iahweh abençoa seu povo com paz.

(1) *Mizmór ledavíd, havú ladonái benê elím, havú ladonái qavód vaóz.* (2) *Havú ladonái qevód shemó, hishtachavú ladonái behádrat qódesch.* (3) *Qol Adonái al hamáyim, El haqavód hir'ím, Adonái al máim rabím.* (4) *Qol Adonái baqôach, qol Adonái behadár.* (5) *Qol Adonái shovér arazím, vaishabér Adonái et arzê halevanôn.* (6) *Vaiarqidêm qemó éguel, levanôn veçir'íon qemó ven reemím.* (7) *Qol Adonái chotzêv lahavót esh.* (8) *Qol Adonái iachíl midbár, iachií Adonái midbár qadésh.* (9) *Qol Adonái iecholél aialót vaiecheçóf iearót, uvehechaló quló omêr cavód.* (10) *Adonái lamabúl iasháv, vaiêshev Adonái mélech leolám.* (11) *Adonái óz leamó itén, Adonái ievarêch et amó vashalôm.*

Salmo 30

Para livrar-se de feitiços

Coloque uma estrela de cinco pontas na porta de sua casa e, se possível, em cada uma das portas de casa. É imprescindível colocar uma estrela na porta de seu dormitório — do lado de fora. A estrela deve ser colocada de modo que o ângulo isolado fique para cima e os dois ângulos (as "pernas" da estrela) fiquem para baixo. Reze este Salmo e deite-se imediatamente, formando com seu corpo a estrela de cinco pontas: abrindo pernas e braços o mais amplamente possível.

Você também pode realizar esta prática da seguinte maneira: decore o Salmo e recite-o com o corpo na posição da estrela de cinco pontas. Faça-o com a absoluta confiança de que Deus, com Seu exército de anjos, está protegendo você e sua casa. Nenhum feitiço, por potente que seja, vencerá a força de Deus.

(1) *Salmo. Cântico para a dedicação da casa. De Davi.* (2) Eu te exalto, Iahweh, porque me livraste, não deixaste meus inimigos rirem de mim. (3) Iahweh, meu Deus, gritei a ti e me curaste. (4) Iahweh, tiraste minha vida do Xeol, tu me reavivaste dentre os que descem à cova. (5) Tocai para Iahweh, fiéis seus, celebrai

sua memória sagrada. (6) Sua ira dura um momento, seu favor a vida inteira; de tarde vem o pranto, de manhã gritos de alegria. (7) Quanto a mim, dizia tranqüilo: "Nada, jamais, me fará tropeçar!" (8) Iahweh, teu favor me firmara sobre fortes montanhas; mas escondeste tua face e eu fiquei perturbado. (9) A ti, Iahweh, eu gritava, ao meu Deus eu supliquei: (10) Que ganhas com meu sangue, com minha descida à cova? Acaso te louva o pó, anunciando tua verdade? (11) Ouve, Iahweh, tem piedade de mim! Sê o meu socorro, Iahweh! (12) Transformaste o meu luto em dança, tiraste meu pano grosseiro e me cingiste de alegria. (13) Por isso meu coração te cantará sem mais se calar. Iahweh, meu Deus, eu te louvarei para sempre.

(1) Mizmór shír chanuqát habáit, ledavíd. (2) Aromim'chá Adonái, qi dilitáni, veló çimáchta oievái li. (3) Adonái Elohái, shiváti elêcha vatirpaêni. (4) Adonái, heelíta min sheól nafshí, chiitáni miardí vor. (5) Zamerú ladonái chaçidáv vehodú lezécher qodshô. (6) Qi réga beapó, chaím birtzonó, baérev ialín béchi, velabóqer riná. (7) Vaaní amárti veshalví, bal emót leolám. (8) Adonái, birtzonechá heemádeta lehareri oz, histárta fanêcha haiíti niv'hál. (9) Elêcha Adonái eqrá, véel Adonái et'chanán. (10) Ma bêtza bedamí beridetí el sháchat, haiodechá afár, haiaguíd amitêcha. (11) Shemá Adonái vechonêni, Adonái heiê ozér li. (12) Hafáchta mispedí lemachól li, pitáchta saqí vateazerêni çimchá. (13) Lemáan iezamerchá chavód veló idóm, Adonái Elohái, leolám odêqa.

Salmo 31

Para livrar-se do mau-olhado

Siga o mesmo ritual do Salmo 30.

(1) *Do mestre de canto. Salmo. De Davi.* (2) Iahweh, eu me abrigo em ti: que eu nunca fique envergonhado! Salva-me por tua justiça! Liberta-me! (3) Inclina depressa teu ouvido para mim! Sê para mim forte rochedo, casa fortificada que me salva; (4) pois meu rochedo e muralha és tu: guia-me por teu nome, conduze-me! (5) Tira-me da rede estendida contra mim, pois tu és a minha força; (6) em tuas mãos entrego meu espírito, és tu que me resgatas, Iahweh. Deus verdadeiro, (7) tu detestas os que veneram ídolos vazios; quanto a mim, confio em Iahweh: (8) que exulte e me alegre com teu amor! Pois viste minha miséria, conheceste as angústias de minha alma; (9) não me entregaste à mão do inimigo, firmaste meus pés em lugar espaçoso. (10) Tem piedade de mim, Iahweh, pois estou oprimido. A dor me consome os olhos, a garganta e as entranhas. (11) Eis que minha vida se consome em tristeza e meus anos em gemidos; meu vigor sucumbe à miséria e meus ossos se consomem. (12) Pelos adversários todos que tenho já me tornei escândalo; para meus vizinhos, asco, e terror para meus amigos. Os que me vêem na rua fogem para longe de mim; (13) fui esquecido, como morto aos corações, estou como objeto perdido. (14) Ouço as calúnias de muitos, o terror me envolve! Eles conspiram juntos contra mim, projetando tirar-me a vida. (15) Quanto a mim Iahweh, confio em ti, e digo: Tu és o meu Deus! (16) Meus tempos estão em tua mão: liberta-me da mão dos inimigos e perseguidores! (17) Faze brilhar tua face sobre o teu servo, salva-me por teu amor! (18) Iahweh, que não me envergonhe de te invocar; envergonhados fiquem os ímpios, e silenciem, indo para o Xeol! (19) Emudeçam os lábios mentirosos que proferem insolências contra o justo, com arrogância e desprezo! (20) Iahweh, como é grande a tua bondade! Tu a reservas para os que temem a ti, e a concedes para os que em ti se abrigam, diante dos filhos de Adão. (21) Tu os escondes no segredo de tua face, longe das intrigas humanas; tu os ocultas em tua tenda, longe das lín-

guas que discutem. (22) Bendito seja Iahweh, que por mim realizou maravilhas de amor (numa cidade fortificada)! (23) Quanto a mim, na minha ânsia eu dizia: "Fui excluído para longe dos teus olhos!" Tu, porém, ouvias minha voz suplicante, quando eu gritava a ti. (24) Amai Iahweh, seus fiéis todos: Iahweh preserva os leais, mas retribui com usura ao que age com soberba. (25) Sede firmes, fortalecei vosso coração, vós todos que esperais Iahweh!

(1) Lamenatzêach mizmór ledavíd. (2) Bechá Adonái chaçíti, al evásha leolám, betzidqatechá faleténi. (3) Haté elái oznechá meherá hatzilêni, heiê li létzur maóz levêt metzudót lehoshiêni. (4) Qi çal'í umetzudatí áta, ulmáan shimchá tan'chêni utnahalêni. (5) Totziêni meréshet zu támenu li, qi atá mauzí. (6) Beiadechá afqíd ruchí, padíta otí Adonái El emét. (7) Çanêti hashomerím havelê shav, vaaní el Adonái batáchti. (8) Aguíla veesmechá bechasdêcha, ashér raíta et oníi iadáta betzarót nafshí. (9) Veló hisgartáni béiad oiév, heemádta vamer'chav raglái. (10) Chonêni Adonái qi tzar li, asheshá vecháas ení nafshí uvitní. (11) Qi chalú veiagón chaiái ushenotái baanachá, qashál baavoní chochí vaatzamái ashéshu. (12) Míqol tzorerái haiíti cherpá, velish'chenái meód ufáchad limeiudaái, roái bachútz nadedú mimêni. (13) Nish'qáchti qemét milév, haiíti qich'lí ovéd. (14) Qi shamáti dibát rabím magór miçavív, behivaçedám iáchad álai laqáchat nafshí zamámu. (15) Vaaní alêcha vatáchti Adonái, amárti Elohái áta. (16) Beiadechá itotái, hatzilêni míiad oievái umerodefái. (17) Haíra fanêcha al avdêcha, hoshiêni vechasdêcha. (18) Adonái al evôsha qi qeratícha, ievôshu reshaím idemú lish'ól. (19) Tealámna çiftê sháqer, hadoverót al tzadíq atáq begaavá vavúz. (20) Ma rav tuvechá ásher tzafánta lireêcha, paálta lachoçím bach négued benê adám. (21) Tastirém beçéter panêcha meruch'çê ish, titz'peném beçuqá merív leshonót. (22) Barúch Adonái, qi hiflí chasdó li beír matzór. (23) Vaaní amárti vechofzí nig'rázti minégued enêcha, achén shamáta qol tachanunái beshaveí elêcha. (24) Ehevú et Adonái qol chaçidáv, emuním notzér Adonái umshalém al iéter oçé gaavá. (25) Chizqú veiaamétz levavechém, qol hameiachalím ladonái.

Salmo 32

Para receber de Deus a graça, o amor e a misericórdia

Invoque aqui o Buda da Suprema Compaixão:

Om, Ah, Jung Sánguie Vájrá
Dará Chenrézig Gúru Pédma Síddhi Hung

Repita esse mantra sempre que se lembrar, a fim de afinar suas vibrações com as do amor e misericórdia divinos. Depois reze este Salmo.
(1) *De Davi. Poema.* Feliz aquele cuja ofensa é absolvida, cujo pecado é coberto. (2) Feliz o homem a quem Iahweh não atribui seu erro, e em cujo espírito não há fraude. (3) Enquanto calei, meus ossos se consumiam, o dia todo rugindo, (4) porque dia e noite a tua mão pesava sobre mim; meu coração tornou-se um feixe de palha em pleno calor de verão. (5) Confessei a ti o meu pecado, e meu erro não te encobri; eu disse: "Vou a Iahweh, confessar o meu pecado!" E tu absolveste o meu erro, perdoaste o meu pecado. (6) Assim, todos os fiéis suplicarão a ti no tempo da angústia. Mesmo que águas torrenciais transbordem, jamais o atingirão. (7) Tu és um refúgio para mim, tu me preservas da angústia e me envolves com cantos de libertação. (Pausa) (8) Vou instruir-te, indicando o caminho a seguir, com os olhos sobre ti, eu serei teu conselho. (9) Não sejas como o cavalo ou o jumento, que não compreende nem rédea nem freio: deve-se avançar para domá-lo, sem que ele se aproxime de ti. (10) São muitos os tormentos do ímpio, mas o amor envolve quem confia em Iahweh. (11) Alegrai-vos em Iahweh, ó justos, e exultai, dai gritos de alegria, todos os de coração reto.

(1) Ledavíd masqíl, ashrê néçui pêsha qeçuí chataá. (2) Ashrê adám ló iach'shóv Adonái ló avón, veén beruchó remiiá. (3) Qi hecheráshti balú atzamái, beshaagatí qol haiôm. (4) Qi iomám valáila tichbád alái iadêcha, neepách leshadí becharvonê qáitz çelá. (5) Chatatí odiiachá vaavoní ló chiçíti,

amárti odé alê feshaái ladonái, veatá naçáta avón chatatí çelá. (6) Al zot itpalél qol chaçíd elêcha leét metzó, raq leshétef máim rabím eláv ló iaguíu. (7) Atá çéter li mitzár titzerêni, ranê falét teçovevêni çelá. (8) Asqilechá veorechá bedérech zu teléch, iiátza alêcha ení. (9) Al tihiú qeçús qeféred en havín, beméteg varéçen edió livlóm bal qeróv elêcha. (10) Rabím mach'ovím larashá, vehabotêach badonái chéçed ieçovevênu. (11) Çimchú badonái veguílu tzadiqím, veharnínu qol ishrê lev.

Salmo 33

Para preservar a vida dos filhos

Recite freqüentemente este Salmo sobre seus filhos, depois de tê-los untado com azeite de oliva virgem. A mulher grávida deve untar o abdômen com azeite de oliva virgem e, colocando com muito amor a mão sobre essa parte do corpo, rezar o presente Salmo.

(1) Ó justos, exultai em Iahweh, aos retos convém o louvor. (2) Celebrai a Iahweh com harpa, tocai-lhe a lira de dez cordas; (3) cantai-lhe um cântico novo, tocai com arte na hora da ovação! (4) Pois a palavra de Iahweh é reta, e sua obra toda é verdade; (5) ele ama a justiça e o direito, a terra está cheia do amor de Iahweh. (6) O céu foi feito com a palavra de Iahweh, e seu exército com o sopro de sua boca. (7) Ele representa num dique as águas do mar, coloca os oceanos em reservatórios. (8) Que a terra inteira tema a Iahweh, temam-no todos os habitantes do mundo! (9) Porque ele diz e a coisa acontece, ele ordena e ela se afirma. (10) Iahweh desfaz o desígnio das nações e frustra os projetos dos povos. (11) Mas o desígnio de Iahweh permanece para sempre, os projetos de seu coração, de geração em geração. (12) Feliz a nação cujo Deus é Iahweh, o povo que escolheu para si como herança. (13) Do céu Iahweh contempla e vê todos os filhos de Adão. (14) Do lugar de sua morada ele observa os habitantes todos da terra: (15) ele forma o coração de cada um e discerne todos os seus atos. (16) Nenhum rei se salva com exército numeroso, o valente não se livra pela sua grande força; (17) para salvar, o cavalo é ilusão, e todo o seu vigor não ajuda a escapar. (18) Eis que o olho de Iahweh está sobre os que o temem, sobre aqueles que esperam seu amor, (19) para da morte libertar a sua vida e no tempo da fome fazê-los viver. (20) Quanto a nós, nós esperamos por Iahweh: ele é nosso auxílio e nosso escudo. (21) Nele se alegra o nosso coração, é no seu nome santo que confiamos. (22) Iahweh, que teu amor esteja sobre nós, assim como está em ti nossa esperança!

(1) Ranenú tzadiqím badonái, laisharím navá tehilá. (2) Hodú ladonái bechinór, benével açór zamerú ló. (3) Shirú ló shir chadásh, hetívu naguén bit'ruá. (4) Qi iashár dévar Adonái, vechól maaçêhu beemuná. (5) Ohêv tzedaqá umishpát, chéçed Adonái maleá haáretz. (6) Bidvár Adonái shamáim naaçú, uverúach piv qol tzevaám. (7) Qonés qanéd mê haiám, notén beotzarót tehomót. (8) Iireú meadonái qol haáretz, mimênu iagúru qol ioshevê tevél. (9) Qi hu amár, vaiêhi, hu tzivá vaiamód. (10) Adonái hefír átzat goím, hení mach'shevót amím. (11) Atzát Adonái leolám taamód, mach'shevót libó ledór vadór. (12) Ashrê hagói ásher Adonái Eloháv, haám bachár lenachalá ló. (13) Mishamáim hibít Adonái, raá et qol bené haadám. (14) Mimechón shivtó hish'guíach, el qol ioshevê haáretz. (15) Haiotzér iáchad libám, hamevín el qol maaçehém. (16) En hamélech noshá bérov cháil, guibó ló inatzél bérov qôach. (17) Shéqer haçús litshuá, uveróv cheló ló iemalét. (18) Hinê ên Adonái el iereáv, lameiachalím lechasdó. (19) Lehatzíl mimávet nafshám, ul'chaiotám baraáv. (20) Nafshênu chiqetá ladonái, ezrênu umaguinênu hu. (21) Qi vo ismách libênu, qi veshém qodshó vatáchnu. (22) Iehí chasdechá Adonái alênu, qaashér ichálnu lach.

Salmo 34

*Para escapar de uma situação que não queremos prolongar.
Para que os caminhos se abram*

Repita nove vezes este mantra antes de rezar o Salmo:

Ó Olám Cha Atzilút Seqél Nitchí

Ao fazê-lo, visualize uma luz de cor laranja que sai de seu plexo solar e aumenta cada vez mais, até envolver você e penetrar em seu corpo, fazendo com que você se torne parte integrante dessa grande e potente energia alaranjada. Essa luz também está ao seu redor. Mantenha a visualização enquanto reza este Salmo e, depois de terminá-lo, conserve-a durante mais cinco minutos.

(1) *De Davi. Quando fingiu-se louco diante de Abimelec, fez-se perseguir por ele e foi embora.* (2) Bendirei a Iahweh em todo tempo, seu louvor estará sempre nos meus lábios; (3) glorio-me de Iahweh: que os pobres ouçam e fiquem alegres. (4) Engrandecei a Iahweh comigo, juntos exaltemos o seu nome. (5) Procuro Iahweh e ele me atende, e dos meus temores todos me livra. (6) Contemplai-o e estareis radiantes, vosso rosto não ficará envergonhado. (7) Este pobre gritou e Iahweh ouviu, salvando-o de suas angústias todas. (8) O anjo de Iahweh acampa ao redor dos que o temem, e os liberta. (9) Provai e vede como Iahweh é bom, feliz o homem que nele se abriga. (10) Temei a Iahweh, vós, santos seus, pois nada faltará a quem o teme. (11) Os leõezinhos passam necessidade e fome, mas nenhum bem falta aos que procuram a Iahweh. (12) Filhos, vinde escutar-me, vou ensinar-vos o temor a Iahweh. (13) Qual o homem que deseja a vida e quer longevidade para ver a felicidade? (14) Preserva tua língua do mal e teus lábios de falarem falsamente. (15) Evita o mal e pratica o bem, procura a paz e segue-a. (16) Iahweh

---

* A luz representa claridade. A cor laranja representa a Mente Suprema. Isso equivale a dizer que a Mente Suprema é totalmente clara.

tem os olhos sobre os justos e os ouvidos atentos ao seu clamor. (17) A face de Iahweh está contra os malfeitores, para da terra apagar a sua memória. (18) Eles gritam, Iahweh escuta e os liberta de suas angústias todas. (19) Iahweh está perto dos corações contritos, ele salva os espíritos abatidos. (20) Os males do justo são muitos, mas de todos eles Iahweh o liberta; (21) Iahweh guarda seus ossos todos, nenhum deles será quebrado. (22) O mal causa a morte do ímpio, os que odeiam o justo serão castigados. (23) Iahweh resgata a vida dos seus servos, os que nele se abrigam jamais serão castigados.

(1) Ledavíd, beshanotó et taámo lifné Avimélech, vaigareshêhu vaielách. (2) Avarechá et Adonái béchol et, tamíd tehilató befí. (3) Badonái tit'halél nafshí, ishmeú anavím veismáchu. (4) Gadelú ladonái ití, uneromená shemó iachdáv. (5) Daráshti et Adonái veanáni, úmiqol megurotái hitziláni. (6) Hibítu eláv venaháru, ufenehém al iechpáru. (7) Ze aní qará vadonái shamêa, úmiqol tzarotáv hoshió. (8) Choné mal'ách Adonái çavív lireáv vaichaletzém. (9) Taamú ur'ú qi tov Adonái, ashrê haguéver iecheçê bo. (10) Ir'ú et Adonái qedosháv, qi en mach'çór lireáv. (11) Qefirím rashú veaêvu, vedoreshê Adonái ló iach'çerú qol tôv. (12) Lechú vaním shím'u li, ir'át Adonái alamed'chém. (13) Mi haísh hechafétz chaiím, ohév iamím lir'ót tôv. (14) Netzór leshonechá merá, usfatêcha midabér mirmá. (15) Çur merá vaaçê tôv, baqésh shalôm verodfêhu. (16) Enê Adonái el tzadiqím, veoznáv el shav'atám. (17) Penê Adonai beoçê ra, lehach'rit meéretz zichrám. (18) Tzaáqu vadonái shamêa, ámiqol tzarotám hitzilám. (19) Qaróv Adonái lenishberê lev, véet daqeê rúach ioshía. (20) Rabót raót tzadíq, umiqulám iatzilênu Adonái. (21) Shomér qol atzmotáv, achát mehêna ló nishbára. (22) Temotét rashá raá, veçoneê tzadíq ieeshámu. (23) Podé Adonái néfesh avadáv, veló ieshemú qol hachoçím bo.

Salmo 35

Para se sair bem num processo legal

Se você tem pendente um processo legal, envolvendo pessoas sem escrúpulos, leia este Salmo três vezes seguidas ao nascer do sol e três vezes ao pôr-do-sol.
Voltado para o Sol, repita este mantra três vezes antes de ler o Salmo.

Ó Suzanóvo Hinómiqo Dóço Qité.
Ó Ninígui Hinó Miqó Hinó Miqó Dóço Qité.
Ó Omíqamínomíchi Dóço Qité.

Depois acenda uma vela branca e repita:

Ó Suzanóvo Hinómiqo Dóço Qité.
Ó Ninígui Hinó Miqó Dóço Qité.
Ó Omíqamínomíchi Dóço Qité.

(1) *De Davi.* Iahweh, acusa meus acusadores, combate os que me combatem! (2) Toma a armadura e o escudo e levanta-te em meu socorro! (3) Maneja a espada e o machado contra meus perseguidores! Dize a mim: "Eu sou tua salvação!" (4) Fiquem envergonhados e arruinados os que buscam tirar-me a vida! Voltem-se para trás e sejam confundidos os que planejam o mal contra mim! (5) Sejam como palha ao vento, quando o anjo de Iahweh os empurrar! (6) Que seu caminho seja escuro e deslizante, quando o anjo de Iahweh os perseguir! (7) Sem motivo estenderam sua rede contra mim, abriram para mim uma cova: (8) caia sobre eles um desastre imprevisto! Sejam apanhados na rede que estenderam e caiam eles dentro da cova! (9) Meu ser exultará em Iahweh e se alegrará com sua salvação. (10) Meus ossos todos dirão: "Iahweh, quem é igual a ti, para livrar o pobre do mais forte e o indigente do explorador?" (11) Levantam-se falsas testemunhas que eu não conheço. Interrogam-me, (12) pagam-me o mal pelo bem, e minha vida se torna estéril. (13) Quanto a mim, nas suas doenças eu me vestia de saco e me humilhava com jejum, e minha oração voltava ao meu coração; (14) eu ia e vinha como por um amigo, um irmão, como de luto pela mãe eu me curvava, entristecido. (15) E eles

se alegram com meu tropeço e se agrupam, contra mim se agrupam estrangeiros que não conheço, dilacerando-me sem parar. (16) Se eu caio, eles me cercam, rangendo os dentes contra mim. (17) Senhor, por quanto tempo verás isto? Defende a minha vida dos rugidores, meu único bem, destes leõezinhos. (18) Eu te agradecerei na grande assembléia, eu te louvarei em meio a um povo numeroso. (19) Que não se alegrem à minha custa meus inimigos traidores, e nem pisquem os olhos os que me odeiam sem motivo! (20) Pois eles nunca falam de paz: contra os pacíficos da terra eles planejam calúnias; (21) escancaram a boca contra mim, dizendo: "Ah! Ah! nosso olho viu." (22) Viste isso, Iahweh! Não te cales! Senhor, não fiques longe de mim! (23) Desperta! Levanta-te pelo meu direito, por minha causa, meu Senhor e meu Deus! (24) Julga-me segundo a tua justiça, Iahweh meu Deus, que eles não se alegrem à minha custa! (25) Que eles não pensem: Conseguimos! Que não digam: "Nós o engolimos!" (26) Fiquem envergonhados e frustrados os que se alegram com minha desgraça! Sejam cobertos de vergonha e confusão os que à minha custa se engrandecem. (27) Cantem e fiquem alegres os que desejam minha justiça, e digam constantemente: "Iahweh é grande! Ele deseja a paz ao seu servo!" (28) E minha língua meditará tua justiça, todo o dia o teu louvor!

(1) Ledavíd, rivá Adonái et ieriwái, lechám et lochamái. (2) Hachazéq maguén vetziná, vequma beezratí. (3) Veharéq chanít usgór liqrát rodfái, emór lenafshí ieshuatéch áni. (4) Ievôshu veiqalemú mevaq'shê nafshí, içôgu achór veiach'perú choshevê raatí. (5) Ihiú qemótz lifnê rúach, umal'ách Adonái doché. (6) Iéhi darqám chóshech vachalaq'laqót, umal'ách Adonái rodfám. (7) Qi chinám támenu li sháchat rishtám, chinám chaferú lenafshí. (8) Tevoêehu shoá ló iedá, verishtó ásher tamán tilqedó beshoá ípol ba. (9) Venafshí taguíl badonái, taçís bishuató. (10) Qal atzmotái tomárna Adonái mi chamôcha, matzíl aní mechazáq miménu veaní veevión migozeló. (11) Iequmún edê chamás, ashér ló iadáti ishalúni. (12) Ieshalemúni raá táchat tová, shechól lenafshí. (13) Vaaní bachalotám levúshi çaq inêti vatzóm nafshí, utfilatí al cheqí tashúv. (14) Qerêa qeách li hit'haláchti, qaavêl em qodêr shachôti. (15) Uvetzal'í çamechú veneeçáfu, neesfú alái nechím veló iadáti, qareú velo-dámu. (16) Bechanfê laaguê maóg, charóq alái shinêmo. (17) Adonái qamá tir'é, hashíva nafshí mishoehém, miqefirím iechidatí. (18) Odechá beqahál rav, beám atzúm ahalelêqa. (19) Al ismechú li oiévai shéqer, çoneái chinám íq'retzu áin. (20) Qi ló shalôm iedabêru, veál riguê éretz divrê mirmót iachashovún. (21) Vaiar'chívu alái pihêm, amerú heách heách raatá enênu. (22) Raíta Adonái al techerásh, Adonái al tir'cháq miméni. (23) Haíra vehaqítza lemishpatí, Elohái vadonái leriví. (24) Shoftêni chetzidqechá Adonái Elohái véal ismechú li. (25) Al iomerú velibám heách nafshênu, al iomerú bilaanúhu. (26) Ievôshu veiach'perú iachdáv çemechê raatí, ílbeshu voshét uch'limá hamagdilím alái. (27) Iarônu veismechú chafetzê tzidqí, veiomerú tamíd igdál Adonái hechafétz shelóm avdó. (28) Ulshoní teguê tzidqêcha, qol haiôm tehilatêcha.

Salmo 36

Para exterminar o mal

Contemplando o desenho acima, recite o seguinte mantra e depois reze o Salmo.

Súma Et Mágna Sólve.
Et Súma Et Mágna Renovátum intégra Et.
Súma Et Magna Cuagúla Et.
Habébis Magistériuum.

---

* As duas serpentes são o equivalente animal das duas colunas de Jerusalém — ou seja, essas duas colunas envolvem o nosso planeta. A Lua é o alicerce do planeta Terra; a cor prateada da Lua representa o fundamento. Nesse caso, é como o alicerce que sustenta a Lua.

(1) *Do mestre de canto. Do servidor de Iahweh. De Davi.* (2) O ímpio tem um oráculo de pecado dentro do seu coração; o temor de Deus não existe diante dos seus olhos. (3) Ele vê com olho por demais enganador para descobrir e detestar o pecado. (4) As palavras de sua boca são maldade e mentira, ele desistiu do bom senso de fazer o bem! (5) Ele premedita a fraude em seu leito; obstina-se no caminho que não é bom e nunca reprova o mal. (6) Iahweh, o teu amor está no céu e tua verdade chega às nuvens; (7) tua justiça é como as montanhas de Deus, teus julgamentos como o grande abismo. Salvas os homens e os animais, Iahweh, (8) como é precioso, ó Deus, o teu amor! Deste modo, os filhos de Adão se abrigam à sombra de tuas asas. (9) Eles ficam saciados com a gordura de tua casa, tu os embriagas com um rio de delícias; (10) pois a fonte da vida está em ti e com tua luz nós vemos a luz. (11) Conserva teu amor por aqueles que te conhecem e tua justiça para os corações retos. (12) Que o pé dos soberbos não me atinja, e a mão dos ímpios não me faça fugir. (13) Eis que os malfeitores tombam, caem e não podem mais se levantar.

(1) Lamenatzêach leéved Adonái ledavíd. (2) Neúm pêsha larashá beqérev libí, en páchad Elohím lenégued enáv. (3) Qi hechelíq eláv beenáv, limtzó avonó lisnó. (4) Divrê fiv áven umirmá, chadál lehasqíl lehetív. (5) Áven iach'shóv al mishqavó, itiatzév al dérech ló tôv, ra ló im'ás. (6) Adonái behashamáim chasdêcha, emunatechá ad shechaqím. (7) Tzidqatechá qeharerê El, mishpatêcha tehóm rabá, adám uvehemá toshía Adonái. (8) Ma iaqár chasdechá Elohím, uvenê adám betzél qenafêcha iecheçaiún. (9) Irveiún midéshen betêcha, venáchal adanêcha tashqém. (10) Qi imechá meqór chaím, beorechá nír'e or. (11) Meshóch chasdechá leiodeêcha, vetzidqatechá leishrê lev. (12) Al tevoêni réguel gaavá, véiad reshaím al tehidêni. (13) Sham nafelú pôale áven, dôchu vélo-iachelu qum.

Salmo 37

Para deixar o vício do álcool

Primeiro coloque num vaso transparente (de vidro ou cristal), totalmente novo, ou num copo ou cálice de prata, suco natural de uvas, sem acrescentar açúcar. Coloque as duas mãos, com as palmas abertas para baixo, sobre o vaso cheio de suco e repita este mantra muitas vezes, até sentir que de suas mãos desce um antídoto contra o alcoolismo que se introduz no suco de uva. Beba o suco com devoção.

Id Est Énim Cálix Sángüinis Méun

(1) *De Davi*. Não te irrites por causa dos maus, nem invejes os que praticam a injustiça: (2) pois, como a erva, eles secam depressa, eles murcham como a ver-

---

* O vaso deve estar totalmente purificado de qualquer vibração pessoal (porque cada pessoa possui suas próprias vibrações). Se o vaso for tocado por outra pessoa, cria-se interferência e o vaso deixa de ser um canal transmissor perfeito.

de relva. (3) Confia em Iahweh e faze o bem, habita na terra e vive tranqüilo, (4) põe tua alegria em Iahweh e ele realizará os desejos do teu coração. (5) Entrega teu caminho a Iahweh, confia nele, e ele agirá; (6) manifestará tua justiça como a luz e teu direito como o meio-dia. (7) Descansa em Iahweh e nele espera, não te irrites contra quem triunfa, contra o homem que se serve de intrigas. (8) Deixa a ira, abandona o furor, não te irrites: só farias o mal; (9) porque os maus são extirpados e quem espera em Iahweh possuirá a terra. (10) Mais um pouco e não haverá mais ímpio, buscarás seu lugar e não existirá; (11) mas os pobres possuirão a terra e se deleitarão com paz abundante. (12) O ímpio faz intrigas contra o justo e contra ele range os dentes; (13) mas o Senhor ri às custas dele, pois vê que seu dia vem chegando. (14) Os ímpios desembainham a espada e retesam o arco para matar o homem reto, para abater o pobre e o indigente; (15) mas a espada lhes entrará no coração e seus arcos serão quebrados. (16) Vale mais o pouco do justo que as grandes riquezas dos ímpios; (17) pois os braços do ímpio serão quebrados, mas Iahweh é o apoio dos justos. (18) Iahweh conhece os dias dos íntegros e sua herança permanecerá para sempre; (19) não se envergonharão nos dias maus, nos dias de fome eles ficarão saciados. (20) Eis que os ímpios perecerão, os inimigos de Iahweh murcharão como a beleza dos prados, se desfarão em fumaça. (21) O ímpio toma emprestado e não devolve, mas o justo se compadece e dá; (22) os que ele abençoa possuirão a terra, os que ele amaldiçoa vão ser extirpados. (23) Iahweh assegura os passos do homem, eles são firmes e seu caminho lhe agrada; (24) quando tropeça não chega a cair, pois Iahweh o sustenta pela mão. (25) Fui jovem e já estou velho, mas nunca vi um justo abandonado, nem sua descendência mendigando pão. (26) Todo dia ele compadece e empresta, e sua descendência é uma bênção. (27) Evita o mal e pratica o bem, e para sempre terás habitação; (28) pois Iahweh ama o direito e jamais abandona seus fiéis. Os malfeitores serão destruídos para sempre e a descendência dos ímpios extirpada; (29) os justos possuirão a terra e nela habitarão para sempre. (30) A boca do justo medita a sabedoria e sua língua fala o direito; (31) no seu coração está a lei do seu Deus, seus passos nunca vacilam. (32) O ímpio espreita o justo e procura levá-lo à morte; (33) Iahweh não o abandona em sua mão, e no julgamento não o deixa condenar. (34) Espera por Iahweh e observa o seu caminho; ele te exaltará, para que possuas a terra: tu verás os ímpios extirpados. (35) Vi um ímpio muito poderoso elevar-se como um cedro do Líbano; (36) passei de novo e eis que não existia mais, procurei-o, mas não foi encontrado. (37) Observas o íntegro, vê o homem direito: há uma posteridade para o homem pacífico; (38) mas os rebeldes serão todos destruídos, a posteridade dos ímpios será extirpada. (39) A salvação dos justos vem de Iahweh, sua fortaleza no tempo da angústia. (40) Iahweh os ajuda e liberta, ele os libertará dos ímpios e os salvará, porque nele se abrigam.

(1) Ledavíd, al tit'chár bamereím, al teqané beoçê av'lá. (2) Qi chechatzír meherá imálu, uch'eiéreq déshe ibolún. (3) Betách badonái vaáçe tôv, shéchan éretz ur'é emuná. (4) Vehit'anág al Adonái, veíten lechá mish'alót libêcha. (5) Gol al Adonái darqêcha, uvtách aláv vehú iaaçé. (6) Vehotzí chaór tzidqêcha, umishpatêcha qatzahoraím. (7) Dom ladonái vehit'chólel ló, al tit'chár bematzlíach darqó, beísh oçé mezimót. (8) Héref meáf vaazóv chemá, al tit'chár ach leharêa. (9) Qi mereím iqaretún, veqovê Adonái héma íreshu áretz. (10) Veód meát veén rashá, vehitbonánta al meqomó veenênu. (11) Vaanavím íreshu áretz vehit'anegú al rov shalôm. (12) Zomém rashá latzadíq, vechoréq aláv sháv. (13) Adonái ís'chaq ló, qi raá qi iavo iomó. (14) Chérev patechú reshaím vedarechú qashtám, lehapíl aní veevión, litvôach ishrê dárech. (15) Charbám tavó velibám, veqashetotám tishavárna. (16) Tov meát latzadíq, mehamón reshaím rabím. (17) Qi zeroót reshaím tishavárna, veçoméch tzadiqím Adonái. (18) Iodêa Adonái iemê temimím, venachalatám leolám tihié. (19) Ló ievôshu beét raá, uvimê reavón isbáu. (20) Qi reshaím iovêdu veoievê Adonái qiqár qarím, qalú veashán qálu. (21) Lovê rashá veló ieshalém, vetzadíq chonén venotén. (22) Qi mevoracháv íreshu áretz, umqulaláv iqarêtu. (23) Meadonái mítz'ade guéver qonánu, vedarqó iech'pátz. (24) Qi ipól ló iutál, qi Adonái çoméch iadó. (25) Náar haiíti gam zaqánti, veló raíti tzadíq neezáv vezar'ó mévaqesh láchem. (26) Qol haiôm chonén umalvé, vezar'ó livrachá. (27) Çur merá vaáçe tov, ush'chón leolám. (28) Qi Adonái ohév mishpát, veló iaazóv et chaçidáv, leolám nishmáru, vezéra reshaím nich'rát. (29) Tzadiqím éreshu áretz, veishqenú laád alêha. (30) Pi tzadíq ihegué chochmá, ulshonó tedabér mishpát. (31) Torát Eloháv belibó, ló tim'ád ashuráv. (32) Tzofê rashá latzadíq, umvaqésh lahamitó. (33) Adonái ló iaazvênu veiadó, veló iarshiênu behishafetó. (34) Qavé el Adonái ushmór darqó, viromimchá laréshet áretz, behiqarét reshaím tir'é. (35) Raíti rashá arítz umit'aré qeezrách raanán. (36) Vaiavór vehiné enênu, vaavaq'shêhu veló nimtzá. (37) Shémor tam ur'é iashár, qi acharít leísh shalôm. (38) Ufósh'im nishmedú iachdáv, acharít reshaím nich'ráta. (39) Uteshuát tzadiqím meadonái, mauzám beét tzará. (40) Vaiazerém Adonái vaifaletém, iefaletém mereshaím veioshiém qi cháçu vo.

Salmo 38

Para quem se embriaga sem controle

Empregue o mesmo ritual do Salmo anterior e recite este Salmo.
(1) *Salmo. De Davi. Para comemorar.* (2) Iahweh, não me castigues com tua cólera, não me corrijas com teu furor. (3) Tuas flechas penetram em mim, sobre mim abateu-se tua mão: (4) nada está ileso em minha carne, sob tua ira, nada de são em meus ossos, após meu pecado. (5) Minhas faltas ultrapassam-me a cabeça, como fardo pesado elas pesam sobre mim; (6) minhas chagas estão podres e supuram, por causa da minha loucura. (7) Estou curvado, inteiramente prostrado, ando o dia todo entristecido. (8) Meus rins ardem de febre, nada está ileso em minha carne; (9) estou enfraquecido, completamente esmagado, meu coração rosna, solto rugidos. (10) Senhor, à tua frente está o meu desejo todo, meu gemido não se esconde de ti; (11) meu coração palpita, minha força me abandona, a luz dos meus olhos já não habita comigo. (12) Amigos e companheiros se afastam da minha praga, e meus vizinhos se mantêm à distância; (13) preparam armadilhas os que buscam tirar-me a vida, os que procuram minha ruína falam de crimes, todo dia meditando em traições. (14) E eu, como o surdo, não escuto, como o mudo que não abre a boca. (15) Sou como homem que não ouve e não tem uma réplica na boca. (16) É por ti, Iahweh, que eu espero! És tu quem responderá, Senhor meu Deus! (17) Eu disse: "Que não se riam de mim, não triunfem sobre mim quando eu tropeço!" (18) Sim, estou a ponto de cair, meu tormento está sempre à minha frente. (19) Sim, eu confesso a minha falta, e temo pelo meu pecado. (20) Meus inimigos sem motivo são poderosos, são muitos os que me odeiam sem motivo, (21) os que pagam o mal pelo bem, e por eu procurar o bem me acusam. (22) Não me abandones, Iahweh, meu Deus, não fiques longe de mim! (23) Vem socorrer-me depressa, ó Senhor, minha salvação!

(1) Mizmór ledavíd lehazqír. (2) Adonái al beqetz'pechá tochichêni, uvachamatechá teiaçerêni. (3) Qi chitzêcha níchatu vi, vatinchát alái iadêcha. (4) En metóm bivçarí mipenê zamêcha, en shalôm baatzamái mipenê chatatí. (5) Qi avonotái averú roshí, qemaçá chavéd ich'bedú miméni. (6) Hiv'íshu namáqu chaburotái, mipenê ivaltí. (7) Naavêti shachôti ad meód, qol haiôm qodér hiláchti. (8) Qi cheçalái maleú niqlé, veén metóm bivçarí. (9) Nefugôti venidqêti ad meód, shaágti minahamát libí. (10) Adonái negdechá chol taavatí, veanchatí mimechá lo nistára. (11) Libí çechar'chár azaváni chochí, véor enái gam hem en ití. (12) Ohavái vereái minégued nig'í iaamôdu, uqrovái merachóq amádu. (13) Vainaqeshú mevaqeshê nafshí, vedoreshê raatí diberú havót, umirmót qol haiôm iegú. (14) Vaaní chécheresh ló eshmá, ucheilém ló íftach piv. (15) Vaehí qeísh ashér ló shomêa, veén befív tochachót. (16) Qi lechá Adonái hochálti, atá taané Adonái Elohái. (17) Qi amárti pen ismechú li, bemót raglí alái higdílu. (18) Qi aní letzêla nachón, umach'oví negdí tamíd. (19) Qi avoní aguíd, ed'ág mechatatí. (20) Veoievái chaiím atzêmu, verabú çoneái sháqer. (21) Umshalemê raá táchat tová, istenúni táchat ródfi tov. (22) Al taazvêni Adonái, Elohái al tir'cháq miméni. (23) Chúsha leezratí, Adonái teshuatí.

Salmo 39

Para quem sofre de desmaios ou epilepsia

Todos os dias, ao despertar pela manhã, repita três vezes o nome santo de Deus — Iahweh — enquanto visualiza que tudo em você é perfeito. Você é perfeição e saúde; você tem dentro de si o poder de cura, recuperação e restauração. Reze este Salmo seguidamente, com muita fé e com a certeza de que será curado.

(1) *Do mestre de canto. De Iditun. Salmo. De Davi.* (2) Eu disse: "Guardarei meu caminho, para não pecar com a língua; guardarei minha boca com mordaça, enquanto o ímpio estiver à minha frente". (3) Calei-me, em silêncio; vendo sua sorte, minha dor piorou. (4) Meu coração queimava dentro de mim, ao meditar nisto o fogo se inflamava, e deixei minha língua dizer: (5) "Mostra-me o meu fim, Iahweh, e qual é a medida dos meus dias, para eu saber quão frágil sou. (6) Vê: um palmo são os dias que me deste, minha duração é nada diante de ti; todo homem que se levanta é apenas sopro, (Pausa) (7) apenas sombra o homem que caminha, apenas sopro as riquezas que amontoa, e ele não sabe quem vai recolhê-las". (8) E agora, Senhor, o que posso esperar? Minha esperança está em ti! (9) Livra-me de minhas transgressões todas, não me tornes ultraje do insensato! (10) Eu me calo, não abro a boca, pois quem age és tu. (11) Afasta a tua praga de mim, eu sucumbo ao ataque de tua mão! (12) Castigando o erro tu educas o homem e róis seus desejos como a traça. Os homens todos são apenas um sopro! (Pausa) (13) Ouve a minha prece, Iahweh, dá ouvido aos meus gritos, não fiques surdo ao meu pranto! Pois sou forasteiro junto a ti, inquilino como todos os meus pais. (14) Afasta de mim teu olhar, para que eu respire, antes que eu me vá e não exista mais!

(1) Lamenatzêach lidutún mizmór ledavíd. (2) Amárti eshmerá derachái mecható vilshoní, eshmerá lefí mach'óm beód rashá lenegdí. (3) Neelámti dumiiá, hecheshêti mitóv, uch'eví neqár. (4) Cham libí beqirbí bahaguiguí tív'ar esh, dibárti bilshoní. (5) Hodiêni Adonái qitzí umidát iamái ma hi, edeá me chadél áni. (6) Hinê tefachót natáta iamái, vecheldí cheáin negdê-

cha, ach qol hével qol adám nitzáv çelá. (7) Ach betzélem ít'halech ish, ach hével iehemaiún, itzbór vélo iedá mi oçefám. (8) Veatá ma qivíti Adonái, tochaltí lechá hi. (9) Míqol peshaái hatzilêni, cherpát navál al teçimêni. (10) Neelámti ló éftach pi, qi atá açíta. (11) Haçér mealái nig'êcha, mitigrát iadechá aní chalíti. (12) Betochachót al avón içárta ish vatémes qaásh chamudó, ach hével qol adám çelá. (13) Shim'á tefilatí Adonái, veshav'atí haazína, el dim'atí al techerásh, qi guer anochí imách, tosháv qéchol avotái. (14) Hashá miméni veavlíga, betérem eléch veenêni.

Salmo 40

Para livrar-se da depressão ou da loucura e de entidades negativas

Antes de recitar este Salmo, faça o ritual correspondente ao Salmo 15.
(1) *Do mestre de canto. De Davi. Salmo.* (2) Esperei ansiosamente por Iahweh: ele se inclinou para mim e ouviu o meu grito. (3) Ele me fez subir da cova fatal, do brejo lodoso; colocou meus pés sobre a rocha, firmando meus passos. (4) Pôs em minha boca um cântico novo, louvor ao nosso Deus; muitos verão e temerão, e confiarão em Iahweh. (5) Feliz é este homem cuja confiança é Iahweh: ele não se volta para os soberbos, nem para os sequazes da mentira. (6) Quantas maravilhas realizaste, Iahweh meu Deus, quantos projetos em nosso favor: ninguém se compara a ti. Quero anunciá-los, falar deles, mas são muitos para enumerá-los. (7) Não quiseste sacrifício nem oferta, abriste o meu ouvido; não pediste holocausto nem expiação, (8) e então eu disse: Eis que venho. No rolo do livro foi-me prescrito (9) realizar tua vontade; meu Deus, eu quero ter a tua lei dentro das minhas entranhas. (10) Anunciei a justiça de Iahweh na grande assembléia; eis que não fecho meus lábios, tu o sabes. (11) Não escondi tua justiça no fundo do meu coração, falei da tua fidelidade e da tua salvação; não ocultei o teu amor e a tua verdade à grande assembléia. (12) Quanto a ti, Iahweh, não negues tua compaixão por mim; teu amor e tua verdade sempre vão me proteger. (13) Pois as desgraças me rodeiam a não mais contar; minhas iniqüidades me atingem sem que eu possa vê-las; são mais que os cabelos da minha cabeça, e o coração me abandona. (14) Iahweh, digna-te livrar-me! Iahweh, vem depressa em meu socorro! (15) Fiquem envergonhados e confusos os que buscam minha vida para perdê-la! Recuem e fiquem envergonhados os que desejam minha desgraça! (16) Fiquem mudos de vergonha os que riem de mim! (17) Exultarão e se alegrarão em ti todos os que te procuram; os que amam tua salvação repetirão sempre: "Deus é grande!" (18) Quanto a mim, sou pobre e indigente, mas o Senhor cuida de mim. Tu és meu auxílio e salvação; Deus meu, não demores!

(1) Lamenatzêach ledavíd mizmór. (2) Qavó qivití Adonái, vaiét elái vaishmá shav'atí. (3) Vaiaalêni mibór shaón mitít haiavén, vaiáqem al çelá raglái qonén ashurái. (4) Vaitén befí shir chadásh tehilá lelohênu, iir'í rabím veiiráu veivtechú badonái. (5) Ashrê haguéver ásher çam Adonái mivtachó, vélo faná el rehavím veçatê chazáv. (6) Rabót açíta atá Adonái Elohái, nifleotêcha umach'shevotêcha elênu, en aróch elêcha aguída vaadabêra, atzemú miçapêr. (7) Zévach umin'chá ló chafátz'ta, oznáim qaríta li, olá vachataá ló shaálta. (8) Az amárti híne váti, bimguilát çêfer qatúv alái. (9) Laaçót retzonéchá Elohái chafátz'ti, vetoratechá betóch meái. (10) Biçárti tzédeq beqahál rav, hinê çefatái ló ech'lá, Adonái ata iadáta. (11) Tzidqatechá ló qhiçíti bétoch libí, emunatechá uteshuatechá amárti, ló chichádeti chasdechá vaamitechá leqahál rav. (12) Atá Adonái ló tich'lá rachamêcha mimêni, chasdechá vaamitechá tamíd itzerúni. (13) Qi afefú alái raót ad en mispár, hiçigúni avonotái veló iachólti lir'ót, atzemú miçaarót roshí velibí azaváni. (14) Retzé Adonái lehatzilêni, Adonái leezráti chúsha. (15) Ievôshu veiach'perú iáchad mevaq'shê nafshí lispotá, içôgu achór veiqalemú chafetzê raatí. (16) Iashômu al éqev boshtám, haomerím li heách heách. (17) Iaçíçu veismechú bechá qol mevaqeshêcha, iomerú tamíd igdál Adonái ohavê teshuatêcha. (18) Vaaní aní veevión Adonái, iáchashov li, ezratí umfaltí áta, Elohái al teachár.

Salmo 41

Para recuperar o dinheiro que outros lhe devem ou que fizeram você perder. Para recuperar a confiança que alguém perdeu em você. Para conseguir emprego ou trabalho

Este Salmo proclama que Deus está próximo de nós, inclusive nas situações mais desesperadas — aparentemente desesperadas, porque em Deus sempre há esperança. E também porque toda situação traz consigo um ensinamento que nos é necessário para nosso crescimento espiritual.

Com este Salmo, você poderá adquirir uma informação especial por meio dos sonhos. Para isso, você deve passar o dia todo em jejum (ou, pelo menos, fazer uma refeição ligeira, composta unicamente de vegetais). Antes de ir dormir, reze este Salmo. Se você deseja apenas recuperar seu dinheiro ou seu bom nome, recite-o três vezes seguidas todas as noites. Não se esqueça de expressar sua necessidade quando for rezar o Salmo e mantenha a fé em resultados positivos.

(1) *Do mestre de canto. Salmo. De Davi.* (2) Feliz de quem pensa no fraco e no indigente, no dia da infelicidade Iahweh o salva; (3) Iahweh o guarda, dá-lhe vida e felicidade na terra, e não o entrega à sanha dos seus inimigos! (4) Iahweh o sustenta no seu leito de dor, tu afofas a cama em que ele definha. (5) Eu dizia: "Iahweh, tem piedade de mim! Cura-me, porque pequei contra ti!" (6) Meus inimigos falam mal de mim: "Quando morrerá e perecerá seu nome?" (7) Se alguém me visita, fala com fingimento, enche o coração de maldade e, ao sair, é disso que fala. (8) Os que me odeiam cochicham juntos contra mim, e, junto a mim, consideram minha desgraça: (9) "Caiu sobre ele uma praga do inferno, está deitado e nunca mais levantará!" (10) Até o confidente, em quem eu confiava, que comia do meu pão, levantou o calcanhar contra mim. (11) Tu, porém, Iahweh, tem piedade de mim, levanta-me, e eu pagarei o que eles merecem. (12) Nisto reconheço que tu me amas: se o meu inimigo não triunfar sobre mim. (13) Quanto a mim, tu me manténs íntegro e me estabeleces em tua presença, para sempre. (14) Bendito seja Iahweh, o Deus de Israel, desde agora e para sempre! Amém! Amém!

(1) Lamenatzêach mizmór ledavíd. (2) Ashrê maçqíl el dal, beiôm raá iemaletêhu Adonái. (3) Adonái ishmerêhu vichaiêhu veushár baártz, veál titenêhu benéfesh oieváv. (4) Adonái iç'adênu al éres devái, qol mishqavó hafáchta vecholió. (5) Aní amárti Adonái chonêni, refaá nafshí qi chatáti lach. (6) Oievái iomerú ra li, matái iamút veavád shemó. (7) Véim ba lir'ót shav iedabér, libó iqbatz-áven ló, ietzé lachúts iedabér. (8) Iáchad alái it'lachashú qol soneái, alái iach'shevú raá li. (9) Dévar beli'iáal iatzúq bo, vaashér shacháv ló ioçíf laqúm. (10) Gam ish shelomí ásher batáchti vo ôchel lachmí, higdíl alái aqév. (11) Veatá Adonái chonêni vahaqimêni, vaashalemá lahém. (12) Bezót iadáti qi chafátz'ta bi, qi ló iaría oieví alái. (13) Vaaní betumí tamách'ta bi, vatatzivêni lefanêcha leolám. (14) Barúch Adonái Elohé Israél mehaolám veád haolám, amén veamén.

Salmo 42

Para quem corre o risco de perder a casa, um negócio ou o emprego

Repita o seguinte mantra:

> *Om* (vendo uma luz branca)
> *Ah* (vendo uma luz vermelha)
> *Hung* (vendo a luz azul-celeste)
> *Sángié Vájra Dára Zámbala Gúrupédma*
> *Siddi Hung*

A tradução desse mantra é:

> *Tomamos consciência de que nós mesmos, por nosso esforço pessoal,*
> *podemos alcançar ótimos objetivos;*
> *mas somente Deus pode nos outorgar o melhor de todos os objetivos*
> *(coisas que nós não podemos).*

Depois chegamos ao ponto mais alto com *Siddi Hung*, que quer dizer:

> *Entrego-me a Ti, Deus,*
> *para não estragar com meu falso esforço pessoal,*
> *aquilo que de Ti virá.*

(1) *Do mestre de canto. Poema. Dos filhos de Coré.* (2) Como a corça bramindo por águas correntes, assim minha alma brama por ti, ó meu Deus! (3) Minha alma tem sede de Deus, do Deus vivo: quando voltarei a ver a face de Deus? (4) As lágrimas são meu pão noite e dia, e todo dia me perguntam: "Onde está o teu Deus?" (5) Começo a recordar as coisas e minha alma em mim se derrama: quan-

do eu passava, sob a tenda do Poderoso, em direção à casa de Deus, entre os gritos de alegria, a ação de graças e o barulho da festa. (6) Por que te curvas, ó minha alma, gemendo dentro de mim? Espera em Deus, eu ainda o louvarei, a salvação da minha face e meu Deus! (7) Minha alma curva-se em mim, e por isso eu me lembro de ti, desde a terra do Jordão e do Hermon, de ti, ó pequena montanha. (8) Grita um abismo a outro abismo com o fragor das tuas cascatas; tuas vagas todas e tuas ondas passaram sobre mim. (9) De dia Iahweh manda o seu amor, e durante a noite eu cantarei uma prece ao Deus da minha vida. (10) Direi a Deus, meu rochedo: por que me esqueces? Por que devo andar pesaroso pela opressão do inimigo? (11) Esmigalhando-me os ossos meus opressores me insultam, repetindo todo o dia: "Onde está o teu Deus?" (12) Por que te curvas, ó minha alma, gemendo dentro de mim? Espera em Deus, eu ainda o louvarei, a salvação da minha face e meu Deus!

(1) Lamenatzêach masqíl livnê Qôrach. (2) Qeaiál taaróg al afiqê máim, qen nafshí taaróg elécha Elohím. (3) Tzameá nafshí lelohím leél chái, matái avó veeráe penê Elohím. (4) Haíta li dim'atí léchem iomám valáila, beemór elái qol haiôm aié Elohêcha. (5) Êle ezqerá veesh'pechá alái nafshí, qi eevór bacách edadém ad bêt Elohím, beqól riná vetodá hamón choguég. (6) Ma tishtochachí nafshí vatehemí alái, hochíli lelohím qi od odênu ieshuót panáv. (7) Elohái alái nafshí tishtochách, al qen ezqorchá meéretz iardén vechermoním mehár mitz'ár. (8) Tehóm el tehôm qoré leqól tzinorêcha, qol mishbarêcha vegalêcha alái aváru. (9) Iomám ietzavé Adonái chasdó uvaláila shiró imí, tefilá leél chaiái. (10) Omerá leél çal'í, láma shechach'táni, láma qôder eléch beláchatz oiév. (11) Berétzach beatzmotái cherfúni tzorerái, beomrám elái qol haiôm aié Elohêcha. (12) Ma tishtochachí nafshí úma tehemí alái, hochíli lelohím qi od odênu ieshuót panái velohái.

Salmo 43

Para quem vai construir uma casa

Embora este Salmo seja tematicamente uma continuação do anterior, ele é muito apropriado e poderoso para ser utilizado pelas pessoas que pretendem comprar a casa própria ou desejam ter condições de comprá-la. Também se aplica às pessoas que estão construindo sua casa e àquelas que vão mudar de endereço, seja para a casa nova ou para uma alugada. Você deve copiar este Salmo em uma folha de pergaminho e colocá-lo dentro de uma mezuzá (o pequeno cilindro que é vendido nas lojas especializadas em judaísmo; dentro da mezuzá há orações de proteção e ela deve ser colocada na guarnição externa da porta de entrada das casas ou apartamentos). Depois de colocar o Salmo dentro da mezuzá (ou de um frasco), enterre-a nos alicerces da casa enquanto reza este Salmo. A partir de então, você deve recitar com freqüência este Salmo, para que sua casa seja sempre abençoada.

(1) Julga-me, ó Deus, defende minha causa contra uma nação sem fidelidade! Do homem iníquo e fraudulento liberta-me! (2) Sim, tu és o meu Deus forte: por que me rejeitas? Por que devo andar pesaroso pela opressão do inimigo? (3) Envia tua luz e tua verdade: elas me guiarão levando-me à tua montanha sagrada, às tuas Moradias. (4) Eu irei ao altar de Deus, ao Deus que me alegra. Vou exultar e celebrar-te com a harpa, ó Deus, o meu Deus! (5) Por que te curvas, ó minha alma, gemendo dentro de mim? Espera em Deus, eu ainda o louvarei, a salvação da minha face e meu Deus!

(1) Shofténi Elohím verivá rivi migói lo chaçíd, meísh mirmá veavlá tefaletêni. (2) Qi atá Elohê mauzí, lamá zenach'táni, lamá qodér et'haléch beláchatz oiev. (3) Shálach orechá vaamitechá héma ianchúni, ieviúni el har qod'shechá véel mishqenotêcha. (4) Veavôa el mizbách Elohím el El çimchát guilí, veodechá vechinór, Elohím Eloháí. (5) Ma tishtochachí nafshí áma tehemí aláí, hochíli lelohím qi od odênu ieshuót panái veloháí.

Salmo 44

Para curar-se de urticária

Passe óleo de rícino sobre a pele enquanto reza este Salmo e repita alternadamente:

Bendigo ao Deus de minha saúde.

(1) *Do mestre de canto. Dos filhos de Coré. Poema.* (2) Ó Deus, nós ouvimos com nossos ouvidos, nossos pais nos contaram a obra que realizaste em seus dias, nos dias de outrora, (3) com tua mão. Para plantá-los expulsaste nações, maltrataste povo para estendê-los; (4) não foi pela espada que conquistaram a terra, nem foi seu braço que lhes trouxe a vitória; e sim tua direita e teu braço, e a luz da tua face, porque os amavas. (5) Eras tu, ó meu Deus e meu rei, que decidias as vitórias de Jacó; (6) contigo agredimos nossos opressores por teu nome. (7) Não era no meu arco que eu tinha confiança, nem era minha espada que me trazia vitória: (8) eras tu que nos salvavas de nossos opressores e envergonhavas aqueles que nos odiavam; (9) em Deus nos orgulhávamos todo o dia, celebrando o teu nome para sempre. (10) Tu, porém, nos rejeitaste e nos envergonhaste, e já não sais com nossos exércitos; (11) fizeste-nos recuar diante do opressor, e os que nos têm ódio saqueiam à vontade. (12) Tu nos entregas como ovelhas de corte, tu nos dispersaste por entre as nações; (13) vendes o teu povo por um nada, e nada lucras com seu preço. (14) Fazes de nós o riso dos nossos vizinhos, divertimento e zombaria para aqueles que nos cercam; (15) fazes de nós o provérbio das nações, meneio de cabeça por entre os povos. (16) Minha desonra está o dia todo à minha frente, e a vergonha cobre a minha face, (17) pelos gritos de ultraje e da blasfêmia na presença do inimigo e do vingador. (18) Aconteceu-nos tudo isso, e não te esquecemos, nem traímos a tua aliança; (19) nosso coração não voltou atrás, e nossos passos não se desviaram do teu caminho. (20) E tu nos esmagaste onde vivem os chacais, e nos cobriste com a sombra da morte. (21) Se tivéssemos esquecido o nome do nosso Deus, estendendo nossas mãos a um deus estrangeiro, (22) se por

acaso Deus não o teria percebido, ele que conhece os segredos do coração? (23) É por tua causa que nos matam todo dia, e nos tratam como ovelhas de corte. (24) Desperta! Por que dormes, Senhor? Levanta-te! Não nos rejeites até o fim! (25) Por que escondes tua face, esquecendo nossa opressão e miséria? (26) Pois nossa garganta se afoga no pó, está grudado ao chão o nosso ventre. (27) Levanta-te! Socorre-nos! Resgata-nos, por causa do teu amor!

(1) Lamenatzêach livnê Qôrach masqíl. (2) Elohím beoznênu shamánu avotênu çiperú lánu, pôal paálta vimehém bimê qédem. (3) Atá, iadechá goím horáshta vatitaém, tará leumím vateshalechém. (4) Qi ló vecharbám iáreshu áretz uzroám ló hoshía lámo, qi ieminechá uzroachá veór panêcha qi retzitám. (5) Atá hu málqi Elohím, tzavé ieshuót Iaaqóv. (6) Bechá tzarênu nenaguêach, beshimchá navús qamênu. (7) Qi ló veqashtí evtách, vecharbí ló toshiêni. (8) Qi hoshatánu mitzarênu, umeçan'ênu hevishôta. (9) Belohím hilálnu chol haiôm, veshimchá leolám nodê çelá. (10) Af zanáchta vatach'limênu, veló tetzé betziv'otênu. (11) Teshivênu achór míni tzar, umeçan'ênu sháçu lámo. (12) Titenênu qetzón maachál, uvagoím zeritánu. (13) Timqór amechá veló hon, veló ribíta bim'chirehém. (14) Teçimênu cherpá lish'chenênu, láag vaqéles lisvivotênu. (15) Teçimênu mashál bagoím, menód rosh bal'umím. (16) Qol haiôm qelimáti negdí, uvôshet panái qiçátni. (17) Miqól mecharéf umgadéf, mipenê oiév umitnaqém. (18) Qol zot baátnu veló shechachanúcha, veló shiqárnu bivritêcha. (19) Lo naçóg achór libênu, vatét ashurênu miní orchêcha. (20) Qi diqitánu bimqóm taním, vatechás alênu vetzalmávet. (21) Im shachách'nu shêm Elohênu, vanifrós qapênu leél zar. (22) Haló Elohím iáchaqor zot, qi hu iodêa taalumót lev. (23) Qi alêcha horágnu chol haiôm, nech'shávnu qetzón tiv'chá. (24) Úra láma tishán, Adonái, haqítza, al tiznách lanétzach. (25) Láma fanêcha tastír, tishqách oniênu velachatzênu. (26) Qi shócha leafár nafshênu, daveqá laóretz bitnênu. (27) Qumá ezróta lánu, ufdênu lemáan chasdêcha.

Salmo 45

Para estabelecer a harmonia no casamento

Visualize a letra hebraica *Tzádqi*, na cor azul-violeta, à sua frente. Nessa visualização, veja na parte superior à esquerda uma mulher despida e, na parte superior à direita, um homem despido. Veja emanar do coração do homem um raio de luz vermelho-vivo e do coração da mulher um raio de luz azul-índigo. Depois, para fazer circular a luz entre eles, diga:

*Ó Teoméi El Shemá, Ata Ashér Aní Ve Aní Mashé
Atá Persécula Seculórum Ámen*

Mostramos o desenho acima para que você perceba como a luz deve circular entre o casal.

(1) *Do mestre de canto. Sobre a ária "Os lírios...". Dos filhos de Coré. Poema. Canto de amor.* (2) Meu coração transborda num belo poema, eu dedico a minha obra a um rei, minha língua é a pena de escriba habilidoso. (3) És o mais belo dos filhos dos homens, a graça escorre dos teus lábios, porque Deus te abençoa para sempre. (4) Cinge a tua espada sobre a coxa, ó valente, com majestade e esplendor; (5) vai, cavalga pela causa da verdade, da pobreza e da justiça. Tendes a corda do arco, tornando terrível a tua direita! (6) Tuas flechas são agudas, os povos submetem-se a ti, os inimigos do rei perdem a coragem. (7) Teu trono é de Deus, para sempre e eternamente! O cetro do teu reino é cetro de retidão! (8) Amas a justiça e odeias a impiedade. Eis por que Deus, o teu Deus, te ungiu com o óleo da alegria, como a nenhum dos teus companheiros; (9) mirra e aloés perfumam tuas vestes. Nos palácios de marfim, o som das cordas te alegra. (10) Entre as tuas amadas estão as filhas do rei; à tua direita uma dama, ornada com ouro de Ofir. (11) Ouve, ó filha, vê e inclina teu ouvido: esquece o teu povo e a casa do teu pai, (12) que o rei se apaixone por tua beleza: prostra-te à sua frente, pois ele é o teu senhor! (13) A filha de Tiro alegrará teu rosto com seus presentes, e os povos mais ricos (14) com muitas jóias cravejadas de ouro. Vestida (15) com brocados, a filha do rei é levada para dentro, até o rei, com séqüito de virgens. Introduzem as companheiras a ela destinadas, (16) e com júbilo e alegria elas entram no palácio do rei. (17) Em lugar de teus pais virão teus filhos, e os farás príncipes sobre a terra toda. (18) Comemorarei teu nome de geração em geração, e os povos te louvarão para sempre e eternamente.

> (1) Lamenatzêach al shoshaním livnê Qôrach, masqíl shir iedidót. (2) Rachásh libí davár tôv, omér áni maaçái lemélech, leshóni et çofér mahír. (3) Iafiafíta mibenê adám, hútzaq chen beçiftotêcha, al qen berachechá Elohím leolám. (4) Chagór charbechá al iárech guibór, hodechá vahadarêcha. (5) Vahadarechá tzelách recháv al dévar emét veánva tzédeq, vetorechá noraót ieminêcha. (6) Chitzêcha shenuním, amím tachtêcha ipelú belév oievê hamélech. (7) Qiç'achá Elohím olám vaéd, shévet mishór shévet mal'chutêcha. (8) Ahávta tzédeq vatisná résha, al qen meshachachá Elohím Elohêcha shémen çaçon mechaverêcha. (9) Mor vaahalót qetziót qol bigdotêcha, min hechelê shen miní çimechúcha. (10) Benót melachím biqerotêcha, nitzevá shegál liminechá bechétem ofír. (11) Shím'i vat ur'í vehatí oznéch, veshichechí ámech uvét avích. (12) Veit'áv hamélech iofiéch qi hu Adonáich vehishtácháví ló. (13) Úvat tzor bemincha panáich iechalú ashirê am. (14) Qol qevudá vat mélech peníma, mimishbetzót zaháv levushá. (15) Lirqamót tuvál lamélech, betulót acharêha reotêha muvaót lach. (16) Tuválna bismachót vaguíl, tevoêna behêchal mélech. (17) Táchat avotêcha ihiú vanêcha, teshitêmo leçarím béchol haáretz. (18) Azqíra shimchá béchol dor vadór, al qen amím iehodúcha leolám vaéd.

---

* A letra Tzádqi, diagrama com que iniciamos o Salmo 45, significa na Cabala a Retidão Suprema e Moral.

Salmo 46

Para eliminar o ódio ou o rancor no parceiro

Antes de rezar este Salmo, realize o ritual do Salmo anterior e depois leia com muita devoção os dois Salmos (45 e 46).

(1) *Do mestre de canto. Dos filhos de Coré. Com oboé. Cântico.* (2) Deus é nosso refúgio e nossa força, socorro sempre alerta nos perigos. (3) E por isso não tememos se a terra vacila, se as montanhas se abalam no seio do mar; (4) se as águas do mar estrondam e fervem, e com sua fúria estremecem os montes. (Iahweh dos Exércitos está conosco, nossa fortaleza é o Deus de Jacó!) (Pausa) (5) Há um rio, cujos braços alegram a cidade de Deus, santificando as moradas do Altíssimo. (6) Deus está em seu meio: ela é inabalável, Deus a socorre ao romper da manhã. (7) Povos estrondam, reinos se abalam, ele alteia sua voz e a terra se dissolve. (8) Iahweh dos Exércitos está conosco, nossa fortaleza é o Deus de Jacó! (Pausa) (9) Vinde ver os atos de Iahweh, é ele quem na terra faz assombros: (10) acaba com as guerras até ao extremo da terra, quebra os arcos, despedaça as lanças, e atira os escudos no fogo. (11) "Tranqüilizai-vos e reconhecei: Eu sou Deus, mais alto que os povos, mais alto que a terra!" (12) Iahweh dos Exércitos está conosco, nossa fortaleza é o Deus de Jacó! (Pausa)

(1) Lamenatzêach livnê Qôrach al alamót shir. (2) Elohím lánu machaçé vaóz, ezrá vetzarót nimtzá meód. (3) Al qen ló níra behamír áretz, uvemót harím belév iamím. (4) Iehemú iech'merú memáv, ir'ashú harím begaavató çelá. (5) Nahár pelagáv ieçamechú ir Elohím, qedósh mishqenê eliôn. (6) Elohím beqirbá bal timót, iazerêha Elohím lifnót bóqer. (7) Hámu goím mátu mamlachót, natán beqoló tamúg áretz. (8) Adonái tzevaót imánu, misgáv lánu Elohê Iaaqóv çelá. (9) Lechú chazú mif'alót Adonái, ásher çam shamót baáretz. (10) Mashbít mil'chamót ad qetzé haáretz, qéshet ieshabér veqitzétz chanít, agalót isróf baésh. (11) Harpú ud'ú qi anochí Elohím, arúm bagoím arúm baáretz. (12) Adonái tzevaót imánu, misgáv lánu Elohê Iaaqóv çelá.

Salmo 47

Para você se fazer amar pelos seus semelhantes

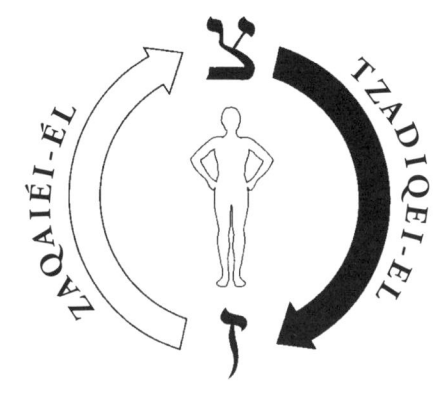

Seja bom e justo. Banhe-se com essências de jasmim. Deixe de ser um excremento perfumado. Este ritual nos purifica, com o propósito de fazer com que as pessoas à nossa volta nos amem, pois deixamos de ser — em termos absolutos ou determinados — aquela criatura imperfeita e indesejável que fomos durante toda a vida. O ritual permite que aflore a verdade suprema e única que existe em todos nós.

(1) *Do mestre de canto. Dos filhos de Coré. Salmo.* (2) Povos todos, batei palmas, aclamai a Deus com gritos alegres! (3) Pois Iahweh, o Altíssimo, é terrível, é o grande rei sobre a terra inteira. (4) Ele põe as nações sob o nosso poder, põe-nos

---

* É com a letra *Tzádqi* que se escreve justiça ou pessoa justa. A letra *Záin* está relacionada com a pureza. A cor laranja é colocada à direita do homem do desenho, porque é a cor da mente e da proteção espiritual; do outro lado coloca-se a cor azul-violeta, que representa a transmutação.

os povos debaixo dos pés. (5) Escolheu para nós nossa herança, o orgulho de Jacó, a quem ele ama. (6) Deus sobe por entre ovações, Iahweh, ao clangor da trombeta. (7) Tocai para o nosso Deus, tocai, tocai para o nosso Rei, tocai! (8) Pois o rei de toda a terra é Deus: tocai música para mostrá-lo! (9) Deus é rei acima das nações, senta-se Deus em seu trono sagrado. (10) Os príncipes dos povos se aliam com o povo do Deus de Abrão. Pois os escudos da terra são de Deus, e ele subiu ao mais alto.

(1) Lamenatzêach livnê Qôrach mizmór. (2) Qol haamím tiq'ú chaf, haríu lelohím beqól riná. (3) Qi Adonái eliôn norá, mélech gadól al qól haáretz. (4) Iadbér amím tach'tênu, uleumím táchat raglênu. (5) Iv'chár lánu et nachalatênu, et gueón Iaaqóv ásher ahév, çelá. (6) Alá Elohím bit'ruá, Adonái beqól shofár. (7) Zamerú Elohím zamêru, zamerú lemalqênu zamêru. (8) Qi mélech qol haáretz Elohím, zamerú masqíl. (9) Malách Elohím al goím, Elohím iasháv al qiçê qodshó. (10) Nedivê amím neeçáfu, am Elohê Avrahám, qi lelohím maguinê éretz, meód naalá.

Salmo 48

Para que seus adversários o respeitem

Se você tem muitos adversários que o perseguem sem causa justificada, reze este Salmo com freqüência. Leia-o sobre água de manancial depositada em uma vasilha de cobre ou de barro, mantendo firme na mente esta intenção. Depois, continuando a rezar este Salmo, esparja a água na direção dos quatro pontos cardeais, para que sua intenção alcance seus adversários.

(1) *Cântico. Salmo. Dos filhos de Coré.* (2) Iahweh é grande e muito louvável na cidade do nosso Deus, a montanha sagrada, (3) bela em altura, alegria da terra toda; o monte Sião, no longínquo Norte, cidade do grande rei: (4) entre seus palácios, Deus se revelou fortaleza. (5) Eis que os reis tinham-se aliado e juntos avançavam; (6) mas viram e logo se aterraram, e, apavorados, debandaram às pressas. (7) Ali apossou-se deles um tremor como espasmo de parturiente, (8) como o vento leste destroçando os navios de Társis. (9) Conforme ouvimos, assim vimos também na cidade de Iahweh dos Exércitos, na cidade do nosso Deus; Deus firmou-a para sempre! (10) Ó Deus, nós meditamos teu amor no meio do teu Templo! (11) Como teu nome, ó Deus, também teu louvor atinge os limites da terra! Tua direita está cheia de justiça: (12) alegra-se o monte Sião e as filhas de Judá exultam, por causa dos teus julgamentos. (13) Rodeai Sião, percorrei-a, enumerai suas torres; (14) colocai os corações em seus muros, explorai seus palácios; para contar à geração futura (15) que este Deus é o nosso Deus para sempre! É ele quem nos conduz!

(1) Shir mizmór livnê Qôrach. (2) Gadól Adonái umehulál meód, beír Elohênu har qodshó. (3) Iefê nof meçós qol haáretz, har Tzión iarqetê tzafón, qiriát mélech rav. (4) Elohím bearmenotêha nodá lemisgáv. (5) Qi hinê hamelachím noadú, averú iach'dáv. (6) Hêma raú qen tamáhu, niv'halú nech'pázu. (7) Readá achazátam sham, chil qaioledá. (8) Berúach qadím te-

shabér onióit tarshísh. (9) Qaashér shamánu qen raínu beír Adonái Tzevaót beír Elohênu, Elohím iechonenêa ad olám, çelá. (10) Dimínu Elohím chasdêcha beqérev hechalêcha. (11) Qeshim'chá Elohím qen tehilatechá al qatzvê éretz, tzédeq maleá ieminêcha. (12) Ismách har Tzión, taguêlna benót Iehudá, lemáan mishpatêcha. (13) Çóbu Tzión vehaqifuá, çif'rú migdalêha. (14) Shítu libechém lechelá, paçegú armenotêha, lemáan teçaperú ledór acharón. (15) Qi ze Elohím Elohênu olám vad, hu ienahaguênu al mut.

Salmo 49

Para curar uma febre alta

Enquanto reza este Salmo, visualize uma luz azul* muito fria que vai envolvendo você, baixando a febre e fazendo desaparecer os motivos que a provocaram. Repita esse procedimento tantas vezes quantas necessário.

(1) *Do mestre de canto. Dos filhos de Coré. Salmo.* (2) Ouvi isto todos os povos, dai ouvidos, habitantes todos do mundo, (3) gente do povo, homens de condição, ricos e indigentes, todos juntos! (4) Minha boca fala com sabedoria e meu coração medita a inteligência; (5) inclino meu ouvido a um provérbio e sobre a lira resolvo meu enigma. (6) Por que temerei nos dias maus, quando a maldade me persegue e envolve? (7) Eles confiam na sua fortuna e se gloriam de sua imensa riqueza. (8) Mas o homem não pode comprar seu resgate, nem pagar a Deus seu preço: (9) o resgate de sua vida é tão caro que seria sempre insuficiente (10) para o homem sobreviver sem nunca ver a cova. (11) Orai, ele vê os sábios morrerem e o imbecil perecer com o insensato, deixando sua riqueza para outros. (12) Seus túmulos são para sempre suas casas, suas moradias de geração em geração; e eles davam o próprio nome às suas terras... (13) Mas o homem com seu luxo não entende, é semelhante ao animal mudo... (14) E assim caminham, seguros de si mesmos, e terminam contentes com sua sorte. (15) São como o rebanho destinado ao Xeol, a Morte os leva a pastar, os homens retos os dominarão. Pela manhã sua imagem desaparece; o Xeol é a sua residência. (16) Mas Deus resgatará a minha vida das garras do Xeol, e me tomará. (17) Não temas quando um homem enriquece, quando cresce a glória de sua casa: (18) ao morrer nada poderá levar, sua glória não descerá com ele. (19) Enquanto vivia, ele se felicitava: — "Eles te aplaudem, pois tudo vai bem para ti!" (20) Ele se juntará à geração dos seus pais, que nunca mais verá a luz. (21) Mas o homem com seu luxo não entende, é semelhante ao gado mudo...

---

* A grande potencialidade da energia azul é conhecida desde as Escolas dos Mistérios do antigo Egito. A energia azul equilibra qualquer energia à qual falte harmonia.

(1) Lamenatzêach livnê Qôrach mizmór. (2) Shim'ú zot qol haamím, haazína qol ioshevê cháled. (3) Gam bené adám, gam bené ish, iáchad ashír veevión. (4) Pi iedabér choch'mót, vehagút libí tevunót. (5) Atê lemashál ozní, eftách bechinór chidatí. (6) Láma íra bimê ra, avón aqevái ieçubêni. (7) Habotechím al chelám, uveróv oshrám it'halálu. (8) Ach ló fadó ifdé ish, ló itén lelohím qofró. (9) Veieqár pidión nafshám, vechadál leolám. (10) Víchi od lanétzach, ló ir'é hasháchat. (11) Qi ir'é chachamím iamútu, iáchad qeçíl vaváar iovêdu, veazevú laacherím chelám. (12) Qirbám batêmo leolám, mishqenotám ledór vadór, qar'ú vishmotám alé adamót. (13) Veadám bíqar bal ialín, nimshál qabehemót nidmú. (14) Ze darqám qéçel lámo, veacharehém befihém irtzú, çelá. (15) Qatzón lisheól shátu, mávet ir'ém, veirdú vam iesharím labóqer, vetzurám levalót sheól mizevúl ló. (16) Ach Elohím ifdé nafshí miád sheól, qi iqachêni çelá. (17) Al tirá qi iaashír ish, qi irbé qevód betó. (18) Qi ló vemotó iqách haqól, ló ieréd acharáv qevodó. (19) Qi nafshó bechaiáv ievaréch, veiodúcha qi tetív lach. (20) Tavó ad dor avotáv, ad nétzach ló ír'u or. (21) Adám bíqar veló iavín, nimshál qabehemót nidmú.

Salmo 50

Para você se salvar de agressores, como ladrões ou salteadores

Enquanto reza este Salmo, visualize muros eletromagnéticos de cor dourada* que vão se erguendo ao redor daquilo que você quer proteger. Pode ser sua própria pessoa, seu carro, sua casa, sua empresa, etc.

(1) *Salmo. De Asaf.* Fala Iahweh, o Deus dos deuses, convocando a terra do nascente ao poente. (2) De Sião, beleza perfeita, Deus resplandece, (3) o nosso Deus vem e não se calará. À sua frente um fogo devora, e ao seu redor tempestade violenta; (4) do alto ele convoca o céu e a terra, para julgar o seu povo. (5) "Reuni junto a mim os meus fiéis, que selaram minha aliança com sacrifício!" (6) O céu anuncia sua justiça, pois o próprio Deus julgará. (7) "Ouve, meu povo, eu falarei, Israel, testemunharei contra ti. Eu sou Deus, o teu Deus! (8) Não te acuso pelos teus sacrifícios, teus holocaustos estão sempre à minha frente; (9) não tomarei um novilho de tua casa, nem um bode dos teus apriscos; (10) pois são minhas todas as feras da selva, e os animais nas montanhas, aos milhares; (11) conheço as aves todas do céu, e o rebanho dos campos me pertence. (12) Se eu tivesse fome não o diria a ti, pois o mundo é meu, e o que nele existe. (13) Acaso comeria eu carne de touros, e beberia sangue de bodes? (14) Oferece a Deus um sacrifício de confissão e cumpre teus votos ao Altíssimo; (15) invoca-me no dia da angústia: eu te livrarei, e tu me glorificarás". (16) Ao ímpio, contudo, Deus declara: "Que te adianta divulgar meus mandamentos e ter minha aliança na boca, (17) uma vez que detestas a disciplina e rejeitas as minhas palavras? (18) Se vês um ladrão, corres com ele, e junto aos adúlteros tens a tua parte; (19) abres tua boca para o mal, e teus lábios tramam a fraude. (20) Sentas-te para falar contra teu irmão, e desonras o filho de tua mãe. (21) Assim te comportas, e eu me calaria? Imaginas que eu seja como tu? Eu te acuso e exponho tudo aos teus

---

* A cor ouro é a energia da Divindade. Ao usá-la, portanto, você estará utilizando a energia Divina para sua proteção.

olhos. (22) Considerai isto, vós que esqueceis a Deus, senão eu vos dilacero, e ninguém vos libertará! (23) Quem oferece uma confissão me glorifica, e ao homem íntegro mostrarei a salvação de Deus".

(1) Mizmár leaçáf, El Elohím Adonái dibér vaiqrá áretz, mimizrách shémesh ad mevoô. (2) Mitzión mích'lal iófi Elohím hofiá. (3) Iavó Elohênu véal iecherásh, esh lefanáv tochél usviváv niç'ará meód. (4) Iqrá el hashamáim meál, véel haáretz ladín amó. (5) Ísfu li chaçidái, qoretê verití alê závach. (6) Vaiaguídu shamáim tzidqó, qi Elohím shofét hu çelá. (7) Shim'á amí vaadabêra, Israél veaída bach, Elohím Elohêcha anôchi. (8) Ló al zevachêcha ochichêcha, veolotêcha lenegdí tamíd. (9) Ló eqách mibetechá far, mimich'leotêcha atudím. (10) Qi li chol chaáto iáar, behemót beharerê álef. (11) Iadáti qol of harím, vezíz çadái imadí. (12) Im ér'av ló ómar lach, qi li tével umelóa. (13) Haochál beçár abirím, vedám atudím eshtê. (14) Zevách lelohím todá, veshalém leeliôn nedarêcha. (15) Uq'raêni beiôm tzará, achalêtz'cha utechabedêni. (16) Velarashá amár Elohím ma lechá leçapér chuqái, vatiçá verití alê fícha. (17) Veatá çanêta muçár, vatash'lêch devarái acharêcha. (18) Im raíta ganáv vatíretz imó, veím menaafím chelqêcha. (19) Pícha shalách'ta veraá, ulshonechá tatz'míd mirmá. (20) Teshév beachícha tedabér, bevén imechá títen dófi. (21) Êle açíta vehecheráshti, dimíta heiót ehiê chamôcha, ochichachá veeer'chá leenêcha. (22) Bínu na zot shochechê Elôha, pen etróf veén matzíl. (23) Zovêach todá iechabedáneni, veçám dérech ar'ênu beiêsha Elohím.

Salmo 51

*Para ser perdoado por ter cometido um pecado grave.
Para obter fortaleza diante de uma forte tentação.
Para livrar-se de uma paixão*

Repita o seguinte mantra, antes de rezar o Salmo:

Ó Elohím Chaçíd El Iôn

Deus nos faz ver a falta cometida. Ele não julga nem castiga. Quem gosta de julgar e castigar é o ser humano. Durante vinte e um dias, banhe-se utilizando para o último enxágüe uma bacia de água com orégano que previamente ficou repousando no sereno.

(1) *Do mestre de canto. Salmo. De Davi.* (2) *Quando o profeta Natã foi encontrá-lo, após ele ter estado com Betsabéia.* (3) Tem piedade de mim, ó Deus, por teu amor! Apaga minhas transgressões, por tua grande compaixão! (4) Lava-me inteiro da minha iniqüidade e purifica-me do meu pecado! (5) Pois reconheço minhas transgressões e diante de mim está sempre meu pecado; (6) pequei contra ti, contra ti somente, pratiquei o que é mau aos teus olhos. Tens razão, portanto, ao falar, e tua vitória se manifesta ao julgar. (7) Eis que eu nasci na iniqüidade, minha mãe concebeu-me no pecado. (8) Eis que amas a verdade no fundo do ser, e me ensinas a sabedoria no segredo. (9) Purifica meu pecado com o hissopo e ficarei puro, lava-me, e ficarei mais branco do que a neve. (10) Faze-me ouvir o júbilo e a alegria, e dancem os ossos que esmagaste. (11) Esconde a tua face dos meus pecados e apaga minhas iniqüidades todas. (12) Ó Deus, cria em mim um coração puro, renova um espírito firme no meu peito; (13) não me rejeites para longe de tua face, não retires de mim seu santo espírito. (14) Devolve-me o júbilo da tua salvação e que um espírito generoso me sustente. (15) Ensinarei teus caminhos aos rebeldes, para que os pecadores voltem a ti. (16) Livra-me do sangue, ó Deus, meu Deus salvador, e minha língua clamará tua jus-

tiça. (17) Ó Senhor, abre os meus lábios, e minha língua anunciará o teu louvor. (18) Pois tu não queres sacrifício e um holocausto não te agrada. (19) Sacrifício a Deus é espírito contrito, coração contrito e esmagado, ó Deus, tu não me desprezas. (20) Faze o bem a Sião, por teu favor, reconstrói as muralhas de Jerusalém. (21) Então te agradarás dos sacrifícios de justiça — holocaustos e ofertas totais — e em teu altar se oferecerão novilhos.

(1) Lamenatzêach mizmór ledavíd. (2) Bevó eláv Natán hanaví qáasher, ba hel Bat Sháva. (3) Chóneni Elohím qechasdêcha, qeróv rachamêcha meché feshaái. (4) Hérev qabeçéni meavoní, umechatatí tarahêni. (5) Qi feshaái ané edá, vechatatí negdí tamíd. (6) Lechá levadechá chatáti, vehará beenêcha açíti, lemáan titz'dáq bedavrêchof tizqé veshoftêcha. (7) Hen beávon Cholálti, uv'chét iechemátni imí. (8) Hen emét chafátz'ta vatuchót, uv'çatúm choch'má todiêni. (9) Techateêni veezóv veet'hár, techabeçêni umishéleg albín. (10) Tashmiêni çaçán veçimchá, taguêlna atzamát diqíta. (11) Hastér panêcha mechataái, véchol avonotái meché. (12) Lev tahór béra li Elohím, verúach nachón chadésh beqirbí. (13) Al tashlichêni milefanêcha, verúach qodshechá al tiqách mimêni. (14) Hashíva li çeçón ish'êcha, verúach nedivá tismechêni. (15) Alamedá fosheím derachêcha, vechataím elêcha iashúvu. (16) Hatzilêni midamím, Elohím Elohê teshuatí, teranén leshoní tzidqatêcha. (17) Adonái çefatái tiftách, ufí iaguíd tehilatêcha. (18) Qi ló tach'pótz zévach veetêna, olá ló tirtzé. (19) Ziv'chê Elohím rúach nishbára, lev nishbár venidqê Elohím ló tivzé. (20) Hetíva virtzonechá et Tzión, tivnê chomót Ierusháláim. (21) Az tach'pótz ziv'chê tzédeq olá vechalíl, az iaalú al mizbachachá farím.

Salmo 52

Para livrar-se de falatórios

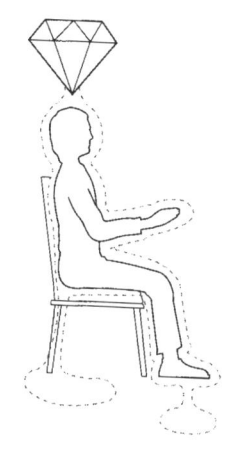

Enquanto repete as frases deste mantra, visualize as luzes conforme indicado:

Om (veja uma luz branca sobre a cabeça)
Ah (veja uma luz vermelha na garganta)
Jung (veja uma luz azul-celeste sobre o peito).

Depois recite o seguinte mantra completo:

Jung, Sángié Vájra Dára Dórje Sémpa Gúru Pédma Síddi Júng

---

* Este é um mantra purificador e protetor.

Visualize tal como mostramos no desenho: um diamante colocado sobre sua cabeça, do qual desce um fluxo de mel que vai arrastando para fora de você tudo o que precisa ser eliminado, tirando-o pelo ânus e pelos pés. Logo você (ou uma outra pessoa) estará saturado de mel puro, como se fosse sangue circulando por suas veias e artérias. Repita esta visualização até que todas as coisas indesejáveis tenham saído, e em seu corpo reste somente o mel. Depois reze este Salmo.

(1) *Do mestre de canto. Poema. De Davi.* (2) *Quando Doeg, o edomita, veio advertir Saul, dizendo: "Davi entrou na casa de Abimelec".* (3) Por que te glorias com o mal, homem forte? Deus é fiel todo o dia! (4) Tua língua como navalha afiada, rumina o crime, artesão de impostura. (5) Preferes o mal ao bem, a mentira à fraqueza; (6) gostas de palavras corrosivas, ó língua fraudulenta. (7) Por isso Deus te demolirá, e te destruirá até o fim, e te arrancará da tua tenda, e te extirpará da terra dos vivos. (8) Os justos verão e temerão, e rirão às custas dele: (9) "Eis o homem que não pôs Deus como sua fortaleza, mas confiava em sua grande riqueza e se fortificava com ciladas!" (10) Quanto a mim, como oliveira verdejante na casa de Deus, eu confio no amor de Deus para sempre e eternamente. (11) Eu te celebrarei para sempre, porque agiste; e diante dos teus fiéis celebrarei teu nome, porque ele é bom.

(1) Lamenatzêach maçqíl ledavíd. (2) Bevó Doég haadomí vaiaguéd leshaúl, vaiómer ló ba Davíd el bêt Achimélech. (3) Ma tit'halél beraá haguibór, chéced El qol haiôm. (4) Havót tach'shóv leshonêcha, qetáar melutásh oçé remiiá. (5) Ahávta rá mitóv, shéqer midabér tzédeq çelá. (6) Ahávta chol divrê vála leshón mirmá. (7) Gam El itatzechá lanétzach, iach'techá veiçachachá meôhel, vesheresh'chá meéretz chaiím çelá. (8) Veir'ú tzadiqím veiiráu vealáv is'cháqu. (9) Hinê haguéver ló iaçím Elohím mauzó, vaivtách berόv oshró iaóz behavató. (10) Vaaní qezáit raanán bevêt Elohím, batách'ti vechéçed Elohím, olám vaéd. (11) Odechá leolám qi açíta, vaaqavé shim'chá chi tov négued chaçidêcha.

Salmo 53

*Para obter proteção contra inimigos
declarados ou ocultos. Para livrar-se da tentação
de fazer fofocas e espalhar boatos*

Reze com devoção este Salmo. Não há ritual especial.

(1) *Do mestre de canto. Para a doença. Poema. De Davi.* (2) Diz o insensato no seu coração: "Deus não existe!" São falsos, corrompidos, abomináveis; ninguém age bem. (3) Do céu Deus se inclina sobre os filhos de Adão, para ver se há um sensato, alguém que busque a Deus. (4) Estão todos desviados e obstinados também: não, ninguém age bem, não, nem um sequer. (5) Não o sabem os malfeitores que devoram meu povo, como se comessem pão, e não invocam a Deus? (6) Eles tremerão de medo lá, sem razão para tremer. Pois Deus dispersa os ossos de quem te sitia, tu os envergonhas, pois Deus os rejeita. (7) Quem trará de Sião a vitória de Israel? Quando Iahweh reconduzir os cativos do seu povo Jacó exultará e Israel se alegrará.

> (1) Lamenatzêach al machalát masqíl ledavíd. (2) Amár navál belibó en Elohím, hish'chítu vehit'ívu ável, en óçe tôv. (3) Elohím mishamáim hish'qíf al benê adám, lir'ót haiésh masqíl dorésh et Elohim. (4) Quló çag, iachdáv neeláchu, en óçe tôv en gam echád. (5) Haló iadeú pôale áven, ochelê amí áchelu léchem, Elohím ló qaráu. (6) Sham páchadu fáchad ló háia fáchad, qi Elohím pizár atzmót chonách, hevishôta qi Elohím meaçám. (7) Mi itén mitzión ieshuót Israél, beshúv Elohím shevút amó, iaguél Iaaqóv içmách Israél.

Salmo 54

Para apressar o processo de convalescença

Reze este Salmo com muita devoção. O doente deve ser banhado duas vezes por dia e exposto aos raios solares enquanto se recita este Salmo. Repita estas palavras como se fosse um mantra:

Elohím Beshim'chá

Esclarecimento: o banho do doente não é feito ao ar livre, mas somente a oração do Salmo enquanto se expõe o doente ao sol.

(1) *Do mestre de canto. Com instrumentos de corda. Poema. De Davi.* (2) *Quando os zifeus vieram dizer a Saul: "Não está Davi escondido entre nós?"* (3) Salva-me, ó Deus, por teu nome, pelo teu poder faze-me justiça! (4) Ouve, ó Deus, minha prece, dá ouvido às palavras de minha boca! (5) Os soberbos se levantam contra mim e os violentos perseguem minha vida: eles não põem Deus à sua frente. [Pausa] (6) Deus, porém, é meu socorro, o Senhor é quem sustenta minha vida. (7) Que o mal caia sobre aqueles que me espreitam, aniquila-os, Iahweh, por tua verdade! (8) Eu te oferecerei um sacrifício espontâneo, e agradecerei o teu nome, porque ele é bom; (9) porque das angústias todas me livrou, e meu olho contemplou meus inimigos.

(1) Lamenatzêach binguinót maççíl ledavíd. (2) Bevó hazifím vaiomerú les-haúl, haló Davíd mistatér imánu. (3) Elohím beshimchá hoshiêni, uvigvuratechá tedinêni. (4) Elohím shemá tefilatí, haazína leimrê fi. (5) Qi zarím qámu alái vearitzím biq'shú nafshí, ló çámu Elohím lenegdám çelá. (6) Hinê Elohím ózer li, Adonái beçomechê nafshí. (7) Iashív hará leshoreirái, baamitechá hatzmitém. (8) Bindavá ezbechá lach, odê shimchá Adonái qi tôv. (9) Qi miqól tzará hitziláni, uveoievái raatá ení.

Salmo 55

Para quem se encontra na prisão

Reze este Salmo constantemente, com muita fé, visualizando que as portas da prisão se abrem e você passa por elas a caminho da liberdade merecida.

(1) *Do mestre de canto. Com instrumentos de corda. Poema. De Davi.* (2) Dá ouvido à minha prece, ó Deus, não me furtes à minha súplica! (3) Dá-me atenção e responde-me: estou divagando em meu lamento! Estremeço (4) à voz do inimigo, frente aos gritos do ímpio; fazem recair males sobre mim, e me acusam com raiva. (5) Meu coração se contorce dentro de mim, e sobre mim caem terrores mortais; (6) medo e tremor me penetram, e um calafrio me envolve. (7) E eu digo: Quem me dera ter asas como pomba para eu sair voando e pousar... (8) Sim, eu fugiria para longe e pernoitaria no deserto. (9) Encontraria logo um refúgio contra o vento da calúnia e o furacão (10) que devora, Senhor, e a torrente de sua língua. Sim, eu vejo a violência e a discórdia na cidade: (11) dia e noite elas rondam por cima de suas muralhas. Dentro dela há maldade e tormento, (12) dentro dela há ruína; a opressão e a fraude nunca se afastam de sua praça. (13) Se um inimigo me insultasse eu poderia suportar; se meu adversário se elevasse contra mim, eu me esconderia dele. (14) Mas és tu, homem como eu, meu familiar, meu confidente, (15) saboreávamos juntos a intimidade, na casa de Deus andávamos com emoção! (16) Caia sobre eles a Morte! Desçam vivos ao Xeol, pois o mal se hospeda junto deles, está no meio deles. (17) Eu, porém, invoco a Deus, e Iahweh me salva; (18) de tarde, pela manhã e ao meio-dia eu me queixo, gemendo. Ele ouve meu grito, (19) em paz ele resgata minha vida da guerra que me fazem, pois estão em processo contra mim. (20) Deus ouvirá e os humilhará, ele que está entronizado desde a origem; para eles não existe emenda: eles não temem a Deus! (21) Ele estende as mãos contra seus aliados, violando sua aliança; (22) sua boca é mais lisa do que o creme, mas no seu coração está em guerra; são suaves como óleo suas palavras, porém são espadas fora da bainha. (23) Descarrega teu fardo em Iahweh e ele cuidará de ti; ele jamais permitirá que o justo tropece. (24) E tu,

ó Deus, tu os fazes descer para o poço profundo, estes homens sanguinários e impostores, antes da metade dos seus dias. Quanto a mim, confio em ti!

(1) Lamenatzêach binguinót masqíl ledavíd. (2) Haazína Elohím tefilatí, véal tit'alám mitechinatí. (3) Haq'shivá li vaanêni, aríd beçichí veahíma. (4) Miqól oiév mipenê aqát rashá, qi iamítu alái áven uveáf istemúni. (5) Libí iachíl beqirbí, veemót mávet nafelú alái. (6) Ir'á varáad iávo vi, vatechaçêni palatzút. (7) Vaomár mi íten li éver qaioná, aúfa veesh'qóna. (8) Hinê archíq nedód, alín bamidbár çelá. (9) Achísha miflát li, merúach çôa miçáar. (10) Balá Adonái palág leshonám, qi raíti chamás verív baír. (11) Iomám valáila ieçovevúha al chomotêha, veáven veamál beqirbá. (12) Havót beqirbá, vélo iamísh merechová toch umirmá. (13) Qi ló oiév iecharefêni veeçá, ló meçan'í alái higdíl veeçatér mimênu. (14) Veatá enósh qeerqí, alufí umeiudaí. (15) Ashér iachdáv namtíq çod, bevêt Elohím nehalêch beráguesh. (16) Iashí mávet alêmo, ieredú sheól chaím, qi raót bimgurám beqirbám. (17) Aní el Elohím eqrá, vadonái ioshiêni. (18) Érev vabóqer vetzahoráim açícha veehemé, vaishmá qolí. (19) Padá veshalôm nafshí míqerav li, qi verabím haiú imadí. (20) Ishmá El veiaaném veioshév qédem çelá, ashér en chalifót lámo veló iareú Elohím. (21) Shalách iadáv bishlomáv chilél beritó. (22) Chaleqú mach'maót piv uqeráv libó, raqú deváráv mishémen vehéma fetichót. (23) Hashlêch al Adonái iehavechá vehú iechalqelêcha, ló itén leolám mot latzadíq. (24) Veatá Elohím toridém liveér sháchat, anshê damím umirmá ló iechetzú iemehém, vaaní évtach bach.

Salmo 56

Para livrar-se de um vício ou paixão, como drogas ou álcool

Pratique o mesmo ritual do Salmo 52 e depois reze este Salmo.

(1) *Do mestre de canto. Sobre "A opressão dos príncipes distantes." De Davi. À meia-voz. Quando os filisteus o prenderam em Gat.* (2) Tem piedade de mim, ó Deus, pois me atormentam, o dia todo me oprime um combatente. (3) Os que me espreitam o dia todo me atormentam, são muitos os que do alto me combatem. (4) No dia em que temo, confio em ti. (5) Em Deus, cuja palavra louvo, em Deus eu confio: jamais temerei! O que pode um mortal fazer contra mim? (6) Todo dia eles torcem minha causa, seus pensamentos todos são o mal contra mim; (7) eles se reúnem, se escondem, observam meus passos, espreitando com avidez a minha vida. (8) Rejeita-os, por causa da iniqüidade! Ó Deus, derruba os povos com tua ira! (9) Já contaste os meus passos de errante, recolhe minhas lágrimas em teu odre! (10) E meus inimigos recuarão no dia em que te invocar! Bem sei que Deus está comigo. (11) Em Deus, cuja palavra louvo, em Iahweh, cuja palavra louvo, (12) em Deus confio: jamais temerei! Que poderia fazer-me o homem? (13) Mantenho os votos que a ti fiz, ó Deus, cumprirei a ti as ações de graças; (14) pois livraste minha vida da morte, para que ande na presença de Deus, na luz dos vivos.

(1) Lamenatzêach al iónat élem rechoqím ledavíd michtám, beechóz otó felishtím begát. (2) Chonêni Elohím qi sheafáni enósh, qol haiôm lochém il'chatzêni. (3) Shaafú shorerái qol haiôm, qi rabím lochamím li marôm. (4) Iôm irá, aní elêcha evtách. (5) Belohím ahalél devaró, belohím batáchti lo irá, ma iacé vaçár li. (6) Qol haiôm devarái ieatzêvu, alái qol mach'shevotám lará. (7) Iagúru itz'pônu, hêma aqevái ishmôru, qaashér qivú nafshí. (8) Al áven pálet lámo, beáf amím horéd Elohím. (9) Nodí çafárta áta, çíma dim'atí venodêcha haló beçifratêcha. (10) Az iashúvu oievái achór beiôm eqrá, zé iadáti qi Elohím li. (11) Belohím ahalél davár, badonái ahalél davár. (12) Belohím batáchti ló irá, ma iaaçé adám li. (13) Alái Elohím nedarêcha, ashalém todót lach. (14) Qi hitzálta nafshí mimávet, haló raglái midéchi, lehit'halêch lifnê Elohím beór hachaím.

Salmo 57

Para você ter êxito em tudo o que empreende

Pronuncie estes quatro nomes:

Seqel Nitz'chi (Inteligência Triunfal)
Vatiqei El (Deus Veterano)
Vatiqim (Deuses Veteranos)
Shorel (Deus Touro)

Repita estes nomes de cima para baixo e de baixo para cima, até sentir que todo sentimento de fracasso ou dúvida dentro de si foi substituído por uma confiança vitoriosa e arrebatadora. Depois você deve rezar este Salmo todas as manhãs, ao despertar, fazendo a seguinte petição:

(1) *Do mestre de canto. "Não destruas." De Davi. À meia-voz. Quando fugia de Saul, na caverna.* (2) Piedade de mim, ó Deus, tem piedade de mim, pois eu me abrigo em ti; eu me abrigo à sombra de tuas asas, até que passe a desgraça. (3) Clamo ao Deus Altíssimo, ao Deus que faz tudo por mim: (4) que do céu ele mande salvar-me, confundindo os que me atormentam! Que Deus envie seu amor e verdade! (5) Deito-me em meio a leões que devoram os filhos de Adão; seus dentes são lanças e flechas, sua língua é espada afiada. (6) Ó Deus, eleva-te acima do céu, tua glória domine a terra inteira! (7) Armaram uma rede aos meus passos: fiquei encurvado; cavaram um buraco à minha frente, e foram eles que nele caíram. (8) Meu coração está firme, ó Deus, meu coração está firme; quero cantar e tocar para ti! (9) Desperta, glória minha, desperta, cítara e harpa, vou despertar a aurora! (10) Quero louvar-te entre os povos, Senhor, tocar para ti em meio às nações; (11) pois teu amor é grande até o céu, e tua verdade chega às nuvens. (12) Ó Deus, eleva-te acima do céu, e tua glória domine a terra inteira!

(1) Lamenatzêach al tash'chét ledavíd mich'tám, bevor'chó mipenê Shaúl bameará. (2) Chonêni Elohím chonêni qi vechá chaçáia nafshí, uvetzél qenafêcha ech'çé ad iaavór havót. (3) Eqrá lelohím eliôn, laél gomér alái. (4) Ishlách mishamáim veioshiêni cheréf shoafí çelá, ishlách Elohím chasdó vaamitó. (5) Nafshí bétoch levaím eshqevá lohatím, benê adám shinehém chanít vechitzím uleshonám chérev chadá. (6) Rúma al hashamáim Elohím, al qol haáretz qevodêcha. (7) Réshet hechínu lif'amái qafáf nafshí, qarú lefanái shichá nafelú vetochá çelá. (8) Nachón libí Elohím nachón libí, ashíra vaazamêra. (9) Úra chevodí, úra hanével vechinór, aíra sháchar. (10) Odechá vaamím Adonái, azamêr'cha baleumím. (11) Qi gadól ad shamáim chasdêcha, veád shechaqím amitêcha. (12) Rúma al shamáim Elohím, al qol haáretz qevadêcha.

Salmo 58

Para livrar-se da mordida de um cachorro

Aprenda de memória este Salmo para quando tiver de enfrentar algum cão raivoso. Se você o recitar diante dele, o animal não lhe causará danos, desde que você tenha sempre as mais honestas intenções.

(1) *Do mestre de canto. "Não destruas." De Davi. À meia-voz.* (2) É verdade que opinais com justiça, ó seres divinos? Que julgais retamente os filhos de Adão? (3) Longe disso! É de coração que praticais a injustiça, pesando sobre a terra a violência de vossas mãos. (4) Os ímpios se desviaram desde o seio materno, desde o ventre já falam mentiras; (5) têm veneno como veneno de serpente, são como víbora surda, que tapa os ouvidos (6) para não ouvir a voz dos encantadores, do mais hábil em praticar encantamentos. (7) Ó Deus, quebra-lhes os dentes na boca, arranca as presas dos leõezinhos, ó Iahweh! (8) Que se diluam como água escorrendo, murchem como erva pisada, (9) como lesma derretendo ao caminhar, como aborto que não chega a ver o sol! (10) Antes que lancem espinhos como espinheiro, Verdes ou secos que o furacão os carregue! (11) Que o justo se alegre ao ver a vingança e lave seus pés no sangue do ímpio. (12) E comentem: "Sim! Existe um fruto para o justo! De fato! Existe um Deus que faz justiça sobre a terra!"

(1) Lamenatzêach al tash'chét ledavíd mich'tám. (2) Haumnám élem tzédeq tedaberún, mesharím tishpetú benê adám. (3) Af belév olót tif'alún, baáretz chamás iedechêm tefaleçún. (4) Zôru reshaím meráchem, taú mibéten dovrê chazáv. (5) Chámat lámo qidmút chamát nachásh, qêmo féten chéresh iatém oznó. (6) Ashér ló ishmá leqól melachashím, chovér chavarím mechuqám. (7) Elohím háras shinêmo befímo, malteót qefirím netótz Adonái. (8) Imaaçú chêmo máim ít'halechu lámo, idróch chitzáv qemó itmolálu. (9) Qemó shabelúl témes iahalóch, néfel éshet bal cházu shámesh. (10) Betérem iavínu çirotechêm atád, qêmo chái qemó charón iç'arênu. (11) Ismách tzadíq qi chazá naqám, peamáv ir'chátz bedám harashá. (12) Veiomár adám ach perí latzadíq, ach iêsh Elohím shoftím baáretz.

Salmo 59

Para se proteger contra a possessão demoníaca

Reze este Salmo pelo menos três vezes por dia, queimando óleo de peixe sobre carvões em brasa.

(1) *Do mestre de canto. "Não destruas." De Davi. À meia-voz. Quando Saul mandou vigiar sua casa, para o matar.* (2) Deus meu, livra-me dos meus inimigos, protege-me dos meus agressores! (3) Livra-me dos malfeitores, salva-me dos homens sanguinários! (4) Pois ei-los espreitando minha vida, os poderosos se reúnem contra mim, sem ter eu transgredido ou pecado, Iahweh, (5) sem nenhuma culpa, eles correm e se preparam. Desperta! Vem ao meu encontro e olha! (6) E tu, Iahweh, Deus dos Exércitos, Deus de Israel, levanta-te para visitar estas nações todas! Não tenhas pena de todos os traidores iníquos. (7) Eles voltam pela tarde, latindo como um cão, e rondam pela cidade. (8) Eis que alardeiam com a boca; há espadas em seus lábios: "alguém está ouvindo?" (9) E tu, Iahweh, tu ris à tua custa, tu te divertes com todas as nações! (10) Ó força minha, eu olho para ti! Sim, Deus é a minha fortaleza; (11) o Deus a quem amo vem a mim. Deus me fará enfrentar os que me espreitam. (12) Não os mates, para que meu povo não esqueça! Com teu poder torna-os errantes, reprime-os, ó Senhor, nosso escudo! (13) O pecado de sua boca é a palavra de seus lábios: sejam apanhados pelo seu orgulho, pela mentira e maldição que eles proferem. (14) Destrói em tua cólera, destrói para que não existam mais, para que reconheçam que é Deus quem governa em Jacó, até aos confins da terra. (15) Eles voltam pela tarde, latindo como um cão, e rondam pela cidade; (16) ei-los caçando para comer, e enquanto não se saciam ficam rosnando. (17) Quanto a mim, cantarei à tua força, aclamarei teu amor pela manhã; pois foste uma fortaleza para mim, um refúgio no dia de minha angústia. (18) Ó força minha, tocarei para ti, porque foste uma fortaleza para mim, ó Deus, a quem amo!

(1) Lamenatzêach al tash'chét ledavíd mich'tám, bishlôach Shaúl vaishmerú et habáit lahamitó. (2) Hatzilêni meoievái Elohái, mimitqomemái teçaguevêni. (3) Hatzilêni mipôale áven, umeanshê damím hoshiêni. (4) Qi hi-

nê arevú lenafshí, iagúru alái azím, ló fish'í veló chatatí Adonái. (5) Béli avón ierutzún veiqonánu, úra liqratí ur'ê. (6) Veatá Adonái Elohím Tzevaót Elohê Israél, haqítza lifqód qol hagoím, al tachôn qol bogdê áven çelá. (7) Iashúvu laérev iehemú chaqálev viçóvevu ir. (8) Hinê iabiún befihêm charavót beçiftotehêm, qi mi shomêa. (9) Veatá Adonái tís'chaq lámo, til'ág léchol goím. (10) Uzó elêcha eshmóra, qi Elohím misgabí. (11) Elohê chasdí ieqademêni, Elohím iar'êni veshorerái. (12) Al targuém pen ish'qechú amí, haniêmo vechelechá vehoridêmo maguinênu Adonái. (13) Chátat pímo dévar sefatêmo, veilachedú vigueonám umealá umiqáchash ieçapêru. (14) Qalé bechemá qalé veenêmo, veiedeú qi Elohím moshél beiaaqóv leafçê haáretz çelá. (15) Veiashúvu laérev iehemú chaqálev, viçóvevu ir. (16) Hêma ieniún leechól, im ló isbeú vaialínu. (17) Vaaní ashír uzêcha vaaranén labóqer chasdêcha, qi haiíta misgáv li umanós beiôm tzar li. (18) Uzí elêcha azamêra, qi Elohím misgabí Elohê chasdí.

Salmo 60

*Para fazer respeitar seus direitos em geral
e seus limites em particular*

*Ó El Eliôn Atá Sheatá Iehová El Elohím
Zevaót Shemá Nozél Zorém Elái*

Esta oração deve ser rezada constantemente e significa:

*"Ó Eliôn, o mais alto Deus, Tu que és Senhor e
Deus dos exércitos, escuta-me, flui através de mim"*

Depois reze o seguinte Salmo.

(1) *Do mestre de canto. Sobre "O lírio é o preceito". À meia-voz. De Davi. Para ensinar.* (2) *Quando ele lutou contra os sírios da Mesopotâmia e os sírios de Soba, e quando Joab voltou e derrotou Edom no Vale do Sal, cerca de doze mil homens.* (3) Ó Deus, tu nos rejeitaste e nos dispersaste, estavas irritado: volta a nós! (4) Fizeste a terra tremer e a fendeste: repara suas fendas, pois ela vacila! (5) Mostraste duras coisas a teu povo, fizeste-nos beber um vinho estonteante; (6) deste aos que temem o sinal para debandar perante o arco. [Pausa] (7) Para que teus amados sejam libertos, salva com a tua direita! Responde-nos! (8) Deus falou em seu santuário: "Exulto ao partilhar Siquém, e ao medir o vale de Sucot. (9) Meu é Galaad, Manassés me pertence, o elmo da minha cabeça é Efraim, Judá, cetro do meu comando. (10) Moab é a bacia em que me lavo, e sobre Edom eu lanço a minha sandália. Grita a vitória contra mim, ó Filistéia!" (11) quem me levará a uma cidade-forte, quem me conduzirá até Edom, (12) a não ser tu, ó Deus, que nos rejeitaste, um Deus que já não sai com nossos exércitos? (13) Concede-nos socorro na opressão, pois a salvação humana é inútil! (14) Com Deus faremos proezas: ele pisoteará nossos opressores!

(1) Lamenatzêach al shushán edút, mich'tâm ledavíd lelaméd. (2) Behatzotó et Arâm Naharáim véet Arâm Tzová, vaiáshov Ioáv vaiách et Edôm beguê mélach shenêm açár álef. (3) Elohím zenach'tánu feratz'tánu, anáfta teshóvev lánu. (4) Hir'áshta éretz petzamtá, refá shevarêha chi máta. (5) Hir'íta amechá qashá, hishqitánu iáin tar'elá. (6) Natáta lireêcha nes lehitnoçés, mipenê qóshet çelá. (7) Lemáan iechaletzún iedidêcha, hoshía ieminechá vaanêni. (8) Elohím dibér beqodshó eelóza, achaleqá Shechém veémeq çuqót amadéd. (9) Li Guil'ád velí Menashé veefráim maóz roshí, Iehudá mechoqeqí. (10) Moáv çir rach'tzí, al Edôm ashlích naalí, alái peléshet hit'roái. (11) Mi iovilêni ir matzór, mi nacháni ad Edôm. (12) Haló atá Elohím zenach'tánu, veló tetzé Elohím betzivotênu. (13) Háva lánu ezrát mitzár, vesháv teshuát adám. (14) Belohím náaçe cháil, vehú iavús tzarênu.

Salmo 61

Para quem tem medo da casa onde mora

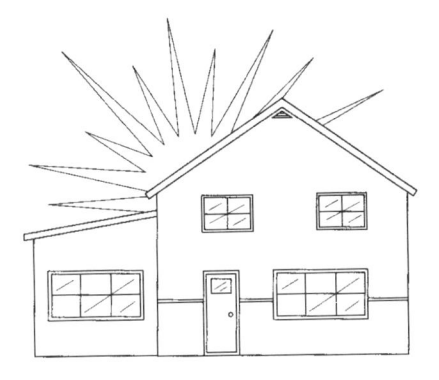

Repita como uma ladainha, sem parar, até sentir que sua aura está carregada:

Çeqél Ha Herguésh*

Quando andar pelo lado esquerdo de casa, visualize a cor vermelha e reze sem parar este mantra:

Iúd Bêt

Quando andar pelo lado direito da casa, visualize a cor azul-índigo e repita:

Shemá Bo Elái

---

* O significado destas palavras é "Inteligência Ordenadora", significando aquele que dispõe o que deve ser e como deve ser.

Continue com a seguinte oração:

"A casa de Deus desce sobre este lugar" (a casa Divina sobre a casa física) Iúd Bêt

Reze com força, levantando os braços e a palma das mãos. Depois, com a mão esquerda aberta e a direita com o punho fechado para baixo, diga:

Iúd Bêt

Agora reze o seguinte Salmo, que é muito poderoso.
(1) *Do mestre de canto. Com instrumentos de corda. De Davi.* (2) Ó Deus, ouve meu grito, atende à minha prece! (3) Dos confins da terra te invoco com o coração desfalecido. Eleva-me sobre a rocha! Conduze-me! (4) Porque és abrigo para mim, torre forte à frente do inimigo. (5) Habitarei em tua tenda para sempre, abriga-me ao amparo de tuas asas. (6) Pois tu, ó Deus, atendes os meus votos, e me dás a herança dos que temem o teu nome. (7) Acrescenta dias aos dias do rei, sejam seus anos gerações e gerações. (8) Permaneça sempre no trono em presença de Deus, e Amor e Fidelidade o protejam. (9) Assim tocarei ao teu nome sem cessar, dia por dia cumprindo meus votos.

(1) Lamenatzêach al neguinát ledavíd. (2) Shim'á Elohím rinatí, haq'shíva tefilatí. (3) Miqtzé haáretz elêcha eqrá baatóf liví, bétzur iarúm mimêni tan'chêni. (4) Qi haiíta mach'çé li, mígdal oz mipenê oiév. (5) Agúra veahalchá olamím, echeçé veçéter qenafêcha çelá. (6) Qi atá Elohím shamatá lindarái, natáta ierushát ir'ê shemêcha. (7) Iamím al iemê mélech toçíf, shenotáv qémo dor vádor. (8) Ieshév olám lifnê Elohím, chéçed veemét man intzerúhu. (9) Qen azamerá shim'chá laád, leshalemí nedarái iôm iôm.

Salmo 62

Para curar doenças do aparelho digestivo

Coma somente alimentos leves e de fácil digestão, para não sobrecarregar seu já fragilizado sistema digestivo. Inicie a mudança na sua alimentação com um jejum de 24 horas, período no qual só comerá mamão e beberá água. Nos sete dias seguintes, prossiga com o jejum, alimentando-se unicamente de sucos de abacaxi, sem coar e sem açúcar. Reze este Salmo constantemente, colocando sua mão dominante sobre a região afetada ou fragilizada, e tentando sentir com muita fé que se curou. Esclarecimento: o jejum à base de frutas é feito somente um dia por semana.

(1) *Do mestre de canto... Iditun. Salmo. De Davi.* (2) Só em Deus a minha alma repousa, dele vem a minha salvação; (3) só ele é minha rocha, minha salvação, minha fortaleza, — não tropeço! (4) Até quando vos lançareis sobre um homem, todos juntos, para derrubá-lo como se fosse parede inclinada, muro prestes a ruir? (5) Só pensam em fazê-lo perder sua dignidade. Têm prazer na mentira; com mentira na boca eles bendizem, mas por dentro maldizem. [Pausa] (6) Só em Deus, ó minha alma, repousa, dele vem a minha esperança; (7) só ele é minha rocha, minha salvação, minha fortaleza, — não tropeço! (8) Em Deus está minha salvação e minha glória, em Deus está o meu forte rochedo. Em Deus está o meu abrigo. (9) Confiai nele, ó povo, em qualquer tempo, derramai vosso coração em sua presença, pois Deus é abrigo para nós! (10) Somente um sopro são os filhos de Adão, apenas mentira os filhos do homem: se subissem na balança juntos seriam menos que um sopro. (11) Não confieis na opressão, nem vos iludais com o roubo; quando vossa riqueza prospera não ponhais nela vosso coração! (12) Deus falou uma vez, e duas vezes eu ouvi. Isto: a Deus pertence a força, (13) e a ti, Senhor, pertence o amor; e isto: quanto a ti, pagas o homem segundo suas obras.

(1) Lamenatzêach al iedutún mizmór ledavíd. (2) Ach el Elohím dumiiá nafshí, mimênu ieshuatí. (3) Ach hu tzurí vishuatí, misgabí ló emót rabá. (4) Ad ána tehotetú al ish teratzechú chulechém, qeqír natúi gadér hadechuiá. (5) Ach miçeetó iaatzú lehadíach irtzú chazáv, befív ievaréchu uveqirbám ieqálelu çelá. (6) Ach lelohím dômi nafshí, qi mimênu tiqvatí. (7) Ach hu tzurí vishuatí, misgabí ló emót. (8) Al Elohím ish'í uch'vodí, tzur uzí mach'çí belohím. (9) Bit'chú vo vechól et, am shif'chú lefanáv levavechém, Elohím máchaçe lánu çelá. (10) Ach hével benê adám qazáv benê ish, bemozenáim laalót hêma mehével iáchad. (11) Al tivtechú veôsheq, uvgazél al teebálu, cháil qi ianúv al tashítu lev. (12) Achát dibér Elohím shetáim zu shamáti, qi oz lelohím. (13) Ulechá Adonái cháçed, qi atá teshalém leísh qemaaçêhu.

Salmo 63

Para curar doenças hepáticas e biliares

Repita muitas vezes, até sentir sua aura pessoal saturada com a vibração produzida pela energia do seguinte mantra:

Çeqél Neváe
Elohím Techaiéi Cha Cha Im
Shabetái El Shemá Bo Elái

(1) *Salmo. De Davi. Quando estava no deserto de Judá.* (2) Ó Deus, tu és o meu Deus, eu te procuro. Minha alma tem sede de ti, minha carne te deseja com ardor, como terra árida, esgotada sem água. (3) Sim, eu te contemplava no santuário, vendo teu poder e tua glória. (4) Valendo teu amor mais que a vida meus lábios te glorificarão. (5) Assim, eu te bendirei em toda a minha vida, e a teu nome levantarei as minhas mãos; (6) eu me saciarei como de óleo e gordura, e com alegria nos lábios minha boca te louvará. (7) Quando te recordo no meu leito passo vigílias meditando em ti; (8) pois foste socorro para mim, e, à sombra de tuas asas, grito de alegria; (9) minha vida está ligada a ti, e tua direita me sustenta. (10) Quanto aos que me querem destruir, irão para as profundezas da terra; (11) serão entregues à espada e se tornarão pasto dos chacais. (12) Mas o rei se alegrará em Deus: quem por ele jura se felicitará, pois a boca dos mentirosos será fechada.

(1) Mizmór ledavíd, bihiotó bemidbár Iehudá. (2) Elohím Elí atá ashacharêqa, tzameá lechá nafshí, qamá lechá veçarí beéretz tziá veaiéf béli máim. (3) Qen baqódesh chazitícha, lir'ót uzechá uch'vodêcha. (4) Qi tôv chasdechá mechaím, çefatái ieshabechunechá. (5) Qen avarechechá vechaiái, beshim'chá eçá chapái. (6) Qemó chélev vadéshen tisbá nafshí, veçiftê renanót iéhalel pi. (7) Im zechartícha al ietzuái, beashmurót égue bach. (8) Qi haiíta ezráta li, uvetzél qenafêcha aranén. (9) Daveqá nafshí acharêcha, bi tamechá ieminêcha. (10) Vehêma leshoá ievaq'shú nafshí, iavôu betach'tiót haáretz. (11) Iaguirúhu al iedê chárev, menát shualím ihiú. (12) Vehamélech ismách belohím, it'halél qol hanishbá bo, qi içachér pi doverê sháqer.

Salmo 64

Para evitar acidentes a quem viaja por rio ou mar

Antes de rezar este Salmo, faça o ritual do Salmo 2.

(1) *Do mestre de canto. Salmo. De Davi.* (2) Ouve, ó Deus, a voz do meu lamento! Preserva-me a vida do terror do inimigo, (3) esconde-me da conspiração dos maus e do tumulto dos malfeitores. (4) Eles afiam sua língua como espada, ajustam sua flecha, palavra venenosa, (5) para atirar, às escondidas, contra o inocente, atiram de surpresa, sem temer. (6) Eles se fortalecem com seu projeto maligno, calculam como esconder armadilhas, pensando: "Quem poderá ver-nos?" (7) Eles combinam malefícios: "Está perfeito, tudo está bem combinado!" No fundo do homem o coração é impenetrável. (8) Deus atira uma flecha contra eles, ficam feridos de repente; (9) ele os faz cair por causa de sua língua, todos os que os vêem meneiam a cabeça. (10) Então todo homem temerá, anunciará o ato de Deus e compreenderá sua obra. (11) O justo se alegra com Iahweh e nele se abriga. E todos os de coração reto se felicitarão.

(1) Lamenatzêach mizmór ledavíd. (2) Shemá Elohím qolí veçichí, mipáchad oiév titzór chaiái. (3) Tastirêni miçód mereím, merigshát pôale áven. (4) Ashér shanenú chachérev leshonám, darechú chitzám davár mar. (5) Lirót bamistarím tam, pit'óm iorúhu veló iráu. (6) Iechazequ lámo davár rá, ieçaperú litmón moqeshím, amerú mi ir'ê lámo. (7) Iach'peçú olót támnu chéfes mechupás, veqérev ish velév amóq. (8) Vaiorêm Elohím, chetz pit'óm haiú maqotám. (9) Vaiach'shilúhu alêmo leshonám, itnodedú qol róe vam. (10) Vaireú qol adám, vaiaguídu pôal Elohím umaaçéhu his'qîlu. (11) Ismách tzadíq badonái vecháça vo, veit'halelú qol ishrê lev.

Salmo 65

*Para quem necessita de algo de outra pessoa.
Para pedir chuva sobre os campos*

Reze o Salmo abaixo e depois repita sete vezes:

Çeqél Bêt Cha Shefá

A expressão quer dizer:

"Inteligência da casa de influência".

Rezando constantemente este Salmo, você terá êxito em todos os assuntos que empreender. Quando algo se extraviar ou quando você tiver uma petição especial a fazer à Divindade, este é o Salmo mais adequado para obter uma resposta positiva na ordem divina.

(1) *Do mestre de canto. Salmo. De Davi. Cântico.* (2) A ti convém o louvor em Sião, ó Deus; e a ti se cumpre o voto (3) porque ouves a prece. Toda a carne vem a ti (4) por causa de seus pecados; nossas faltas são mais fortes que nós, mas tu no-las perdoas. (5) Feliz quem escolhes e aproximas, para habitar em teus átrios. Nós nos saciamos com os bens da tua casa, com as coisas sagradas do teu Templo. (6) Com prodígios de justiça nos respondes, ó Deus salvador nosso, esperança dos confins da terra e das ilhas longínquas; (7) tu manténs as montanhas com tua força, cingido de poder; (8) aplacas o estrondo dos mares, o estrondo de suas ondas e o tumulto dos povos. (9) Os habitantes dos confins do mundo temem à vista dos teus sinais; fazes gritar de alegria as portas da manhã e da tarde. (10) Visitas a terra e a regas, cumulando-a de riquezas. O ribeiro de Deus é cheio d'água, tu preparas seu trigal. Preparas a terra assim: (11) regando-lhe os sulcos, aplanando seus terrões, amolecendo-a com chuviscos, abençoando-lhe os brotos. (12) Coroas o ano com benefícios, e tuas trilhas gotejam fartura; (13) as pastagens do deserto go-

tejam, e as colinas cingem-se de júbilo; (14) os campos cobrem-se de rebanhos, e os vales se vestem de espigas, clama-se, cantam-se hinos!

(1) Lamenatzêach mizmór ledavíd shir. (2) Lechá dumiá tehilá Elohím betzión, ulechá iéshulam néder. (3) Shomêa tefilá, adêcha qol baçár iavôu. (4) Divrê avonót gaverú mêni, peshaênu atá techaperêm. (5) Ashrê tiv'chár utqarév ishqôn chatzerêcha, nisbeá betúv betêcha qedósh hechalêcha. (6) Noraót betzédeq taanênu Elohê ish'ênu, mivtách qol qátz've éretz veiâm rechoqím. (7) Mechín harím bechochó, neezár bigvurá. (8) Mashbíach sheôn iamím, sheôn galehém vahamón leumím. (9) Vaiireú ioshevê qetzavót meototêcha, motzaê vóqer vaérev tarnín. (10) Paqádta haáretz vateshoqeqêha, rabát taesherêna péleg Elohím mále máim, tachín deganám qi chen techinêha. (11) Telamêha ravé nachét guedudêha, birvivím temogueguêna tzim'chá tevaréch. (12) Itárta shenát tovatêcha, umagalêcha ir'afún dáshen. (13) Ir'afú neót midbár, veguíl guevaót tach'górna. (14) Laveshú charím hatzôn vaamaqím iáatfu var, it'roaú af iashíru.

Salmo 66

*Para livrar-se de entidades negativas.
Para fazer exorcismos e limpar espiritualmente
uma casa, um negócio, um lugar ou uma pessoa*

Escreva este Salmo sobre um pergaminho, enrole-o amarrado com uma fita azul-real e pendure-o no pescoço.

(1) *Do mestre de canto. Cântico. Salmo.* Aclamai a Deus, terra inteira, (2) cantai a glória do seu nome, dai glória ao seu louvor. (3) Dizei a Deus: "Quão terríveis são tuas obras! Por causa do teu imenso poder teus inimigos te adulam; (4) a terra se prostra à tua frente, cantando salmos a ti, cantando ao teu nome!" (5) Vinde ver os atos de Deus, seus atos terríveis pelos filhos de Adão: (6) transformou o mar em terra seca, atravessaram o rio a pé enxuto. Ali alegramo-nos com ele, (7) que governa com seu poder para sempre! Seus olhos vigiam as nações, para que os rebeldes não se exaltem. (8) Povos, bendizei o nosso Deus, fazei ressoar seu louvor; (9) é ele que nos mantém vivos e não deixa tropeçarem nossos pés. (10) Sim, ó Deus, tu nos provaste, nos refinaste como se refina a prata; (11) fizeste-nos cair na rede, puseste um peso em nossos rins: (12) deixaste um mortal cavalgar nossas cabeças; passamos pelo fogo e pela água, mas fizeste-nos sair para a abundância. (13) Entro em tua casa com holocaustos, cumpro meus votos feitos a ti, (14) os votos que meus lábios pronunciaram e minha boca prometeu, na minha angústia. (15) Eu te oferecerei gordos holocaustos com a fumaça de carneiros, imolarei bois com cabritos. (16) Vós todos que temeis a Deus, vinde, e contarei o que ele por mim realizou. (17) A ele gritou minha boca e minha língua o exaltou. (18) Se visasse ao mal no meu coração, o Senhor não me teria ouvido, considerou meu grito suplicante. (19) Mas ouviu-me o Senhor e aceitou minha oração. (20) Bendito seja Deus que não afastou minha súplica, nem de mim apartou seu amor.

(1) Lamenatzêach shir mizmór, haríu lelohím qol haáretz. (2) Zamerú chevód shemó, çímu chavód tehilató. (3) Imrú lelohím ma norá maaçêcha, beróv uzechá iechachashú lechá oievêcha. (4) Qol haáretz ishtachavú lechá vizamerú lach, iezamerú shim'chá çelá. (5) Lechú ur'ú mif'alót Elohím, norá alilá al benê adám. (6) Hafách iam leiabashá, banáhar iaavrú veráguel, sham nismechá bo. (7) Moshél bigvurató olâm enáv bagoím titz'pêna, haçorerím al iarúmu lámo çelá. (8) Barechú amím Elohênu, vehashmíu qol tehilató. (9) Haçám nafshênu bachaím, veló natán lamót raglênu. (10) Qi vechantánu Elohím, tzeraftánu qítzeraf qáçef. (11) Havetánu vametzudá, çámta muaqá vemotnênu. (12) Hirqávta enósh leroshênu, bánu vaésh uvamáim vatotziênu larvaiá. (13) Avó vetechá veolót, ashalém lechá nedarái. (14) Ashér patzú çefatái, vedíber pi bátzar li. (15) Olót mechím aalê lach im qetóret elím, eeçé vaqár im atudím çelá. (16) Lechú shim'ú vaaçaperá qol ir'ê Elohím, ashér açá lenafshí. (17) Eláv pi qaráti, veromám táchat leshoní. (18) Áven im raíti velibí, ló ishmá Adonái. (19) Achén shamá Elohím, hiq'shív beqól tefilatí. (20) Barúch Elohím, ashér ló heçír tefilatí vechasdó meití.

Salmo 67

Para curar uma doença grave ou crônica

Reze este Salmo sobre uma vasilha com água, colocando as palmas das mãos voltadas para baixo sobre o líquido vital. Depois dê a água para o doente beber. Essa água também poderá ser utilizada para banhar o doente.

(1) *Do mestre de canto. Com instrumentos de corda. Salmo. Cântico.* (2) Deus tenha piedade de nós e nos abençoe, fazendo sua face brilhar sobre nós, (3) para que se conheça o teu caminho sobre a terra, em todas as nações a tua salvação. (4) Que os povos te celebrem, ó Deus, que os povos todos te celebrem. (5) Que as nações se rejubilem e gritem de alegria, porque julgas o mundo com justiça, julgas os povos com retidão, e sobre a terra governas as nações. (6) Que os povos te celebrem, ó Deus, que os povos todos te celebrem. (7) A terra produziu o seu fruto: Deus, o nosso Deus, nos abençoa. (8) Que Deus nos abençoe, e todos os confins da terra o temerão!

(1) Lamenatzêach binguinót mizmór shir. (2) Elohím iochonênu vivarechênu, iaér panáv itánu, çelá. (3) Ladáat baáretz darqêcha, béchol goím ieshuatêcha. (4) Iodúcha amím Elohím, iodúcha amím qulám. (5) Ismechú viranenú leumím, qi tishpót amím mishór, uleumím baáretz tan'chém çelá. (6) Iodúcha amím Elohím, iodúcha amím qulám. (7) Éretz nataná ievulá, ievarechênu Elohím Elohênu. (8) Ievarechênu Elohím, veireú otó qol afçê áretz.

Salmo 68

Para quem acha que é vítima de feitiços e bruxarias

Mantenha a Bíblia aberta na página correspondente a este Salmo. Acenda incenso mesclado com fígado de peixe. O incenso deve ser em grãos, queimando sobre carvão. Enquanto se produz a fumaça, reze este Salmo diante da pessoa afetada e leve o incensário aceso por toda a casa, especialmente ao local onde dorme a vítima dessa má intenção.

(1) *Do mestre de canto. De Davi. Salmo. Cântico.* (2) Deus se levanta: seus inimigos debandam, seus adversários fogem de sua frente. (3) Tu os dissipas como a fumaça se dissipa; como a cera derrete diante do fogo, perecem os ímpios diante de Deus. (4) Mas os justos se rejubilam, exultam na presença de Deus, na alegria eles se rejubilam. (5) Cantai a Deus, tocai ao seu nome, abri caminho ao Cavaleiro das nuvens, seu nome é Iahweh, exultai em sua presença. (6) Pai dos órfãos, justiceiro das viúvas, tal é Deus em sua morada santa; (7) Deus dá uma casa aos solitários, livra os cativos para a prosperidade, mas os rebeldes habitam na terra seca. (8) Ó Deus, quando saíste à frente do teu povo, avançando pelo deserto, (9) a terra tremeu, e até o céu dissolveu-se, o próprio céu se fundiu diante de Deus. Diante de Deus, o Deus de Israel. (10) Derramaste chuva copiosa, ó Deus, tua herança estava esgotada, tu a firmaste; (11) teu rebanho habitou na terra que em tua bondade, ó Deus, preparavas ao pobre. (12) O Senhor deu uma ordem, ele tem como mensageiro um exército numeroso. (13) Os chefes do exército fogem, fogem, e a dona da casa reparte os despojos. (14) Permanecereis em repouso entre os muros do aprisco, quando as asas da Pomba se cobrem de prata e suas penas com um reflexo de ouro pálido; (15) quando Shaddai, lá embaixo, dispersa os reis, e a neve cai sobre o monte Sombrio? (16) Ó montanha de Deus, montanha de Basã! Montanha elevada, montanha de Basã! (17) Ó montanhas elevadas, por que invejais a montanha em que Deus quis habitar? Iahweh nela residirá perpetuamente. (18) Os carros de Deus são milhares de miríades; o Senhor está entre eles, e o Sinai está no santuário. (19) Subiste para o alto, capturando cativos, recebendo

homens em tributo, mesmo os rebeldes, para que Iahweh Deus tivesse uma residência. (20) Bendito seja o senhor a cada dia! Ele cuida de nós: é o nosso Deus salvador! [Pausa] (21) Nosso Deus é Deus de libertações, do Senhor Iahweh são as portas da morte; (22) sim, Deus abate a cabeça dos seus inimigos, o crânio cabeludo do criminoso que ronda. (23) O Senhor disse: "De Basã eu faço voltar, faço voltar das profundezas do mar, (24) para que no sangue banhes o teu pé, e a língua de teus cães tenha sua ração de inimigos". (25) Viram as tuas procissões, ó Deus, as procissões do meu Deus, do meu rei, no santuário: (26) os cantores à frente, atrás os músicos, no meio as jovens, soando tamborins. (27) Em coros, eles bendiziam a Deus: é Iahweh, desde a origem de Israel. (28) Lá está Benjamim, o mais novo, conduzindo os príncipes de Judá, com vestes coloridas, os príncipes de Zabulon, os príncipes de Neftali. (29) Ordena, ó Deus, conforme o teu poder, ó Deus, o poder com que agiste em nosso favor, (30) vindo do teu Templo, que está em Jerusalém. A ti virão os reis, trazendo presentes. (31) Ameaça a fera dos caniços, a tropa dos touros com os novilhos dos povos, para que ela se submeta, com barras de prata! Dispersa os povos que amam as guerras! (32) Do Egito virão os grandes, a Etiópia estenderá as mãos para Deus. (33) Cantai a Deus, reinos da terra, tocai para (34) o Cavaleiro dos céus, os céus antigos. [Pausa] Ele eleva sua voz, voz poderosa: (35) reconhecei a força de Deus. Em Israel está seu esplendor, nas nuvens, a sua força: (36) Desde o seu santuário, Deus é terrível. Ele é o Deus de Israel, que dá ao povo força e poder. Bendito seja Deus!

(1) Lamenatzêach ledavíd mizmór shir. (2) Iaqúm Elohím iafútzu oieváv, veianúçu meçan'áv mipanáv. (3) Qehindóf ashán tindóf, qehimés dónag mipenê esh, iovedú reshaím mipenê Elohím. (4) Vetzadiqím ismechú, iaaltzú lifnê Elohím veiaçíçu veçim'chá. (5) Shíru lelohím zamerú shemó, çôlu larochév baaravót beiá shemó veilzú lefanáv. (6) Aví ietomím vedaián almanót, Elohím bimeôn qodshó. (7) Elohím moshív iechidím báita, motzí açirím baqosharót, ach çorerím shachenú tzechichá. (8) Elohím betzetechá lifnê amêcha, betzadechá vishimôn çelá. (9) Éretz raásha af shamáim natefú mipenê Elohím, zé Çinái mipenê Elohím Elohê Israél. (10) Guéshem nedavót taníf Elohim, nachalatechá veniĺá atá chonánta. (11) Chaiatechá iashevú va, tachín betovatechá leaní Elohím. (12) Adonái íten ômer, hamevaçerót tzavá rav. (13) Malchê tzevaót idodún idodún, unvát báit techaléq shalál. (14) Im tishqevún ben shefatáim, qanfê ioná nech'pá vaqéçef, veevrotêha biraq'ráq charútz. (15) Befarés Shadái melachím, ba tashlég betzalmón. (16) Har Elohím har Bashán, har gavnuním har Bashán. (17) Láma teratzedún harím gavnuním, hahár chamád Elohím leshivtó, af Adonái ishqón lanétzach. (18) Réchev Elohim ribotáim alfê shin'án, Adonái vam Çinái baqódesh. (19) Alíta lamarôm, shavíta shévi, laqách'ta matanót baadám, veáf çorerím lishqón iá Elohím. (20) Barúch Adonái iôm iôm, iáamos lánu haél

ieshuatênu çelá. (21) Haél lanú El lemoshaót, velelohím Adonái lamávet totzaót. (22) Ach Elohím im'chátz rosh oieváv, qodqód çeár mit'haléch baashamáv. (23) Amár Adonái mibashán ashív, ashív mimetzulót iâm. (24) Lemáan tim'chátz reglechá bedam, leshon qelavêcha meoievím minêhu. (25) Raú halichotêcha Elohím, halichót Elí malqí vaqódesh. (26) Qidemú sharím achár noguením, betóch alamót tofefót. (27) Bemaq'helót barechú Elohím, Adonái mimeqór Israél. (28) Sham Biniamín tzaír rodêm, çarê Iehudá rigmatám, çarê Zevulún çarê Naftalí. (29) Tzivá Elohêcha uzêcha, úza Elohím, zu paálta lánu. (30) Mehechalêcha al Ierusháláim, lechá iovílu melachím shái. (31) Gueár chaiát qané, adát abirím beeglê amím, mitrapés beratzê cháçef, bizár amím qeravót iech'pátzu. (32) Ieetáiu chashmaním miní Mitzráim, Qush tarítz iadáv lelohím. (33) Mamelechót haáretz shíru lelohím, zamerú Adonái çelá. (34) Larochév bishmê shemê qédem, hen itén beqoló qol oz. (35) Tenú oz lelohím, al Israél gaavató veuzó bashechaqím. (36) Norá Elohím mimiqdashêcha, El Israél hu notén oz vetaatzumót laám, barúch Elohím.

Salmo 69

Para corrigir-se da cobiça e da luxúria

Este Salmo deve ser rezado sobre água que depois você utilizará para banhar-se. Repita constantemente as primeiras palavras deste Salmo:

Hoshiêni Elohím, Qi Váu Máim Ad Náfesh

(1) *Do mestre de canto. Sobre a ária "Os lírios...". De Davi.* (2) Salva-me, ó Deus, pois a água sobe até o meu pescoço. (3) Afundo num lodo profundo, sem nada que me afirme; entro no mais fundo das águas, e a correnteza me arrastando... (4) Esgoto-me de gritar, minha garganta queima, meus olhos se consomem esperando por meu Deus. (5) Mais que os cabelos da minha cabeça são os que me odeiam sem motivo; são poderosos os que me destroem, os que por mentira são meus inimigos. (Deveria eu devolver o que não roubei?) (6) Ó Deus, tu conheces minha loucura, meus crimes não estão escondidos a ti. (7) Que eu não seja a vergonha dos que esperam em ti, Iahweh dos Exércitos! Que não seja a confusão dos que procuram a ti, ó Deus de Israel! (8) É por tua causa que suporto insultos, que a humilhação me cobre o rosto, (9) que me tornei estrangeiro aos meus irmãos, estranho para os filhos de minha mãe; (10) pois o zelo por tua casa me devora, e os insultos dos que te insultam recaem sobre mim. (11) Se me aflijo em jejum, isto se torna motivo de insulto; (12) se me visto com pano de saco, torno-me para eles uma fábula, (13) um cochicho dos que se assentam à porta, e a canção dos que bebem bebidas fortes. (14) Quanto a mim, Iahweh, a ti dirijo minha prece! No tempo favorável responde-me, Deus, por teu grande amor, pela verdade da tua salvação! (15) Tira-me da lama, para que não afunde, fique liberto dos que me odeiam e do mais fundo das águas. (16) Que a correnteza das águas não me arraste, não me engula o lodo profundo, e o poço não feche sua boca em mim. (17) Responde-me, Iahweh, pois teu amor é bondade! Volta-te para mim, por tua grande compaixão! (18) Não escondas tua face ao teu servo! Estou angustiado, respon-

de-me depressa! (19) Aproxima-te de mim, liberta-me! Resgata-me por causa dos meus inimigos! (20) Tu conheces o meu insulto, minha vergonha e minha humilhação. Meus adversários estão todos à tua frente. (21) O insulto partiu-me o coração, até desfalecer. Esperei por compaixão, e nada! Por consoladores, e não os encontrei! (22) Como alimento deram-me fel, e na minha sede serviram-me vinagre. (23) Que a mesa à sua frente seja uma armadilha, e sua abundância uma cilada! (24) Que os olhos fiquem escuros e não vejam mais! Faze seus rins estarem sempre doentes! (25) Derrama sobre eles o teu furor! Que o ardor da tua ira os atinja! (26) Que seu acampamento fique deserto, e não haja morador em suas tendas! (27) Porque perseguem àquele que feriste, e acrescentam às chagas de tua vítima. (28) Acusa-os, crime por crime, e não tenham mais acesso à tua justiça! (29) Sejam riscados do livro da vida, e com os justos não sejam inscritos! (30) Quanto a mim, curvado e ferido, que tua salvação, ó Deus, me levante! (31) Louvarei com um cântico o nome de Deus, e o engrandecerei com ação de graças; (32) isto agrada a Iahweh mais que um touro, mais que um novilho com chifres e cascos. (33) Os pobres vêem e se alegram: vos que buscais a Deus, que o vosso coração viva! (34) Porque Iahweh atende os indigentes, nunca rejeita seus cativos. (35) Que o céu e a terra o louvem, o mar e tudo o que nele se move! (36) Sim, Deus salvará Sião, reconstruirá as cidades de Judá! Habitarão lá e a possuirão! (37) A descendência dos seus servos a herdará, e nela habitarão os que amam seu nome.

(1) Lamenatzêach al shoshaním ledavíd. (2) Hoshiêni Elohím, qi váu máim ad náfesh. (3) Taváti bivén metzulá veén maamád, báti vemaamaqê máim veshibólet shetafátni. (4) Iagáti veqor'í, nichár gueroní, qalú enái meiachél lelohái. (5) Rabú miçaarót roshí çoneái chinám, atzemú matzmitái oievái shéqer ashér ló gazálti az ashví. (6) Elohim atá iadáta le'ivaltí, veashmotái mimechá ló nich'chádu. (7) Al ievôshu vi qovêcha Adonái Elohím Tzevaót, al iqálemu vi mevaq'shêcha Elohê Israél. (8) Qi alêcha naçáti cherpá, qiçetá chemlimá fanái. (9) Muzár haiíti leechái, venoch'rí livnê imí. (10) Qi qin'át betechá achalátni, vecherpót chorefêcha naflú alái. (11) Vaevqé vatzôm nafshí, vatehí lacharafót li. (12) Vaetená levushí çaq, vaehí lahêm lemashál. (13) Iaçíchu vi ioshevê sháar, uneguinót shotê shechár. (14) Vaaní tefilatí lechá Adonái et ratzón, Elohím berôv chasdêcha, anêni beemét ish'êcha. (15) Hatzilêni mitít veál etbáa, inatzelá miçoneái umimaamaqê máim. (16) Al tishtefêni shibolét máim veál tivlaêni metzulá, veál tetár alái beér píha. (17) Anêni Adonái qi tôv chasdêcha, qerôv rachamêcha penê elái. (18) Veál tastér panêcha meavdêcha, qi tzar li, mahér anêni. (19) Qorvá el nafshí guealá, lemáan oievái pedéni. (20) Atá iadáta cherpatí uvoshtí uch'limatí, negdechá qol tzorerái. (21) Cherpá shaverá libí vaanúsha, vaaqavé lanúd vaáin velamenachamím veló matzáti. (22) Vaitenú bevarutí rosh, velitz'maí iashqúni chômetz. (23) Iehí shul'chanâm lifnehém lefách, velishlomím lemoqésh. (24)

Tech'sháchna enehém mereót, umotnehém tamíd ham'ád. (25) Shefóch alehém zamêcha, vacharôn apechá iaçiguém. (26) Tehí tiratám neshamá, beaholehém al iehí ioshév. (27) Qi atá ásher hiqíta radáfu, veél mach'óv chalalêcha ieçapêru. (28) Têna avón al avonâm, veál iavôu betzidqatêcha. (29) Imachú miçêfer chaím, veím tzadiqím al iqatêvu. (30) Vaaní aní vechoév, ieshuatechá Elohím teçaguevêni. (31) Ahalelá shêm Elohím beshír, vaagadelênu vetodá. (32) Vetiváv ladonái mishór par maqrín mafrís. (33) Raú anavím ismáchu, doreshê Elohím vichí levavechém. (34) Qi shomêa el evioním Adonái, veét açiráv ló vazá. (35) Iehalelúhu shamáim vaáretz, iamím véchol romés bam. (36) Qi Elohím ioshía Tzión veivné arê Iehudá, veiáshvu sham vireshúha. (37) Vezéra avadáv in'chalúha, veohavê shemó ishqénu va.

Salmo 70

Para salvar-se da guerra.
Para salvar seu país de desastres políticos e econômicos

Sete pessoas devem se reunir para rezar este Salmo com a petição correspondente. Caso haja maior número de pessoas, deve ser sempre um múltiplo de sete.

(1) *Do mestre de canto. De Davi. Para comemoração.* (2) Vem livrar-me, ó Deus! Iahweh, vem depressa em meu socorro! (3) Fiquem envergonhados e confundidos os que buscam minha vida! Recuem e fiquem atrapalhados os que desejam minha desgraça! (4) Recuem, cobertos de vergonha, os que riem de mim! (5) Exultarão e se alegrarão em ti todos os que te procuram; os que amam tua salvação repetirão sempre: "Deus é grande!" (6) Quanto a mim, sou pobre e indigente: ó Deus, vem depressa! Tu és meu auxílio e salvação: Iahweh, não demores!

(1) Lamenatzêach ledavíd lehazqír. (2) Elohím lehatzilêni, Adonái leezráti chúsha. (3) Ievôshu veich'perú mevaq'shê nafshí, içôgu achór veiqalemú chafetzê raatí. (4) Iashúvu al éqev boshtâm, haomerím heách heách. (5) Iaçíçu veismechú bechá qol mevaq'shêcha, veiomerú tamíd igdál Elohím ohavê ieshuatêcha. (6) Vaaní aní veevión Elohím chúsha li, ezrí umfaltí áta, Adonái al teachár.

Salmo 71

*Para levantar o ânimo e aumentar a fé
das pessoas que estão envelhecendo*

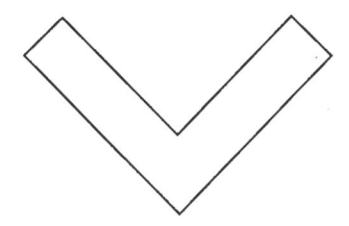

Visualize um esquadro de ouro, descendo, dentro do seu rosto. Visualize outro dentro da sua garganta e ainda outro dentro do seu peito. Este último esquadro se estende desde o fundo da garganta até o umbigo. Eis o mantra para que os três esquadros desçam um a um:

Bemán Gushqón (repetir sete vezes)
Aztomichachám (repetir sete vezes)
Darmán Iarshavánd (repetir sete vezes)

É nesta etapa que descem as luzes, primeiro no rosto, depois na garganta e finalmente entre o peito e o osso púbico. Espere os três esquadros chegarem até você. E agora reze este Salmo com muita devoção.

---

* O esquadro é um símbolo maçônico que se usa para endireitar canais retorcidos, a fim de que esses canais, uma vez corrigidos, permitam a entrada das energias. Usa-se a cor dourada porque é a cor espiritual, a mais perfeita no nível da realização.

(1) Iahweh, eu me abrigo em ti: que nunca fique envergonhado! (2) Salva-me, por tua justiça! Liberta-me! Inclina depressa teu ouvido para mim! (3) Sê para mim uma rocha hospitaleira, sempre acessível; te decidiste salvar-me, pois meu rochedo e muralha és tu. (4) Deus meu, liberta-me da mão do ímpio, do punho do criminoso e do violento. (5) Pois minha esperança és tu, Senhor, Iahweh é minha confiança desde a juventude. (6) Desde o seio tu és o meu apoio, tu és minha parte desde as entranhas maternas, em ti está continuamente o meu louvor. (7) Para muitos eu me tornava prodígio, tu, porém, és meu abrigo seguro. (8) Minha boca está cheia do teu louvor, do teu esplendor todo o dia. (9) Não me rejeites no tempo da velhice, não me abandones quando meu vigor se extingue! (10) Pois meus inimigos falam de mim, juntos planejam os que espreitam minha vida! (11) "Deus o abandonou, persegui-o! agarrai-o, pois não há quem o salve!" (12) Ó Deus, não fiques longe de mim! Deus meu, vem socorrer-me depressa! (13) Fiquem envergonhados e arruinados os que perseguem minha vida; fiquem cobertos de ultraje e humilhação os que buscam o mal contra mim. (14) Quanto a mim, espero sem cessar, continuando o teu louvor; (15) minha boca narrará tua justiça, todo dia a tua salvação. (16) Eu virei com o poder de Iahweh, para recordar tua única justiça. (17) Ó Deus, tu me ensinaste desde a minha juventude, e até aqui eu anuncio tuas maravilhas. (18) E agora, velho e encanecido, não me abandones, ó Deus, até que eu anuncie teu braço às gerações futuras, teu poder (19) e tua justiça, ó Deus, até às nuvens! Tu realizaste coisas grandiosas: ó Deus, quem é como tu? (20) Fizeste-me ver tantas angústias e males, tu voltarás para tirar-me dos abismos da terra, (21) aumentarás minha grandeza, e me consolarás de novo. (22) Quanto a mim, eu te celebrarei com a cítara, por tua verdade, meu Deus; tocarei harpa em tua honra, ó Santo de Israel! (23) Que meus lábios exultem, quando eu tocar para ti, e também minha vida, porque a resgataste! (24) Também minha língua todo o dia medita a tua justiça, pois foram envergonhados e confundidos os que buscam o mal contra mim!

(1) Bechá Adonái chaçíti, al evôsha leolám. (2) Betzidqatechá tatzilêni uftaletêni, haté elái oznechá vehoshiêni. (3) Heié li letzúr maôn lavó tamíd, tzivíta lehoshiêni, qi çal'í umtzudatí atá. (4) Elohái paletêni miiád rashá, miqáf meável vechométz. (5) Qi atá tiqvatí, Adonái Elohím mivtachí mineurái. (6) Alêcha nismach'ti mibéten, mimeê imí atá gozí, bechá tehilatí tamíd. (7) Qemofét haiíti lerabím, veatá máchaçi óz. (8) Imále fi tehilatêcha, qol haiôm tif'artêcha. (9) Al tashlichêni leét ziqná, qich'lót qochí al taazvêni. (10) Qi ameru oievái li, veshomerê nafshí noatzú iach'dáv. (11) Lemór Elohím azavó, ridefú vetif'çúqu qi en matzíl. (12) Elohím al tir'cháq mimêni, Elohái leezráti chúsha. (13) Ievôshu ich'lú çotenê nafshí, iaatú cherpá uch'limá mevaq'shê raatí. (14) Vaaní tamíd aiachél, vehoçaftí al qol tehilatêcha. (15) Pi ieçapér tzidqatêcha qol haiôm teshuatêcha, qi ló iadáti çeforót. (16) Avó

bigvurót Adonái Elohím, azqír tzideqatechá levadêcha. (17) Elohím limadetáni mineurái, veád hêna aguíd nifleotêcha. (18) Vegâm ad ziqná veçevá Elohím al taazvêni, ad aguíd zeroachá ledór léchol iavó guevuratêcha. (19) Vetzidqatechá Elohím ad marón, ásher açíta guedolót, Elohím mi chamôcha. (20) Ashér hir'itáni tzarót rabót veraót, tashúv techaiêni umitehomót haáretz tashúv taalêni. (21) Térev guedulatí vetiçóv tenachamêni. (22) Gam aní odechá vích'li nével amitechá Elohái, azamerá lechá vechinór qedósh Israél. (23) Teranêna çefatái qi azamerá lach, venafshí ashér padíta. (24) Gam leshoní qol haiôm tegué tzidqatêcha, qi vôshu chi chaferú mevaq'shê raatí.

Salmo 72

Para assegurar-se de que nunca sofrerá pobreza

Você deve começar sendo honesto com os outros e, para ser honesto com os outros, você primeiro tem de ser honesto consigo mesmo. Faça um exame de consciência e analise em que parte de sua vida você traiu a si mesmo e quantas vezes traiu os outros. Peça perdão a Deus e prometa-Lhe ser honesto e justo consigo mesmo e com o próximo. Todos os dias, antes de se deitar, faça esta meditação e depois reze o Salmo 72, com a confiança de que, à medida que aumentar sua honestidade, com a ajuda de Deus aumentará a sua prosperidade.

(1) *De Salomão*. Ó Deus, concede ao rei teu julgamento e a tua justiça ao filho do rei; (2) que ele governe teu povo com justiça, e teus pobres conforme o direito. (3) Montanhas e colinas, trazei a paz ao povo. Com justiça (4) ele julgue os pobres do povo, salve o filho do indigente e esmague seus opressores. (5) Que dure sob o sol e a lua, por geração de gerações; (6) que desça como chuva sobre a erva roçada, como chuvisco que irriga a terra. (7) Que em seus dias floresça a justiça e muita paz até ao fim das luas, (8) que domine de mar a mar, desde o rio até os confins da terra. (9) Diante dele a Fera se curvará e seus inimigos lamberão o pó; (10) os reis de Társis e das ilhas vão trazer-lhe tributo. Os reis de Sabá e Sebá lhe pagarão tributo; (11) todos os reis se prostrarão diante dele, as nações todas o servirão. (12) Pois ele liberta o indigente que clama e o pobre que não tem protetor; (13) tem compaixão do fraco e do indigente, e salva a vida dos indigentes. (14) Ele os redime da astúcia e da violência, o sangue deles é valioso aos seus olhos. (15) (Que ele viva e lhe seja dado o ouro de Sabá!) Que orem por ele continuamente! Que o bendigam todo o dia! (16) Haja abundância de trigo pelo campo e tremulem sobre o topo das montanhas, como o Líbano com suas flores e frutos, como a erva da terra. (17) Que seu nome permaneça para sempre, e sua fama dure sob o sol! Nele sejam abençoadas as raças todas da terra, e todas as nações o proclamem feliz! (18) Bendito seja Iahweh, o Deus de Israel, porque só ele realiza maravilhas!

(19) Para sempre seja bendito o seu nome glorioso! Que toda a terra se encha com sua glória! Amém! Amém! (20) Fim das orações de Davi, filho de Jessé.

(1) Lishlomó, Elohím mishpatêcha lemélech ten, vetzidqatechá léven mélech. (2) Iadín amechá vetzédeq, vaaniiêcha vemishpát. (3) Içu'ú harím shalôm laám, ugvaót bitz'daqá. (4) Ishpót aniiê am, ioshiá livnê evión, vidaqé oshéq. (5) Iraúcha im shámesh, velifnê iarêach dor dorím. (6) Ieréd qematár al guez, qirvivím zarzíf áretz. (7) Ífrach beiamáv tzadíq, veróv shalôm ad belí iarêach. (8) Veiéred miiám ad iám, uminahár ad afçê áretz. (9) Lefanáv ich'reú tziím, veoieváv afár ielachêchu. (10) Mal'chê Tarshísh veiím minchá iashívu, mal'chê Shevá uçevá eshqár iaqrívu. (11) Veishtáchavu ló chol melachím, qol goím iaavdúhu. (12) Qi iatzíl evión meshavêa, veaní véen ozór ló. (13) Iachós al dal veevión, venafshót evioním ioshía. (14) Mitóch umechamás ig'al nafshám, veieqár damám beenáv. (15) Vichí veíten ló mizeháv Shevá, veitpalél baadó tamíd, qol haiôm ievarachén'hu. (16) Iehí fíçat bar baáretz berósh harím, ir'ásh qalevanón pirió, veiatzítzu meír qeéçev haáretz. (17) Iehí shemó leolám lifnê shémesh inón shemó, veitbarechú vo, qol goím ieasherúhu. (18) Barúch Adonái Elohím Elohê Israél, oçé niflaót levadó. (19) Uvarúch shêm qevodó leolám, veimále chévodo et qol haáretz, amén veamén. (20) Qalú tefilót Davíd ben Ishái.

Salmo 73

Para livrar-se do medo

Para obter a resposta desejada, você deve rezar este Salmo com muita freqüência, até aprendê-lo de memória e poder recitá-lo constantemente, enquanto agradece a Deus por ter mandado Seus anjos protegê-lo. Peça muita fé. A fé elimina o medo. O medo abaixa suas vibrações e coloca você no astral escuro.

(1) *Salmo. De Asaf.* De fato, Deus é bom para Israel, para os corações puros. (2) Por pouco meus pés tropeçavam, um nada, e meus pés deslizavam, (3) porque invejei os arrogantes, vendo a prosperidade dos ímpios. (4) Para eles não existem tormentos, sua aparência é sadia e robusta; (5) a fadiga dos mortais não os atinge, não são molestados como os outros. (6) Daí a soberba, cingindo-os como colar, a violência, envolvendo-os como veste. (7) A maldade lhes brota da gordura, seu coração transborda em maus projetos. (8) Caçoam e falam maliciosamente, falam com altivez, oprimindo; (9) contra o céu colocam sua boca e sua língua percorre a terra. (10) Por isso meu povo se volta para eles e águas em abundância lhes vêm ao encontro. (11) E dizem: "Acaso Deus conhece? Existe conhecimento no Altíssimo?" (12) Eis que os ímpios são assim e, sempre tranqüilos, ajuntam riquezas! (13) De fato, inutilmente conservei o coração puro, lavando na inocência minhas mãos! (14) Sim, sou molestado o dia inteiro, e castigado a cada manhã... (15) Se eu dissesse: "Falarei como eles!" já teria traído a geração de teus filhos. (16) Então refleti para compreender, e que fadiga era isto aos meus olhos! (17) Até que entrei nos santuários divinos: entendi então o destino deles! (18) De fato, tu os pões em ladeiras, tu os fazes cair, em ruínas. (19) Ei-los num instante reduzidos ao terror, deixam de existir, perecem, por causa do pavor! (20) Como um sonho ao despertar, ó Senhor, ao acordar desprezas sua imagem. (21) Quando meu coração se azedava e eu espicaçava meus rins, (22) é porque eu era imbecil e não sabia, eu era um animal junto a ti. (23) Quanto a mim, estou sempre contigo, tu me agarraste pela mão direita; (24) tu me conduzes com teu conselho e com tua glória me atrairás. (25) Quem teria eu no céu? Contigo, nada mais me agrada na terra. (26)

Minha carne e meu coração podem se consumir: a rocha do meu coração, a minha porção é Deus, para sempre! (27) Sim, os que se afastam de ti se perdem, tu repeles teus adúlteros todos. (28) Quanto a mim, estar junto de Deus é o meu bem! Em Deus pus meu refúgio para contar todas as tuas obras.

(1) Mizmór leaçáf, ach tôv leisraél Elohím levarê leváv. (2) Vaaní qim'át natáiu raglái, qeáin shupechú ashurái. (3) Qi qinêti baholelím, shelóm reshaím er'ê. (4) Qi en chartzubót lemotám, uvarí ulám. (5) Baamál enósh enêmo, veím adám ló ienugáu. (6) Lachén anaqátmo gaavá, iaatóf-shit chamás lámo. (7) Iatzá mechélev enêmo, averú masqiiót leváv. (8) Iamíqu vidaberú verá ôsheq, mimaróm iedabêru. (9) Shatú vashamáim pihém, ulshonám tihálách baáretz. (10) Lachén iashúv amó halóm, umê malé imátzu lámo. (11) Veamerú echá iáda El, veiésh deá veeliôn. (12) Hinê éle reshaím, veshalvê olám hísgu cháil. (13) Ach riq ziqíti levaví, vaer'chátz beniqaión qapái. (14) Vaehí nagúa qol haiôm, vetochach'tí labeqarím. (15) Im amárti açaperá chemó, hinê dor banêcha vagádeti. (16) Vaachashevá ladáat zot, amá hu veenái. (17) Ad avó el miqdeshê El, avína leacharitám. (18) Ach bachalaqót tashít lámo, hipaltám lemashuót. (19) Ech haiú leshamá cherága, çáfu támu min balahót. (20) Qachalóm mehaqítz, Adonái baír tzalmán tivzé. (21) Qi it'chamétz levaví, vechiliotái eshtonán. (22) Vaaní váar veló edá, behemót haiíti imách. (23) Vaaní tamíd imách, acházta bêiad ieminí. (24) Baatzatechá tan'chêni, veachár qavód tiqachêni. (25) Mi li vashamáim, veimechá ló chafátz'ti vaáretz. (26) Qalá sheerí ulvaví, tzur levaví vechelqí Elohím leolám. (27) Qi hinê recheqêcha iovêdu, hitz'máta qol zoné mimêqa. (28) Vaaní qirvát Elohím li tôv, shatí badonái Elohím mach'çí leçapér qol mal'achotêcha.

Salmo 74

Para curar qualquer tipo de esclerose

Mantenha na mente o Santo nome de Deus:

Schaddei

Repita-o como um mantra, enquanto visualiza que desce do céu uma luz prateada. Essa luz penetra pelo centro de sua cabeça e percorre sua coluna vertebral. Depois reze o Salmo 74, visualizando uma energia branca, com o brilho opaco de uma luz neon, vibrando ao redor de sua coluna vertebral. Repita esta prática sete vezes por dia, pelo menos, até estar completamente curado.

(1) *Poema. De Asaf.* Por que rejeitar até o fim, ó Deus, ardendo em ira contra o rebanho do teu pasto? (2) Recorda tua assembléia que adquiriste desde a origem, a tribo que redimiste com tua herança, este monte Sião em que habitas. (3) Eleva teus passos para estas ruínas sem fim: o inimigo saqueou tudo no santuário; (4) os opressores rugiram no lugar das tuas assembléias, puseram suas insígnias no frontão da entrada, insígnias (5) que não eram conhecidas. Como quem brande um machado no bosque, (6) eles derribaram os batentes, golpeando com machado e com martelo; (7) atearam fogo no teu santuário, profanaram até o chão a morada do teu nome. (8) Diziam em seu coração: "Arrasemo-los de uma vez!" Queimaram todos os lugares das assembléias de Deus na terra. (9) Já não vemos nossos sinais, não existem mais profetas, e dentre nós ninguém sabe até quando. (10) Até quando, ó Deus, o opressor blasfemará? O inimigo desprezará o teu nome até o fim? (11) Por que retiras tua mão, e manténs tua direita escondida no peito? (12) Tu porém, ó Deus, és meu rei desde a origem, quem opera libertações pela terra; (13) tu dividiste o mar com o teu poder, quebraste as cabeças dos monstros das águas; (14) tu esmagaste as cabeças de Leviatã dando-o como alimento às feras selvagens; (15) tu abriste fontes e torrentes, tu fizeste secar rios inesgotáveis; (16) o dia te pertence, e a noite é tua, tu firmaste a luz e o sol, (17) tu pusestes todos os

limites da terra, tu formaste o verão e o inverno. (18) Lembra-te, Iahweh, do inimigo que blasfema, do povo insensato que ultraja o teu nome. (19) Não entregues à fera a vida de tua rola, não esqueças até o fim da vida dos teus pobres. (20) Olha para a Aliança, pois os recantos da terra estão cheios, são antros de violência. (21) Não volte o oprimido coberto de confusão, que o pobre e o indigente louvem o teu nome. (22) Levanta-te, ó Deus, pleiteia tua causa, lembra-te do insensato que te ultraja o dia todo! (23) Não te esqueças do rumor dos teus adversários, do tumulto crescente dos que se rebelam contra ti.

(1) Masqíl leaçáf, lamá Elohím zanáchta lanétzach, ieshán apechá betzón mar'itêcha. (2) Zechór adatechá qaníta qédem, gaálta shévet nachalatêcha, har Tzión zé shachánta bo. (3) Haríma feamêcha lemashuót nétzach, qol herá oiév baqódesh. (4) Shaagú tzorerêcha beqérev moadêcha, çámu ototám otót. (5) Ivadá qemeví lemála, bísvach etz qardumót. (6) Veatá pituchêha iáchad, bechashíl vechelapót iahalômun. (7) Shil'chú vaésh miqdashêcha, laáretz chilelú mishqân shemêcha. (8) Amerú velibám ninám iáchad, çarefú chol moadê El baáretz. (9) Ototênu ló raínu, en od naví, veló itánu iodêa ad ma. (10) Ad matái Elohím iecháref tzar, ienaétz oiév shimchá lanétzach. (11) Láma tashív iadechá viminêcha, miqérev cheqechá chalé. (12) Velohím malqí miqédem, poél ieshuót beqérev haáretz. (13) Atá forárta veozechá iâm, shibárta rashê taniním al hamáim. (14) Atá ritzátz'ta rashê liviatân, titenênu maachál leám letziím. (15) Atá vaqáta maián vanáchal, atá hováshta nahorót etán. (16) Lechá iôm af lechá láila, atá hachinôta maór vashámesh. (17) Atá hitzáv'ta qol guevulót áretz, qáitz vachóref atá ietzartám. (18) Zéchor zot oiév cheréf Adonái, veám navál niatzú shemêcha. (19) Al titén lechaiát néfesh torêcha, chaiát aniiêcha al tishqách lanétzach. (20) Habét laberít, qi maleú machashaqê éretz neót chamás. (21) Al iashóv dach nich'lám, aní veeviôn iehalelú shemêcha. (22) Qumá Elohím rivá rivêcha, zechór cherpatechá miní naval qol haiôm. (23) Al tishqách qol tzorerêcha, sheôn qamêcha olê tamíd.

Salmo 75

Para dobrar o falso orgulho

Reze este Salmo sobre uma vasilha com barro (água e lodo misturados). Pegue um pouco desse barro, coloque no centro da cabeça — a coroa — e torne a recitar o Salmo, pedindo a Deus, com muita humildade e desejo sincero, que tire de você o falso orgulho.

(1) *Do mestre de canto. "Não destruas." Salmo. De Asaf. Cântico.* (2) Nós te celebramos, ó Deus, nós te celebramos, próximo está teu nome, que se publiquem tuas maravilhas. (3) "No momento que tiver decidido, eu próprio julgarei com retidão; (4) trema a terra e seus habitantes todos; eu mesmo firmei suas colunas. (5) Eu disse aos arrogantes: Não sejais arrogantes! e aos ímpios: Não levanteis a fronte, (6) não levanteis altivamente a vossa fronte, não faleis retesando a nuca". (7) Porque não é do nascente nem do poente, nem do deserto das montanhas (8) que Deus vem como juiz. A um ele abaixa, a outro eleva, (9) pois na mão de Iahweh há uma taça em que fermenta um vinho com especiarias; ele o derramará, até às escórias o sugarão, e todos os ímpios da terra o sorverão. (10) Quanto a mim, anunciarei para sempre, tocarei para o Deus de Jacó. (11) Quebrarei a fronte de todos os ímpios, e a fronte do justo se levantará.

> (1) Lamenatzêach al tash'chét, mizmór leaçáf shír. (2) Hodínu lechá Elohím, hodínu veqaróv shemêcha, çiperú nifleotêcha. (3) Qi eqách moéd, aní mesharím eshpót. (4) Nemoguím éretz véchol ioshevêha, anochí tiqánti amudêha çelá. (5) Amárti laholelím al tahôlu, velareshaím al tarímu qáren. (6) Al tarímu lamaróm qarnechém, tedaberú vetzavár atáq. (7) Qi ló mimotzá umimaaráv, veló mimidbár harím. (8) Qi Elohím shofét, zé iashpíl vezé iarím. (9) Qi chos béiad Adonái, veiáin chamár mále méçech, vaiaguér mizé, ach shemarêha ímtzu ishtú qol rish'ê áretz. (10) Vaaní aguíd leolám, azamerá lelohê Iaaqóv. (11) Véchol qarnê reshaím agadêa, teromámna qarnót tzadíq.

Salmo 76

Para se salvar do fogo ou da água

Este Salmo é a defesa mais eficaz contra os perigos do fogo e da água. Ao rezar este Salmo, dedique-o aos regentes dos elementos Fogo e Água. Aprenda este Salmo de memória, para recitá-lo em caso de incêndio ou diante de grandes massas de água.

(1) *Do mestre de canto. Com instrumentos de corda. Salmo. De Asaf. Cântico.* (2) Deus é conhecido em Judá, em Israel grande é seu nome; (3) sua tenda está em Salém e sua morada em Sião. (4) Ali quebrou os relâmpagos do arco, o escudo, a espada e a guerra. [Pausa] (5) Sois luminoso e célebre pelos montes de despojos (6) deles tomados. Os corajosos dormiram seu sono, e os braços falharam aos guerreiros todos; (7) à tua ameaça, ó Deus de Jacó, carro e cavalo ficaram parados. (8) Tu és terrível! Quem subsiste à tua frente, quando ficas irado? (9) Do céu fazes ouvir a sentença: a terra treme e permanece calada (10) quando Deus se levanta para julgar e salvar todos os pobres da terra. (11) A ira do homem é louvor para ti, tu te cinges com os que escapam à Ira. (12) Fazei votos a Iahweh vosso Deus e cumpri-os, vós que o cercais, fazei ofertas ao Terrível; (13) ele corta o sopro dos príncipes, para os reis da terra é terrível!

(1) Lamenatzêach binguinót, mizmór leaçáf shir. (2) Nodá bihudá Elohím, beisraél gadól shemó. (3) Vaihí veshalêm çuqó, umeonató vetzión. (4) Sháma shibár rish'fê qáshet, maguên vechéref umil'chamá çelá. (5) Naór atá, adír meharerê táref. (6) Eshtolelú abirê lev namú shenatám, vélo matzeú chol anshê cháil iedehám. (7) Migaaratechá Elohê Iaaqóv, nirdám veréchev vaçús. (8) Atá, nôra áta, úmi iaamód lefanêcha meáz apêcha. (9) Mishamáim hishmáta din, éretz iareá veshaqáta. (10) Beqúm lamishpát Elohím, lehoshía qol anvê éretz çelá. (11) Qi chamát adám todêcha, sheerít chemót tach'gór. (12) Niderú veshalemú ladonái Elohechém, qol çeviváv iovílu shái lamorá. (13) Iv'tzór rúach neguidím, norá lemal'chê áretz.

Salmo 77

Para não ser vítima de uma tragédia coletiva

Quem rezar este Salmo diariamente, repetindo o santo nome de Deus, *Chah*, não estará exposto a esse tipo de perigo nem com ele se envolverá.

(1) *Do mestre de canto... Iditun. De Asaf. Salmo.* (2) A Deus a minha voz: eu grito! A Deus a minha voz: ele me ouve! (3) No dia da angústia procurei o Senhor; à noite estendi a mão, sem descanso, meu ser recusou todo conforto. (4) Lembro-me de Deus e fico gemendo, medito, e meu respirar vacila. [Pausa] (5) Tu me seguras as pálpebras dos olhos, fico perturbado e nem posso falar, (6) penso nos dias de outrora, os anos longínquos (7) recordo; pela noite murmuro em meu coração, medito, e meu espírito pergunta: (8) O Senhor rejeitará para sempre? Nunca mais será favorável? (9) Seu amor esgotou-se para sempre? Terminou a Palavra para gerações de gerações? (10) Deus esqueceu-se de ter piedade ou fechou as entranhas com ira? [Pausa] (11) E digo: "Este é o meu mal: a direita do Altíssimo mudou!" (12) Lembro-me das façanhas de Iahweh, recordo tua maravilha de outrora, (13) fico meditando toda a tua obra, meditando em tuas façanhas. (14) Ó Deus, teu caminho é santo! Que deus é grande como Deus? (15) Tu és o Deus que realiza maravilhas, mostrando tua força às nações; (16) com teu braço redimiste teu povo, os filhos de Jacó e de José. [Pausa] (17) As águas te viram, ó Deus, as águas te viram e tremeram, e os abismos estremeceram. (18) As nuvens derramaram suas águas, trovejaram as nuvens pesadas, tuas flechas ziguezagueavam. (19) O estrondo do teu trovão rondava, teus relâmpagos iluminavam o mundo, a terra se agitava e estremecia. (20) Teu caminho passava pelo mar, tua senda pelas águas torrenciais, e ninguém reconheceu tuas pegadas. (21) Guiaste teu povo como um rebanho, pela mão de Moisés e de Aarão.

(1) Lamenatzêach al iedutún leaçáf mizmór. (2) Qolí el Elohím veetz'áqa, qolí el Elohím vehaazín elái. (3) Beiôm tzaratí Adonái daráshti, iadí láila niguerá veló tafúg, meaná hinachém nafshí. (4) Ezqerá Elohím veehemáia, açícha vetit'atéf ruchí çelá. (5) Acházta shemurót enái, nif'ámti veló adabér. (6) Chishávti iamím miqédem, shenót olamím. (7) Ezqerá neguinatí baláila, im levaví açícha, vaichapés ruchí. (8) Haleolamím iznách Adonái, veló ioçíf lirtzót od. (9) Heafés lanétzach chasdó, gámar ômer ledór vadór. (10) Hashachách chanót El, im qafátz beáf rachamáv çelá. (11) Vaomár chalóti hi, shenót iemín Eliôn. (12) Ezqór maalelê lá qi ezqerá miqédem pil'êcha. (13) Vehaguíti véchol paolêcha, uvaalilotêcha açícha. (14) Elohím baqódesh darqêcha, mi El gadól qelohím. (15) Atá haél ôçe féle, hodáta vaamím uzêcha. (16) Gaálta bizrôa amêcha, benê Iaaqóv veioçéf çelá. (17) Raúcha máim Elohím, raúcha máim iachílu, af irguezú tehomót. (18) Zóremu máim avót qol natenú shechaqím, af chatzatzêcha ir'haláchu. (19) Qol raamchá bagalgál, heíru veraqím tevél, raguezá vatir'ásh haáretz. (20) Baiám darqêcha, ushevilêcha bamáim rabím, veiqevotêcha ló nodáu. (21) Nachíta chatzón amêcha, bêiad Moshé veaharón.

Salmo 78

Para encontrar graça e mercê aos olhos de uma pessoa poderosa

Antes de solicitar audiência com uma pessoa poderosa, reze este Salmo. Quando for ao escritório ou gabinete dessa pessoa, continue rezando-o até conseguir falar com ela. Você se surpreenderá com os resultados positivos que vai alcançar.

(1) *Poema. De Asaf.* Povo meu, escuta minha lei, dá ouvido às palavras de minha boca; (2) abrirei minha boca numa parábola, exporei enigmas do passado. (3) O que nós ouvimos e conhecemos, o que nos contaram nossos pais, (4) não o esconderemos a seus filhos; nós o contaremos à geração seguinte: os louvores de Iahweh e seu poder, e as maravilhas que realizou; (5) ele firmou um testemunho em Jacó e colocou uma lei em Israel, ordenando a nossos pais que os transmitissem aos seus filhos, (6) para que a geração seguinte os conhecesse, os filhos que nasceriam: Que se levantem e os contem a seus filhos, (7) para que ponham em Deus sua confiança, não se esqueçam dos feitos de Deus e observem seus mandamentos; (8) para que não sejam como seus pais, uma geração desobediente e rebelde, geração de coração inconstante, cujo espírito não era fiel a Deus. (9) Os filhos de Efraim, arqueiros equipados, no dia do combate debandaram; (10) não guardaram a aliança de Deus, recusaram andar em sua lei; (11) esqueceram-se de seus grandes feitos e das maravilhas que lhes mostrara. (12) Frente a seus pais ele realizou a maravilha, na terra do Egito, no campo de Tânis. (13) Dividiu o mar e os fez atravessar, barrando as águas como num dique. (14) De dia guiou-os com a nuvem, e com a luz de um fogo toda a noite; (15) fendeu rochedos pelo deserto e deu-lhes a beber como a fonte do grande Abismo; (16) da pedra fez brotar torrentes e as águas desceram como rios. (17) Mas continuaram pecando contra ele, rebelando-se contra o Altíssimo na estepe; (18) tentaram a Deus em seu coração, pedindo comida conforme seu gosto. (19) E falaram contra Deus: "Acaso Deus poderia preparar uma mesa no deserto? (20) Com efeito, ele feriu o rochedo, as águas correm e as torrentes transbordam: acaso também pode dar o pão ou forne-

cer carne ao seu povo?" (21) Ouvindo isso, Iahweh se enfureceu; um fogo acendeu-se contra Jacó e a Ira levantou-se contra Israel, (22) porque eles não tinham fé em Deus, nem confiavam em sua salvação. (23) Contudo, ordenou às nuvens do alto e abriu as portas do céu; (24) para os alimentar fez chover o maná, deu para eles o trigo do céu; (25) cada um comeu o pão dos Fortes; mandou-lhes provisão em fartura. (26) Fez soprar no céu o vento leste, e com seu poder trouxe o vento sul; (27) sobre eles fez chover carne como pó, aves numerosas como areia do mar, (28) fazendo-as cair no meio do seu acampamento, ao redor das suas tendas. (29) Eles comeram e ficaram bem saciados, pois ele os serviu conforme queriam. (30) Não haviam satisfeito o apetite, tinham ainda a comida na boca, (31) quando a ira de Deus levantou-se contra eles: ele massacrou seus mais fortes, prostrou a juventude de Israel. (32) Apesar disso, continuaram a pecar, não tinham fé em suas maravilhas: (33) ele consumiu seus dias num sopro e seus anos num terror. (34) Quando os matava então o buscavam, convertiam-se e o procuravam; (35) recordavam que Deus era seu rochedo, que o Deus Altíssimo era seu redentor. (36) Eles o adulavam com a boca, mas com a língua o enganavam: (37) seu coração não era sincero com ele, não tinham fé na sua aliança. (38) Ele porém, compassivo, perdoava as faltas e não os destruía; reprimia sua ira muitas vezes e não despertava todo seu furor. (39) Lembrava-se que eram apenas carne, vento que vai, sem nunca voltar. (40) Quantas vezes o afrontaram no deserto e o ofenderam em lugares solitários! (41) Voltavam a tentar a Deus, a irritar o santo de Israel; (42) não se lembravam de sua mão que um dia os resgatou do adversário, (43) quando operou seus sinais no Egito e seus prodígios no campo de Tânis; (44) quando transformou em sangue seus canais e suas torrentes, privando-os de beber. (45) Enviou-lhes moscas que os devoraram e rãs que os devastaram; (46) entregou às larvas suas colheitas e seu trabalho aos gafanhotos; (47) destruiu sua vinha com granizo e seus sicômoros com geada; (48) abandonou seu gado à saraiva, e aos relâmpagos o seu rebanho. (49) Lançou contra eles o fogo de sua ira: cólera, furor e aflição, anjos portadores de desgraças; (50) deu livre curso à sua ira: da morte não mais os preservou, mas à peste entregou a sua vida. (51) Feriu todo primogênito no Egito, as primícias da raça nas tendas de Cam. (52) Fez seu povo partir como um rebanho e como ovelhas conduziu-os no deserto. (53) Guiou-os com segurança e não temeram, e o mar recobriu seus inimigos. (54) Introduziu-os em suas fronteiras sagradas, a montanha que sua direita conquistara; (55) expulsou as nações da sua frente, com o cordel delimitou-lhes uma herança, e pôs em suas tendas as tribos de Israel. (56) Mas tentavam, afrontavam o Deus Altíssimo, recusando guardar seus testemunhos; (57) desviavam-se, traíam como seus pais, voltavam atrás como arco infiel; (58) com seus lugares altos o indignavam, e o enciumavam com seus ídolos. (59) Deus ouviu e ficou enfurecido, e rejeitou completamente Israel; (60) abandonou sua morada em Silo, a tenda em que habitava entre os homens. (61) Entregou sua força ao cativeiro e seu esplendor à mão do opressor; (62)

abandonou seu povo à espada, enfureceu-se contra sua herança. (63) Seus jovens foram devorados pelo fogo e suas virgens não tiveram canto de núpcias; (64) seus sacerdotes caíram sob a espada e suas viúvas não entoaram lamentações. (65) E o Senhor acordou como homem que dormia, como valente embriagado pelo vinho, (66) feriu seus opressores pelas costas e para sempre os entregou à vergonha. (67) Rejeitou a tenda de José e não elegeu a tribo de Efraim: (68) elegeu a tribo de Judá e o monte Sião, que ele ama. (69) Construiu seu santuário como as alturas, como a terra que fundou para sempre. (70) Escolheu Davi, seu servo, tirou-o do aprisco das ovelhas; (71) da companhia das ovelhas fê-lo vir para apascentar Jacó, seu povo, e Israel, sua herança; (72) ele os apascentou com coração íntregro e conduziu-os com mão sábia.

(1) Masqíl leaçáf, haazína amí toratí, hatú oznechém leimrê fi. (2) Eftechá vemashál pi, abía chidót míni qédem. (3) Ashér shamánu vanedaém, vaavotênu çiperú lánu. (4) Ló nechachéd mibenehém, ledór acharón meçaperím tehilót Adonái, veezuzó venifleotáv ashér açá. (5) Vaiáqem edút beiaaqóv vetorá çam beisraél, ashár tzivá et avotênu lehodiám livnehém. (6) Lemáan iedeú dor acharón baním ivalêdu, iaqúmu viçaperú livnehém. (7) Veiaçímu velohím qislám, veló ish'qechú maalelê El, umitz'votáv intzôru. (8) Veló ihiú qaavotám dor çorér umoré, dor ló hechín libó, veló neemná et El ruchó. (9) Benê Efráim nosheqê romê qáshet, hafechú beiôm qeráv. (10) Ló shamerú berít Elohím, uvtoratô meanú laléchet. (11) Vaish'qechú alilotáv, venifleotáv ashér her'âm. (12) Négued avotám açá féle, beéretz Mitzráim çéde Tzôan. (13) Báqa iâm vaiaavirém, vaiátzev máim qemó ned. (14) Vaian'chém beanán iomâm, véchol haláila beór esh. (15) Ievaqá tzurím bamidbár, vaiáshqe qitehomót rabá. (16) Vaiotzí nozelím miçála, vaiôred qaneharót máim. (17) Vaioçifu od láchato ló, lamrót Eliôn batziiá. (18) Váinaçu El bilvavám, lísh'ol ôchel lenafshám. (19) Vaidaberú belohím, amerú haiúchal El laaróch shul'chân bamidbár. (20) Hen híqa tzur vaiazúvu máim unechalím ishtôfu, hagâm léchem iúchal tet, im iachín sheér leamó. (21) Lachên shamá Adonái vait'abár, veésh niçeqá veiaaqóv, vegâm af alá veisraél. (22) Qi ló heemínu belohím, veló vatechú bishuató. (23) Vaitzáv shechaqím mimáal, vedaltê shamáim patách. (24) Vaiamtér alehém man leechól, údegan shamáim nátan lámo. (25) Léchem abirím áchal ish, tzedá shalách lahém laçôva. (26) Iaçá qadím bashamáim, vainahég beuzó temán. (27) Vaiamtér alehém qeafár sheér, uchechól iamím of qanáf. (28) Vaiapél beqérev machanêhu, çavív lemishqenotáv. (29) Vaiochelú vaisbeú meód, vetaavatám iaví lahém. (30) Ló záru mitaavatám, od och'lám befihém. (31) Veáf Elohím alá vahém vaiaharóg bemishmanehém, uvachurê Israél hich'ría. (32) Béchol zot cháteu od, veló heemínu benifleotáv. (33) Váichal bahével iemehém, ushnotám babehalá. (34) Im haragám udrashúhu, veshávu veshícharu El. (35) Vaizqerú qi

Elohím tzurám, veél Eliôn goalám. (36) Vaifatúhu befihém, uvilshonám iêchazevu ló. (37) Velibám ló nachôn imó, veló neemnú bivritó. (38) Vehú rachúm iechapér avón veló iash'chít, vehirbá lehashív apó, veló iaír qol chamató. (39) Vaizqór qi vaçár hêma, rúach holéch veló iashúv. (40) Qáma iamrúhu vamidbár, iaatzivúhu bishimón. (41) Vaiashúvu vainaçú El, uqdósh Israél hitvú. (42) Ló zacherú et iadó, iôm ashér padám míni tzar. (43) Ásherçam bemitzráim ototáv, umofetáv bísde Tzôan. (44) Vaiahafóch ledám ieorehém, venozelehém bal ishtaiún. (45) Ieshalách bahém aróv vaiochelém, utz'fardêa vatash'chitém. (46) Vaitén lechaçíl ievulám viguiám laarbé. (47) Iaharóg babarád gafnám, veshiqmotám bachanamál. (48) Vaiasguér labarád beirám, umiqnehém lareshafím. (49) Iêshalach bam charón apó evrá vazáam vetzará, mishláchat mal'achê raím. (50) Iefalés natív leapó, ló chaçách mimávet nafshám, vechaiatám ladéver hisguír. (51) Vaiách qol bechór bemitzráim, reshít oním beaholê Cham. (52) Vaiaçá qatzón amó, vainahaguém qaéder bamidbár. (53) Vaian'chém lavétach veló fachádu, véet oievehém qiçá haiám. (54) Vaiviém el guevúl qodshó, har zé qanetá iemínó. (55) Vaigáresh mipenehém goím vaiapilém bechével nachalá, vaiash'qén beaholehém shivtê Israél. (56) Vainaçú vaiamrú et Elohím Eliôn, veedotáv ló shamáru. (57) Vaiçôgu vaiv'guedú qaavotám, nepechú qeqéshet remiiá. (58) Vaiachiçúhu bevamotám, uvifeçilehém iaqniúhu. (59) Shamá Elohím vait'abár, vaim'ás meód beisraél. (60) Vaitósh mishqán Shiló, óhel shiqén baadám. (61) Vaitên lashêvi uzó, vetif'artó vêiad tzar. (62) Vaiasguér lachérev amó, uvnachalató hit'abár. (63) Bachuráv ôchela esh, uvtulotáv ló hulálu. (64) Qohanáv bachérev nafálu, vealmenotáv ló tivqêna. (65) Vaiqátz qeiashên Adonái, qeguibór mit'ronén miiáin. (66) Vaiách tzaráv achór, cherpát olám nátan lámo. (67) Vaim'ás beóhel Ioçéf, uvshévet Efráim ló vachár. (68) Vaiv'chár et shévet Iehudá, et har Tzión ashér ahév. (69) Vaíven qemó rámim miqdashó, qeéretz ieçadá leolám. (70) Vaiv'chár bedavíd avdó, vaiqachêhu mimich'leót tzon. (71) Meachár alót hevió, lir'ót beiaaqóv amó uveisraél nachalató. (72) Vair'ém qetóm levavó, uvitvunót qapáv ian'chêm.

Salmo 79

O Salmo mais poderoso contra os inimigos

אֱמֶת

Visualize a foice rodeada pelas letras hebraicas da Verdade, enquanto reza este Salmo no qual se manifesta a dor do povo judeu diante da destruição de seu templo mais importante: o grande Templo de Jerusalém, construído por Salomão em honra do Deus Único. É este o Salmo que se reza para implorar a restauração da honra de Israel. Diz-se que este é o mais poderoso dentre todos os Salmos em que se pede justiça contra os inimigos.

(1) *Salmo. De Asaf.* Ó Deus, as nações invadiram tua herança, profanaram teu sagrado Templo, fizeram de Jerusalém um monte de ruínas, (2) deram os cadáveres dos teus servos como pasto às aves do céu, a carne dos teus fiéis às feras da

---

* A foice na cor preta representa a morte daquilo que é indesejado. O cabo comanda a lâmina e sua cor cinzenta significa que ele está além do bem e do mal.

terra. (3) Derramaram o sangue deles como água ao redor de Jerusalém, e ninguém para enterrar! (4) Tornamo-nos o riso de nossos vizinhos, divertimento e zombaria daqueles que nos cercam. (5) Até quando vai tua ira, Iahweh? Até o fim? Teu ciúme arderá como fogo? (6) Derrama teu furor sobre estas nações que não te conhecem, sobre estes reinos que não invocam teu nome. (7) Pois eles devoraram Jacó e devastaram sua moradia. (8) Não recordes contra nós as faltas dos antepassados! Que tua compaixão venha logo ao nosso encontro, pois estamos muito enfraquecidos. (9) Socorre-nos, ó Deus salvador nosso, por causa da glória do teu nome! Liberta-nos, apaga nossos pecados, por causa do teu nome! (10) Por que diriam as nações: "Onde está o Deus deles?" Que aos nossos olhos as nações reconheçam a vingança do sangue dos teus servos, que foi derramado. (11) Chegue à tua presença o gemido do cativo, pela grandeza do teu braço, preserva os filhos da morte. (12) Devolve aos nossos vizinhos sete vezes no seu peito o ultraje com que te afrontaram, ó Senhor! (13) Quanto a nós, teu povo, rebanho do teu pasto, nós te celebramos para sempre, e de geração em geração proclamaremos teu louvor!

(1) Mizmór leaçáf, Elohím báu goím benachalatêcha, timeú et hechál qodshêcha, çámu et Ierushaláim leiím. (2) Natenú et nivlát avadêcha maachál leóf hashamáim, beçár chaçidêcha lêchaito áretz. (3) Shafechú damám qamáim, çevivót Ierushaláim veên qovér. (4) Haínu cherpá lish'chenênu, láag vaqéles lisvivotênu. (5) Ad ma Adonái teenáf lanétzach, tiv'ár qêmo esh qin'atêcha. (6) Shefóch chamatechá el hagoím ashér ló iedaúcha, veól mamlachót ashér beshim'chá ló qaráu. (7) Qi achál et Iaaqóv, veét navêhu heshámu. (8) Al tízqor lánu avonót rishoním, mahér ieqademúnu rachamêcha, qi dalônu meód. (9) Ozrênu Elohê ish'ênu al devár qevód shemêcha, vehatzilênu vechapér al chatotênu lemáan shemêcha. (10) Láma iomerú hagoím aiê Elohehém, ivadá bagoím leenênu niqmát dam avadêcha hashafúch. (11) Tavó lefanêcha enqát açír, qegódel zeroachá, hotér benê temutá. (12) Vehashév lish'chenênu shiv'atáim el cheqám, cherpatám ashér cherefúcha Adonái. (13) Vaanáchnu amechá vetzôn mar'itêcha nodê lechá leolám, ledór vadór neçapér tehilatêcha.

Salmo 80

*Para curar doenças graves e fétidas da pele.
Para eliminar o mau odor produzido pela enfermidade*

Este Salmo deve ser recitado sobre azeite de oliva virgem misturado com raspas de açúcar não refinado, do tipo que vem em cubinhos. Depois de rezar o Salmo, unte a pele da região afetada com essa mistura. Deixe repousar durante duas horas, cobrindo a pele com um pedaço de gaze. Quando tirar a gaze, lave a ferida com água de flores de goivo, sobre a qual você também rezou este Salmo. Repita várias vezes o procedimento acima (sem exceder três vezes por dia).

(1) *Do mestre de canto. Sobre a ária "Os lírios são os preceitos". De Asaf. Salmo.* (2) Pastor de Israel, dá ouvidos, tu que guias a José como um rebanho; tu que sentas sobre os querubins, resplandece (3) perante Efraim, Benjamim e Manassés! Desperta a tua valentia e vem socorrer-nos! (4) Ó Deus, faze-nos voltar! Faze tua face brilhar, e seremos salvos! (5) Iahweh, Deus dos Exércitos, até quando te inflamarás, enquanto teu povo suplica? (6) Deste-lhe a comer um pão de lágrimas, e tríplice medida de lágrimas a beber; (7) tornaste-nos a disputa dos nossos vizinhos, e nossos inimigos caçoam de nós. (8) Deus dos Exércitos, faze-nos voltar! Faze tua face brilhar, e seremos salvos! (9) Ele era uma vinha: tu a tiraste do Egito, expulsaste nações para plantá-la; (10) preparaste o terreno à tua frente e, lançando raízes, ela encheu a terra. (11) Sua sombra cobria as montanhas, e seus ramos os cedros de Deus; (12) ela estendia os sarmentos até o mar, e até o rio seus rebentos. (13) Por que lhe derrubaste as cercas, para que os viandantes a vindimem, (14) e os javalis da floresta a devastem, e as feras do campo a devorem? (15) Deus dos Exércitos, volta atrás! Olha do céu e vê, visita esta vinha: (16) protege o que tua direita plantou! (17) Queimaram-na com fogo, como ao lixo, eles perecerão com a ameaça de tua face. (18) Esteja tua mão sobre o homem da tua direita, o filho de Adão que tu confirmaste! (19) Nunca mais nos afastaremos de ti; faz-nos viver, e teu nome será invocado. (20) Iahweh, Deus dos Exércitos, faze-nos voltar! Faze tua face brilhar, e seremos salvos!

(1) Lamenatzêach el shoshaním, edút leaçáf mizmór. (2) Roê Israél haazína nohég qatzón Ioçéf, ioshév haqeruvím hofía. (3) Lifnê Efráim uviniamín umenashé orerá et guevuratêcha, ul'chá lishuáta lánu. (4) Elohím hashivênu, vehaér panêcha venivashêa. (5) Adonái Elohím Tzevaót, ad matái ashánta bitfilát amêcha. (6) Heechaltám léchem dim'á, vatash'qêmo bid'maót shalísh. (7) Teçimênu madón lish'chenênu, veoievênu il'agú lámo. (8) Elohím Tzevaót hashivênu, vehaér panêcha venivashêa. (9) Guéfen mimitzráim taçía, tegarésh goím vatitaêha. (10) Piníta lefanêha vatash'résh shorashêha, vátemale áretz. (11) Qaçú harím tzilá, vaanafêha arzê El. (12) Teshalách qetzirêha ad iâm, véel nahár ioneqotêha. (13) Láma parátz'ta guederêha, vearúha qol overê dárech. (14) Iecharçemêna chazír miiáar, vezíz çadái ir'êna. (15) Elohím Tzevaót shuv na, habét mishamáim ur'ê, ufqód guéfen zot. (16) Vechaná ashér nateá ieminêcha, veál ben imátz'ta lach. (17) Çerufá vaésh qeçuchá, migaarát panêcha iovêdu. (18) Tehí iadechá al ish ieminêcha, al ben adám imátz'ta lach. (19) Veló naçóg mimêqa, techaiênu uvshimchá niqrá. (20) Adonái Elohím Tzevaót hashivênu, haér panêcha venivashêa.

Salmo 81

*Para equilibrar no nosso amado planeta
as energias positivas
provenientes da Divindade*

Para alcançar este objetivo, reze este Salmo várias vezes por dia. Visualize energias de cura e equilíbrio descendo sobre a parte terrestre e os mares do nosso planeta.

(1) *Do mestre de canto. Sobre a... de Gat. De Asaf.* (2) Gritai de alegria ao Deus, nossa força, aclamai o Deus de Jacó. (3) Elevai a música, soai o tamborim, a harpa melodiosa e a cítara; (4) soai a trombeta pelo novo mês, na lua cheia, no dia da nossa festa. (5) Porque é lei para Israel, decisão do Deus de Jacó, (6) testemunho que ele pôs em José quando saiu contra a terra do Egito. Ouve-se uma linguagem desconhecida: (7) "Removi a carga de seus ombros, suas mãos deixaram o cesto; (8) clamaste na opressão, e te libertei. Eu te respondi, escondido no trovão, e te experimentei nas águas de Meriba. [Pausa] (9) Ouve, meu povo, eu te conjuro, oxalá me ouvisses, Israel! (10) Nunca haja em ti um deus alheio, nunca adores um deus estrangeiro; (11) eu sou Iahweh, teu Deus, que te fiz subir das terras do Egito, abre a boca e eu a encherei. (12) Meu povo não ouviu minha voz, Israel não quis obedecer-me; (13) então os entreguei ao seu coração endurecido: que sigam seus próprios caminhos! (14) Ah! Se meu povo me escutasse, se Israel andasse em meus caminhos... (15) Eu lhe prostraria os inimigos num momento, e contra seus opressores voltaria minha mão. (16) Os que odeiam Iahweh o adulariam, e o tempo deles teria passado para sempre. (17) Eu o alimentaria com a flor do trigo, e com o mel do rochedo te saciaria".

(1) Lamenatzêach al haguitít leaçáf. (2) Harnínu lelohím uzênu, haríu lelohé Iaaqóv. (3) Çeú zimrá útnu tof, qinór naím im nável. (4) Tiq'ú vachódesh shofár, baqéçe leiôm chaguênu. (5) Qi choq leisraél hu, mishpát lelohê Iaaqóv. (6) Edút bihoçéf çamó betzetó al éretz Mitzráim, çefát ló iadáti eshmá. (7) Haçirôti miçével shich'mó, qapáv midúd taavórna. (8) Batzará qaráta

vaachaletzêqa, eenchá beçéter ráam, ev'chonchá al mê merivá, çelá. (9) Shemá amí veaída bach, Israél im tíshma li. (10) Ló ihié vechá el zar, veló tishtachavé leél nechár. (11) Anochí Adonái Elohêcha hamaal'chá meéretz Mitzráim, hár'chev pícha vaamal'êhu. (12) Veló shamá amí leqolí, veisraél ló áva li. (13) Vaashalechêhu bishrirút libám, ielechú bemoatzótehem. (14) Lu amí shomêa li, Israél bidrachái iehalêchu. (15) Qim'át oievehém achnía veál tzarehém ashív iadí. (16) Meçaneê Adonái iecháchashu ló, vihí itám leolám. (17) Vaiaachilêhu mechélev chitá, umitzúr devásh asbiêqa.

Salmo 82

Para você ter êxito numa atividade ou profissão, ou na sua missão de vida

Os levitas cantam este Salmo às terças-feiras. Acostume-se você também a recitá-lo nesse dia da semana em especial. O Salmo 82 enfatiza a importância da aplicação da justiça correta na nossa vida cotidiana. Isto é, não subornar nem ser subornado; utilizar para os outros o mesmo fiel da balança que utilizamos para nós mesmos.

Antes ou depois de ler este Salmo, repita três vezes o mantra a seguir:

Olán Ha Atzilút-Çeqehél Dimoní

(1) *Salmo. De Asaf.* Deus preside, na assembléia divina, em meio aos deuses ele julga: (2) "Até quando julgareis falsamente, sustentando a causa dos ímpios? [Pausa] (3) Protegei o fraco e órfão, fazei justiça ao pobre e ao necessitado, (4) libertai o fraco e o indigente, livrai-os da mão dos ímpios! (5) Eles não sabem, não entendem, vagueiam em trevas: todos os fundamentos da terra se abalam. (6) Eu declarei: vós sois deuses, todos vós sois filhos do Altíssimo; (7) contudo, morrereis como qualquer homem, caireis como qualquer, ó príncipes". (8) Levanta-te, ó Deus, julga a terra, pois as nações todas pertencem a ti!

(1) Mizmór leaçáf, Elohím nitzáv báadat El, beqérev Elohím ishpót. (2) Ad matái tishpetú ável, ufnê reshaím tiç'ú, çelá. (3) Shiftú dal veiatóm, aní varásh hatzdíqu. (4) Paletú dal veevión, miiád reshaím hatzílu. (5) Ló iadeú veló iavínu, bachashechá it'haláchu, imótu qol moçedê áretz. (6) Aní amárti Elohím atêm, uvnê Elión qulechêm. (7) Achén qeadám temutún, ucheachád haçarím tipôlu. (8) Qumá Elohím, shoftá haáretz, qi atá tin'chál béchol hagoím.

Salmo 83

*Para ter êxito na sua missão
ou na atividade que você empreender*

Escreva este Salmo em hebraico sobre um pergaminho limpo e leve-o sempre junto ao peito. Existem pequenos tubos, muito bonitos e feitos de diferentes materiais, nos quais você pode colocar o pergaminho. Esses tubinhos se chamam *mezuzá*. Escreva o Salmo tal como se pronuncia ou tire uma fotocópia da reprodução da página seguinte.

(1) *Salmo. Cântico. De Asaf.* (2) Ó Deus, não fiques calado, não fiques mudo e inerte, ó Deus! (3) Eis que teus inimigos se agitam, os que odeiam levantam a cabeça. (4) Eles tramam um plano contra teu povo, conspiram contra teus protegidos, (5) e dizem: "Vinde, vamos removê-los do meio das nações, e o nome de Israel nunca mais será lembrado!" (6) Conspiram todos com um só coração, fazendo uma aliança contra ti: (7) as tendas de Edom e os ismaelitas, Moab e os agarenos, (8) Gebal, Amon e Amalec, a Filistéia com os habitantes de Tiro; (9) também Assur juntou-se a eles, tornando-se o braço do filho de Ló. [Pausa] (10) Faze com eles como a Madiã e Sísara, como a Jabin na torrente Quison; (11) foram aniquilados em Endor, tornaram-se esterco para a terra. (12) Trata seus príncipes como Oreb e Zeb, como Zebá e Sálmana, todos os seus chefes, (13) que diziam: "Tomemos posse dos domínios de Deus!" (14) Deus meu, trata-os como o acanto que rola, como a palha frente ao vento. (15) Como o fogo devorando uma floresta, e a chama abrasando as montanhas; (16) persegue-os com a tua tempestade, aterra-os com o teu furacão. (17) Cobre-lhes a face de vergonha, para que busquem teu nome, Iahweh! (18) Fiquem envergonhados e perturbados para sempre, sejam confundidos e arruinados: (19) saberão assim que só tu tens o nome de Iahweh, o Altíssimo sobre a terra inteira!

(1) Shir mizmór leaçáf. (2) Elohím al dómi lach, al techerásh véal tish'qót El. (3) Qi hinê oievêcha iehemaiún, umçan'êcha naçeú rosh. (4) Al amechá iaarímu çod, veit'iaatzú al tzefunêcha. (5) Amerú lechú venach'chidém migói, veló izachér shêm Israél od. (6) Qi noatzú lev iach'dáv, alêcha berít ich'rótu. (7) Aholê Edôm veishmeelím, Moáv vehaguerím. (8) Guevál veamón vaamaléq, Peléshet im ioshevê Tzor. (9) Gam Ashúr nilvá imám, haiú zerôa livnê Lot çelá. (10) Açé lahém qemidián, qeçiçerá cheiavín benáchal Qishón. (11) Nishmedú véen dor, háiu dômen laadamá. (12) Shitêmo nedivêmo qeorév vechizeév, uch'zévach uch'tzalmuná qol neçichêmo. (13) Ashér amerú níresha lánu, et neót Elohím. (14) Elohái shitêmo chagalgál, qeqásh lifnê rúach. (15) Qeésh tív'ar iáar, uch'lehavá telahét harím. (16) Qen tirdefém beçaarêcha, uvçufatechá tevahalém. (17) Malé fenehém qalón, vivaq'shú shim'chá Adonái. (18) Ievôshu veibahalú adê ad, veiach'perú veiovêdu. (19) Veiedeú qi atá shim'chá Adonái levadêcha, Eliôn al qol haáretz.

Salmo 84

Para quem sofre de Aids ou câncer

O mantra para este Salmo é:

*Teyatá Oh Békaze Békaze Mahá Békaze
Békaze Ráza Samúngate Sója*

Visualize um Buda de cor azul muito escura (índigo)* entrando progressivamente dentro de você ou perceba-o enquanto vai saindo totalmente de seu corpo pela sola dos pés — é você sendo auto-expulsado de seu corpo.

---

* O Buda representa a verdade que deve entrar em seu organismo, o qual está até agora possuído pela mentira ou pelo mal que existe dentro do corpo. A cor azul-escuro é a perfeição total, na cultura tibetana.

Reze este Salmo sobre uma vasilha com água e banhe-se com esse líquido de purificação.

(1) *Do mestre do coro. Sobre a... de Gat. Dos filhos de Coré. Salmo.* (2) Quão amáveis são tuas moradas, Iahweh dos Exércitos! (3) Minha alma suspira e desfalece pelos átrios de Iahweh; meu coração e minha carne exultam pelo Deus vivo. (4) Até o pássaro encontrou uma casa, e a andorinha um ninho para si, onde põe seus filhotes: os teus altares, Iahweh dos Exércitos, meu Rei e meu Deus! (5) Felizes os que habitam em tua casa, eles te louvam sem cessar. [Pausa] (6) Felizes os homens cuja força está em ti, e que guardam as peregrinações no coração: (7) ao passar pelo vale do bálsamo eles o transformam em fonte, e a primeira chuva o cobre de bênçãos. (8) Eles caminham de terraço em terraço, e Deus lhes aparece em Sião. (9) Iahweh, Deus dos Exércitos, ouve minha súplica, dá ouvidos, ó Deus de Jacó; [Pausa] (10) vê o nosso escudo, ó Deus, olha a face do teu messias. (11) Sim, vale mais um dia em teus átrios que milhares a meu modo, ficar no umbral da casa do meu Deus que habitar nas tendas do ímpio. (12) Porque Iahweh é sol e escudo, Deus concede graça e glória; Iahweh não recusa nenhum bem aos que andam na integridade. (13) Iahweh dos Exércitos, feliz o homem que em ti confia!

(1) Lamenatzêach al haguitít, livnê Qôrach mizmór. (2) Ma iedidót mishqenotêcha Adonái Tzevaót. (3) Nich'çefá vegâm qaletá nafshí lechatz'rót Adonái, libí uvçarí ieranenú el El chái. (4) Gam tzipór matzeá váit, uderór qen la ashér sháta efrochêha, et mizbechotêcha Adonái Tzevaót malqí velohái. (5) Ashrê ioshevê vetêcha, od iehalelúcha çelá. (6) Ashrê adám oz ló vach, meçilót bilvavám. (7) Overê beémeq habachá maián ieshitúhu, gam berachót iaté moré. (8) Ielechú mecháil el cháil, ieraé el Elohím betziôn. (9) Adonái Elohím Tzevaót shim'á tefilatí, haazína Elohê Iaaqóv çelá. (10) Maguinênu reé Elohím, vehabét penê meshichêcha. (11) Qi tôv iôm bachatzerêcha meálef, bachárti histoféf bevêt Elohái midúr beaholê résha. (12) Qi shémesh umaguén Adonái Elohím, chen vechavód itên Adonái, ló imná tôv lacholechím betamím. (13) Adonái Tzevaót, ashrê adám botêach bach.

Salmo 85

*Para melhorar as relações com os amigos.
Para desfazer uma inimizade ou mal-entendido*

Não há um ritual especial. Somente reze este Salmo com muita fé, destacando diretamente sua intenção.

(1) *Do mestre de canto. Dos filhos de Coré. Salmo.* (2) Favoreceste, Iahweh, a tua terra, fizeste voltar os cativos de Jacó; (3) descarregaste a falta do teu povo, encobriste todo seu pecado; [Pausa] (4) renunciaste ao teu furor, refreaste o ardor da tua ira. (5) Faze-nos voltar, ó Deus salvador nosso, renuncia ao teu rancor contra nós! (6) Ficarás irado conosco para sempre, de geração em geração prolongando tua ira? (7) Não voltarás para nos vivificar, e para teu povo se alegrar contigo? (8) Mostra-nos, Iahweh, teu amor e concede-nos tua salvação. (9) Ouvirei o que Iahweh Deus diz, porque ele fala de paz ao seu povo e seus fiéis, para que não voltem à insensatez. (10) Sua salvação está próxima dos que o temem, e a Glória habitará nossa terra. (11) Amor e Verdade se encontram, Justiça e Paz se abraçam; (12) da terra germinará a Verdade, e a Justiça se inclinará do céu. (13) O próprio Iahweh dará a felicidade, e nossa terra dará seu fruto. (14) A Justiça caminhará à sua frente, e com seus passos traçará um caminho.

(1) Lamenatzêach livnê Qôrach mizmór. (2) Ratzíta Adonái artzêcha, shávta shevít Iaaqóv. (3) Naçáta avón amêcha, qiçíta chol chatatám çelá. (4) Açáfta chol evratêcha, heshivôta mecharón apêcha. (5) Shuvênu Elohê ish'ênu, vehafér qaas'chá imánu. (6) Haleolám téenaf bánu, timshóch apechá ledór vadór. (7) Haló atá tashúv techaiênu, veamechá ismechú vach. (8) Har'ênu Adonái chasdêcha, vaiesh'achá títen lánu. (9) Eshmeá ma iedabér haél Adonái, qi iedabér shalôm el amó véel chaçidáv, veál iashúvu lechislá. (10) Ach qaróv lireáv ish'ó, lishqón qavód beartzênu. (11) Chéced veemét nifgáshu, tzédeq veshalôm nasháqu. (12) Emét meéretz titzmách, vetzédeq mishamáim nishqáf. (13) Gam Adonái itên hatóv, veartzênu titén ievulá. (14) Tzédeq lefanáv iehaléch, veiaçém ledérech peamáv.

Salmo 86

Para evitar a arteriosclerose

Repita constantemente esta oração e depois reze o Salmo 86.

*Há um só poder,
um só criador e
uma só presença de cura dentro de mim.
Este milagroso poder de cura
faz milagres dentro de mim,
curando-me, sarando-me, me aperfeiçoando,
limpando todas as minhas artérias, rejuvenescendo-as,
tornando-as a cada instante mais jovens,
mais elásticas e mais perfeitas.*

(1) *Oração. De Davi.* Inclina teu ouvido, Iahweh, responde-me, pois eu sou pobre e indigente! (2) Guarda-me, porque sou teu fiel, salva teu servo que em ti confia! Tu és o meu Deus, (3) tem piedade de mim, Senhor, pois é a ti que eu invoco todo o dia! (4) Alegra a vida do teu servo, pois é a ti, Senhor, que eu me elevo! (5) Tu és bom e perdoas, Senhor, és cheio de amor com todos os que te invocam. (6) Iahweh, atende à minha prece, considera minha voz suplicante! (7) Eu grito a ti no dia da angústia, pois tu me respondes, Senhor! (8) Entre os deuses não há outro como tu, nada que se iguale às tuas obras! (9) Todas as nações que fizeste virão adorar-te e dar glória ao teu nome, Senhor, (10) pois tu és grande e fazes maravilhas, tu és Deus, tu és o único. (11) Ensina-me teus caminhos, Iahweh, e caminharei segundo tua verdade; unifica meu coração para temer o teu nome. (12) Eu te agradeço de todo o coração, Senhor meu Deus; darei glória ao teu nome para sempre, (13) pois é grande o teu amor para comigo: tiraste-me das profundezas do Xeol. (14) Ó Deus, os soberbos se levantam contra mim, um bando de violentos persegue minha vida, à sua frente não há lugar para ti. (15)

Tu, Senhor, Deus de piedade e compaixão, lento para a cólera, cheio de amor e fidelidade, (16) volta-te para mim, tem piedade de mim! Concede tua força ao teu servo, e tua salvação ao filho de tua serva: (17) realiza um sinal de bondade para mim! Meus inimigos verão e ficarão envergonhados, pois tu, Iahweh, me socorres e consolas.

(1) Tefilá ledavíd, haté Adonái oznechá anêni, qi aní veeviên áni. (2) Shamerá nafshí qi chaçíd áni, hoshá avdechá atá Elohái, habotêach elêcha. (3) Chonêni Adonái, qi elêcha eqrá qol haiôm. (4) Çamêach néfesh avdêcha, qi elêcha Adonái nafshí eçá. (5) Qi atá Adonái tôv veçalách, vérav chéçed léchol qoreêcha. (6) Haazína Adonái tefilatí, vehaq'shíva beqól tachanunotái. (7) Beiôm tzaratí eqraêqa, qi taanêni. (8) En qamôcha vaelohím Adonái, veén qemaaçêcha. (9) Qol goím ashér açíta iavôu veishtachavú lefanêcha Adonái, vichabedú lishmêcha. (10) Qi gadól atá veoçé niflaót, atáa Elohím levadêcha. (11) Horêni Adonái darqêcha, ahaléch baamitêcha, iachéd levaví leir'á shemêcha. (12) Odechá Adonái Elohái béchol levaví, vaachabedá shim'chá leolám. (13) Qi chasdechá gadól alái, vehitzálta nafshí misheól tach'tiá. (14) Elohím, zedím qámu alái, vaadát aritzím biq'shú nafshí, veló çamúcha lenegdám. (15) Veatá Adonái El rachúm vechanún, érech apáim vérav chéçed veemét. (16) Penê elái vechonêni, tená uzechá leavdêcha, vehoshía levén amatêcha. (17) Açé imí ot letová, veir'ú çoneái veievôshu, qi atá Adonái azartáni venichamtáni.

Salmo 87

Para curar a miopia

Recite este Salmo sobre óleo de fígado de peixe. Depois coloque o óleo sobre as pálpebras e reze com muita fé, confiando em que Deus fará o milagre de curar sua miopia. (Esclarecimento: o óleo não deve tocar o globo ocular; deve apenas umedecer as pálpebras.)

(1) *Dos filhos de Coré. Salmo. Cântico.* Fundada sobre as montanhas sagradas, (2) Iahweh ama as portas de Sião mais que todas as moradas de Jacó. (3) Ele conta glórias de ti, ó cidade de Deus: [Pausa] (4) "Eu recordo Raab e Babilônia entre os que me conhecem; eis a Filistéia, Tiro e Etiópia, onde tal homem nasceu". (5) Mas de Sião será dito: "Todo homem ali nasceu" e foi o Altíssimo que a firmou. (6) Iahweh inscreve os povos no registro; "Este homem ali nasceu", [Pausa] (7) tanto os príncipes, como os filhos, todos têm sua morada em ti.

(1) Livnê Qôrach mizmór shir, ieçudató beharerê qódesh. (2) Ohév Adonái shaarê Tzión, miqól mishqenót Iaaqóv. (3) Nich'badót medubár bach, ir haelohím çelá. (4) Azqír Ráhav uvavél leiodeái, hinê Feléshet vetzór im Qush, zé iúlad sham. (5) Ultzión ieamár ish veísh iúlad ba, vehú iechonenêha Elión. (6) Adonái ispór bich'tóv amím, zé iúlad sham çelá. (7) Vesharím qecholelím, qol maianái bach.

Salmo 88

Para eliminar o ressentimento

Reze este Salmo toda noite, perdoando todas as pessoas ou circunstâncias ligadas aos seus ressentimentos. Envolva-as em uma energia amorosa de cor rosa-forte e construa uma ligação com o mesmo invólucro de amor que você criou em volta de seus campos vitais. Peça aos anjos do Amor Divino que ajudem você a se desfazer de todas as antipatias, ódios e rancores, substituindo-os pelo amor incondicional e, portanto, preenchendo você de harmonia interior e paz profunda. Você desfrutará plenamente desse estado, que mudará radicalmente sua vida para o bem.

(1) *Cântico. Salmo. Dos filhos de Coré. Do mestre de canto. Para a doença. Para a aflição. Poema. De Emã, o ezraíta.* (2) Iahweh, meu Deus salvador, de noite eu grito a ti: (3) que minha prece chegue a ti, inclina teu ouvido ao meu grito. (4) Pois minha alma está cheia de males e minha vida está à beira do Xeol; (5) sou visto como os que baixam à cova, tornei-me homem sem forças: (6) despedido entre os mortos, como as vítimas que jazem no sepulcro, das quais já não te lembras porque foram separadas de tua mão. (7) Puseste-me no fundo da cova, em meio a trevas nos abismos; (8) tua cólera pesa sobre mim, tu derramas tuas vagas todas. [Pausa] (9) Afastaste de mim meus conhecidos, tornaste-me repugnante a eles: estou fechado e não posso sair, (10) com a miséria meu olho desgastou-se. Iahweh, eu te invoco todo o dia, estendendo as mãos para ti: (11) "Realizas maravilhas pelos mortos? As sombras se levantam para te louvar? [Pausa] (12) Falam do teu amor nas sepulturas, da tua fidelidade no lugar da perdição? (13) Conhecem tuas maravilhas na treva, e tua justiça na terra do esquecimento?" (14) Quanto a mim, Iahweh, eu grito a ti, minha prece chega a ti pela manhã; (15) por que me rejeitas, Iahweh, e escondes tua face longe de mim? (16) Sou infeliz e moribundo desde a infância, sofri teus horrores, estou esgotado; (17) passaram sobre mim teus furores, teus terrores me deixaram aniquilado. (18) Eles me cercam como água todo o dia, envolvem-me todos juntos de uma vez. (19) Tu afastas de mim meus parentes e amigos, a treva é a minha companhia.

(1) Shir mizmór livnê Qôrach, lamenatzêach al machalát leanót, masqíl lehemán haezrachí. (2) Adonái Elohê ieshuatí, iôm tzaáqti valáila negdêcha. (3) Tavó lefanêcha tefilatí, haté oznechá lerinatí. (4) Qi çaveá veraót nafshí, vachaiái lish'ól higuíu. (5) Nech'shávti im ioredê vor, haíti qeguéver en eiál. (6) Bametím chofshí, qemó chalalím shochevê qéver ashér ló zechartám od, vehêma miiadechá nigzáru. (7) Shatáni bevór tach'tiót, bemachashaqím bimtzolót. (8) Alái çamechá chamatêcha, véchol mishbarêcha iníta çelá. (9) Hir'cháqta meiudaái mimêni, shatáni toevót lámo, qalú veló etzé. (10) Ení daavá miní ôni, qerातícha Adonái béchol iôm, shitách'ti elêcha chapái. (11) Halametím táaçe péle, im refaím iaqúmu iodúcha çelá. (12) Haiçupár baqéver chasdêcha, emunatechá baavadón. (13) Haivadá bachóshech pil'êcha, vetzidqatechá beéretz neshiiá. (14) Vaaní elêcha Adonái shiváti, uvabóqer tefilatí teqademêqa. (15) Láma Adonái tiznách nafshí, tastír panêcha mimêni. (16) Aní aní vegovêa minôar, naçáti emêcha afúna. (17) Alái averú charonêcha, biutêcha tzimtutúni. (18) Çabúni chamáim qol haiôm, hiqífu alái iáchad. (19) Hir'cháqta mimêni ohév varêa, meiudaái mach'shách.

Salmo 89

Para quando existe o perigo de perder um braço ou uma perna

Este Salmo deve ser rezado por quem deseja ajudar uma pessoa que se encontra muito doente. Para alcançar este objetivo, você deve recitar o Salmo sobre azeite de oliva virgem. Depois empape um pedaço de lã com o azeite e passe-o sobre o corpo do doente, começando pelos pés e subindo. Enquanto faz essa unção, entoe este Salmo mentalmente (ou em coro com outras pessoas e o próprio doente, se este puder fazê-lo), sempre visualizando uma luz verde sobre o paciente.

(1) *Poema. De Etã, o ezraíta.* (2) Cantarei para sempre o amor de Iahweh, minha boca anunciará a tua verdade de geração em geração, (3) pois disseste: o amor está edificado para sempre, firmaste a tua verdade no céu. (4) "Fiz uma aliança com meu eleito, eu jurei ao meu servo Davi: (5) estabeleci tua descendência para sempre, de geração em geração construí um trono para ti." [Pausa] (6) O céu celebra a tua maravilha, Iahweh, por tua verdade, na assembléia dos santos. (7) E quem, sobre as nuvens, é como Iahweh? Dentre os filhos dos deuses, quem é como Iahweh? (8) Deus é terrível no conselho dos santos, grande e terrível com todos os que o cercam. (9) Iahweh, Deus dos Exércitos, quem é como tu? És poderoso, Iahweh, e tua verdade te envolve! (10) És tu que dominas o orgulho do mar, quando suas ondas se elevam, tu as amansas; (11) esmagaste Raab como um cadáver, dispersaste teus inimigos com teu braço poderoso. (12) Teu é o céu, e a terra te pertence, fundaste o mundo e o que nele existe; (13) o norte e o meio-dia, tu os criaste, Tabor e Hermon aclamam o teu nome. (14) Tens braço poderoso, tua mão é forte, e tua direita elevada; (15) Justiça e Direito são a base do teu trono, Amor e Verdade precedem a tua face. (16) Feliz o povo que sabe aclamar: ele caminha à luz de tua face, Iahweh, (17) exulta todo o dia com teu nome, e se exalta com tua justiça. (18) Sim, tu és o esplendor de sua força, com teu favor tu nos levantas a fronte; (19) pois o nosso escudo pertence a Iahweh, o nosso rei pertence ao Santo de Israel. (20) Outrora falaste numa visão, dizendo aos teus fiéis: "Pres-

tei auxílio a um bravo, exaltei um eleito dentre o povo. (21) Encontrei o meu servo Davi e o ungi com o meu óleo santo; (22) é a ele que minha mão estabeleceu, e meu braço ainda mais o fortificou. (23) O inimigo não poderá enganá-lo, nem o perverso humilhá-lo; (24) diante dele esmagarei seus opressores e ferirei os que o odeiam. (25) Estará com ele minha verdade e meu amor, e por meu nome seu vigor se exaltará; (26) colocarei sua mão sobre o mar, e sua direita sobre os rios. (27) Ele me invocará: Tu és meu pai, meu Deus e meu rochedo salvador! (28) Eu o tornarei meu primogênito, o altíssimo sobre os reis da terra. (29) Para sempre lhe manterei meu amor e minha aliança com ele será firme; (30) estabelecerei sua descendência para sempre, e seu trono como os dias do céu. (31) Se seus filhos abandonarem minha lei e não andarem conforme as minhas normas, (32) se profanarem meus estatutos e não guardarem meus mandamentos, (33) eu punirei sua revolta com vara, sua falta com golpes, (34) mas sem dele retirar meu amor, sem desmentir minha verdade. (35) Jamais profanarei minha aliança, nem mudarei o que saiu da minha boca; (36) por minha santidade jurei uma vez: jamais mentirei a Davi! (37) Sua descendência será perpétua, e seu trono é como o sol à minha frente, (38) é como a lua, firmada para sempre, verdadeiro testemunho das nuvens". [Pausa] (39) Tu, porém, rejeitaste e desprezaste, ficaste indignado com teu ungido, (40) renegaste a aliança do teu servo, até o chão profanaste sua coroa. (41) Fizeste brechas em seus muros todos, e arruinaste suas fortalezas; (42) todos os que passavam no caminho o pilharam, tornou-se opróbrio para seus vizinhos. (43) Exaltaste a direita dos seus opressores, alegraste seus inimigos todos; (44) quebraste sua espada contra a rocha, não o sustentaste no combate. (45) Removeste seu cetro de esplendor e derrubaste seu trono por terra; (46) encurtaste os dias da sua juventude e o cobriste de vergonha. [Pausa] (47) Até quando te esconderás, Iahweh? Até o fim? Vai arder como fogo tua cólera? (48) Lembra-te de mim: quanto dura a vida? Para qual vazio criaste os filhos de Adão? (49) Quem viverá sem ver a morte, para tirar sua vida das garras do Xeol? [Pausa] (50) Onde estão as primícias do teu amor, ó senhor? Juraste a Davi pela tua verdade. (51) Lembra-te, Senhor, do opróbrio do teu servo, levo em meu seio todas as afrontas dos povos; (52) Iahweh, teus inimigos ultrajaram, ultrajaram as pegadas do teu ungido! (53) Bendito seja Iahweh para sempre! Amém! Amém!

(1) Masqíl leetán haezrachí. (2) Chasdê Adonái olám ashíra, ledór vadór odía emunatechá befí. (3) Qi amárti olám chéced ibanê, shamáim tachín emunatechá vahém. (4) Qaráti verít liv'chirí, nishbáti ledavíd avdí. (5) Ad olám achín zar'êcha, uvaníti ledór vadór qiç'achá çelá. (6) Veiodú shamáim pil'achá Adonái, af emunatechá biq'hál qedoshím. (7) Qi mi vasháchaq iaaróch ladonái, idmé ladonái bivnê elím. (8) El naarótz beçód qedoshím rabá, venorá al qol çeviváv. (9) Adonái Elohê Tzevaót mi chamôcha chaçín iá, veemunatechá çevivotêcha. (10) Atá moshél beguéut haiám, beçó galáv atá te-

shabechém. (11) Atá diqíta chechalál ráhav, bizrôa uzechá pizárta oievêcha. (12) Lechá shamáim af lechá áretz, tevél umloá atá ieçadtám. (13) Tzafón veiamín atá veratám, Tavór vechermón beshimchá ieranênu. (14) Lechá zerôa im guevurá, taóz iadechá tarúm ieminêcha. (15) Tzédeq umishpát mechôn qiç'êcha, chéçed veemét ieqademú fanêcha. (16) Ashrê haám iodê teruá, Adonái beór panêcha iehalêchun. (17) Beshim'chá ieguilún qol haiôm, uvetzidqatechá iarúmu. (18) Qi tiféret uzámo áta, uvirtzonechá tarúm qarnênu. (19) Qi ladonái maguinênu, veliqdósh Israél malqênu. (20) Az dibárta vechazón lachaçidêcha, vatômer shivíti êzer al guibór, harimôti vachúr meám. (21) Matzáti Davíd avdí, beshémen qodshí meshach'tív. (22) Ashér iadí tiqón imó, af zeroí teametzênu. (23) Ló iashí oiév bo, uvén av'lá ló ieanênu. (24) Vechatotí mipanáv tzaráv, umçan'áv egóf. (25) Veemunatí vechasdí imó, uvishmí tarúm qarnó. (26) Veçamtí vaiâm iadó, uvaneharót eminó. (27) Hu iqraêni ávi áta, Eli vetzúr ieshuatí. (28) Af aní bechór etenêhu, Eliôn lemal'chê áretz. (29) Leolám éshmor ló chasdí, uvrití neeménet ló. (30) Veçamtí laád zar'ó, vechiç'ó qimê shamáim. (31) Im iaazvú vanáv toratí, uvmishpatái ló ielêchun. (32) Im chuqotái iechalêlu, umitzvotái ló ishmôru. (33) Ufaqadetí veshévet pish'âm, uvingaím avonám. (34) Vachasdí ló afír meimó, veló ashaqér beemunatí. (35) Ló achalél berití, umotzá çefatái ló ashané. (36) Achát nishbáti veqodshí, im ledavíd achazév. (37) Zar'ó leolám ihiê, vechiç'ó chashémesh negdí. (38) Qeiarêach iqôn olám, veéd basháchaq neemán çelá. (39) Veatá zanách'ta vatim'ás, hit'abárta im meshichêcha. (40) Neárta berít avdêcha, chilálta laáretz nizró. (41) Parátzta chol guederotáv, çámta mivtzaráv mechitá. (42) Shaçúhu qol overê dárech, haiá cherpá lish'chenáv. (43) Harimôta iemín tzaráv, hismách'ta qol oieváv. (44) Af tashív tzur charbó, veló haqemotó bamil'chamá. (45) Hishbáta mitoharó, vechiç'ó laáretz migárta. (46) Hiqtzárta iemê alumáv, heetíta aláv bushá çelá. (47) Ad ma Adonái tiçatér lanétzach, tiv'ár qêmo esh chamatêcha. (48) Zéchor aní me cháled, al ma shav baráta chol benê adám. (49) Mi guéver ichié veló ir'ê mávet, iemalét nafshó míiad sheól çelá. (50) Aiê chaçadêcha harishoním, Adonái, nishbáta ledavíd beemunatêcha. (51) Zechór Adonái cherpát avadêcha, çeetí vecheqí qol rabím amím. (52) Ashér cherefú oievêcha, Adonái, ashér cherefú iqevót meshichêcha. (53) Barúch Adonái leolám amén veamén.

Salmo 90

Para eliminar o vício das drogas

Reze com muita fé este Salmo. Aprenda-o de memória, para poder recitá-lo constantemente e assim encher-se de forças para vencer a tentação das drogas. Coma mel de abelhas com gengibre antes de rezá-lo. E reze-o sempre que sentir angústia ou ansiedade devido à abstinência da droga.

(1) *Súplica. De Moisés, homem de Deus.* Senhor, foste para nós um refúgio de geração em geração. (2) Antes que os montes tivessem nascido e fossem gerados a terra e o mundo, desde sempre e para sempre tu és Deus. (3) Fazes o mortal voltar ao pó, dizendo: "Voltai, filhos de Adão!" (4) Pois mil anos são aos teus olhos como o dia de ontem que passou uma vigília dentro da noite! (5) Tu o inundas com sono, eles são como a erva que brota de manhã: (6) de manhã ela germina e brota, de tarde ela murcha e seca. (7) Sim, somos consumidos por tua ira, ficamos transtornados com teu furor. (8) Colocaste nossas faltas à tua frente, nossos segredos sob a luz da tua face. (9) Nossos dias todos passam sob tua cólera, como um suspiro consumimos nossos anos. (10) Setenta anos é o tempo da nossa vida, oitenta anos, se ela for vigorosa; e a maior parte deles é fadiga e mesquinhez, pois passam depressa, e nós voamos. (11) Quem conhece a força de tua ira, e temendo-te, conhece teu furor? (12) Ensina-nos a contar nossos dias, para que tenhamos coração sábio! (13) Volta, Iahweh! Até quando? Tem piedade dos teus servos! (14) Sacia-nos com teu amor pela manhã, e, alegres, exultaremos nossos dias todos. (15) Alegra-nos pelos dias em que nos castigaste e os anos em que vimos a desgraça. (16) Que tua obra se manifeste aos teus servos, e teu esplendor esteja sobre seus filhos! (17) Que a bondade do Senhor esteja sobre nós! Confirma a obra de nossas mãos!

(1) Tefilá lemoshé ish haelohím, Adonái, maôn atá haiíta lánu bedór vadór.
(2) Betérem harím iuládu vatecholél éretz vetevél, umeolám ad olám atá El.
(3) Tashêv enósh ad daqá, vatômer shúvu venê adám. (4) Qi élef shaním bee-

nêcha qeiôm etmól qi iaavór, veashmurá valáila. (5) Zeramtám shená ihiú, babóqer qechatzír iachalóf. (6) Babóqer iatzítz vechaláf, laérev iemolél veiavésh. (7) Qi chalínu veapêcha, uvachamatechá niv'hálnu. (8) Shatá avonotênu lenegdêcha, alumênu lim'ór panêcha. (9) Qi chol iamênu panú veevratêcha, qilínu shanênu chêmo hêgue. (10) Iemé shenotênu vahém shiv'ím shaná, veím bigvurót shemoním shaná, verobám amál vaáven, qi gaz chish vanaúfa. (11) Mi iodêa oz apêcha, ucheir'atecha evratêcha. (12) Limnót iamênu qen hodá, venaví leváv choch'má. (13) Shuvá Adonái ad matái, vehinachém al avadêcha. (14) Çabeênu vabóqer chasdêcha, uneranená venismechá béchol iamênu. (15) Çamechênu qimót initánu, shenót raínu raá. (16) Ieraé el avadêcha faolêcha, vahadarechá al benehém. (17) Vihí nôam Adonái Elohênu alênu, umaaçê iadênu qonená alênu, umaaçê iadênu qonenêhu.

Salmo 91

Salmo da esperança e confiança em Deus e em Seus santos anjos

Este Salmo não tem ritual porque possui, por si mesmo, todos os poderes. Coloque uma cópia deste Salmo, escrito em hebraico, por trás da porta e você terá uma grande proteção permanente.

(1) Quem habita na proteção do Altíssimo pernoita à sombra de Shaddai, (2) dizendo a Iahweh: Meu abrigo, minha fortaleza, meu Deus, em quem confio! (3) É ele quem te livra do laço do caçador que se ocupa em destruir; (4) ele te esconde com suas penas, sob suas asas encontras abrigo. Sua fidelidade é escudo e couraça. (5) Não temerás o terror da noite nem a flecha que voa de dia, (6) nem a peste que caminha na treva, nem a epidemia que devasta ao meio-dia. (7) Caiam mil ao teu lado e dez mil à tua direita, a ti nada atingirá. (8) Basta que olhes com teus olhos, para ver o salário dos ímpios, (9) tu, que dizes: Iahweh é o meu abrigo, e fazes do Altíssimo teu refúgio. (10) A desgraça jamais te atingirá e praga nenhuma chegará à tua tenda: (11) pois em teu favor ele ordenou aos seus anjos que te guardem em teus caminhos todos. (12) Eles te levarão em suas mãos, para que teus pés não tropecem numa pedra; (13) poderás caminhar sobre o leão e a víbora, pisarás o leãozinho e o dragão. (14) Porque a mim se apegou, eu o livrarei, protegê-lo-ei, pois conhece o meu nome. (15) Ele me invocará e eu responderei: "Na angústia estarei com ele, livrá-lo-ei e o glorificarei; (16) saciá-lo-ei com longos dias e lhe mostrarei a minha salvação".

(1) Ioshév beçéter Eliôn, betzél Shadái it'lonán. (2) Omár ladonái mach'çí umtzudatí, Eloái évtach bo. (3) Qi hu iatzilechá mipách iaqúsh, midéver avót. (4) Beevrató iáçech lach, vetáchat qenafáv tech'çé, tziná veçocherá amitó. (5) Ló tirá mipáchad láila, mechétz iaúf iomám. (6) Midéver baofél iahalóch, miqétev iashúd tzoharáim. (7) Ipól mitzidechá élef urvavá mimínecha, elêcha ló igásh. (8) Raq beenêcha tábit, veshilumát reshaím tir'ê. (9) Qi atá

Adonái mach'çí, Eliôn çámta meonêcha. (10) Ló teuné elêcha raá, venêga ló iqráv beaholêcha. (11) Qi mal'acháv iétzave lach, lishmor'chá bechól derachêcha. (12) Al qapáim içaún'cha, pen tigof baéven raglêcha. (13) Al sháchal vaféten tidróch, tirmós qefír vetanín. (14) Qi vi chasháq vaafaletêhu, açaguevêhu qi iadá shemí. (15) Iqraêni veenêhu, imó anochí vetzará, achaletzêhu vaachabedêhu. (16) Órech iamím asbiêhu vear'êhu bishuatí.

Salmo 92

Para ver grandes milagres

Reze este Salmo sobre uma vasilha com água e depois se banhe com esse líquido. Você também poderá usar essa água para limpar sua casa, loja ou escritório, sempre repetindo este mantra três vezes seguidas:

Olám Há Atzilút Guedulêi El

(1) *Salmo. Cântico. Para o dia de sábado.* (2) É bom celebrar a Iahweh e tocar ao teu nome, ó altíssimo; (3) anunciar pela manhã teu amor e tua fidelidade pelas noites; (4) com a lira de dez cordas e a cítara, e as vibrações da harpa. (5) Pois tu me alegras com teus atos, Iahweh, eu exulto com as obras de tuas mãos: (6) "Quão grandes são tuas obras, ó Iahweh, e quão profundos teus projetos!" (7) O imbecil nada compreende, disso nada entende o idiota. (8) Ainda que os ímpios brotem como erva, e todos os malfeitores floresçam, eles serão para sempre destruídos, (9) e tu, Iahweh, tu és elevado para sempre! (10) Eis que teus inimigos pereçem, e os malfeitores todos se dispersam; (11) tu me dás o vigor de um touro e espalhas óleo novo sobre mim; (12) meu olho vê aqueles que te espreitam, meus ouvidos escutam os malfeitores. (13) O justo brota como a palmeira, cresce como o cedro do Líbano. (14) Plantados na casa de Iahweh, brotam nos átrios do nosso Deus. (15) Dão fruto mesmo na velhice, são cheios de seiva e verdejantes, (16) para anunciar que Iahweh é reto; meu Rochedo, nele não há injustiça.

(1) Mizmór shir leiôm hashabát. (2) Tôv lehodót ladonái ulzamér leshim'chá Eliôn. (3) Lehaguíd babóqer chasdêcha, veemunatechá balelót. (4) Alê açór vaalê návél, alê higaión bechinór. (5) Qi çimach'táni Adonái befaolêcha, bemaaçé iadêcha aranên. (6) Ma gadelú maaçêcha Adonái, meód ameqú mach'shevotêcha. (7) Ish baár ló iedá, uceçíl ló iavín et zot. (8) Bifrôach re-

shaím qemó éçev, vaiatzítzu qól pôale áven, lehishamedám adê ad. (9) Veatá maróm leolám Adonái. (10) Qi hinê oievêcha, Adonái, qi hinê oievêcha iovêdu, itparedú qól pôale áven. (11) Vatárem qir'êm qarní, balotí beshémen raanán. (12) Vatabét ení beshurái, baqamím alái mereím, tishmána oznái. (13) Tzadíq qatamár ifrách, qeérez balevanôn isguê. (14) Shetulím bevêt Adonái, bechatz'rót Elohênu iafríchu. (15) Od ienuvún beçevá, deshením veraaraním ihiú. (16) Lehaguíd qi iashár Adonái, tzurí veló avláta bó.

Salmo 93

Para curar a hipertensão

Use muito alho na sua alimentação. Para não impregnar seu corpo com o cheiro do alho, asse-o ou cozinhe-o previamente. Tome chá de pétalas de rosas recém-colhidas, especialmente rosas vermelhas. Banhe-se com água morna, nunca com água fria.

Depois de rezar este Salmo, fique quieto, em meditação, falando com seu corpo. Diga: "Meu coração bate compassadamente, harmoniosamente, e começa a diminuir definitivamente seu ritmo. Mais lento, mais lento, mais lento… também começa a baixar a pressão sangüínea em minhas artérias. Mais baixa, mais baixa… normal, normal…".

(1) Iahweh é rei, vestido de majestade, Iahweh está vestido, envolto em poder. Sim, o mundo está firme, jamais tremerá. (2) Teu trono está firme desde a origem, e desde sempre tu existes. (3) Levantam os rios, Iahweh, levantam os rios sua voz, levantam os rios seu rumor; (4) mais que o estrondo das águas torrenciais, mais imponente que a ressaca do mar, é imponente Iahweh, nas alturas. (5) Teus testemunhos são firmes de fato, a santidade é o adorno de tua casa, por dias sem fim, ó Iahweh!

(1) Adonái malách, gueút lavésh, lavésh Adonái, oz hit'azár, af tiqón tevél bal timót. (2) Nachôn qiç'achá meáz, meolám áta. (3) Naçeú neharót, Adonái, naçeú neharót qolám, iç'ú neharót doch'iám. (4) Miqolót máim rabím, adirím mishberê iâm, adír bamaróm Adonái. (5) Edotêcha neem'nú meód, levetechá náava qódesh, Adonái leórech iamím.

Salmo 94

Para livrar-se de um inimigo ou opressor

Embora este Salmo fale de vingança, antes de recitá-lo peça a Deus para não permitir que sentimentos vis se instalem em seu coração. Repita como mantra as seguintes palavras:

El Neqamót Adonái, El Neqamót Hofía

(1) Iahweh, Deus das vinganças, aparece, Deus das vinganças! (2) Levanta-te, ó juiz da terra, devolve o merecido aos soberbos! (3) Até quando os ímpios, Iahweh, até quando os ímpios exultarão? (4) Eles transbordam em palavras insolentes, todos os malfeitores se gabam! (5) É teu povo, Iahweh, que eles massacram, é tua herança que eles humilham; (6) matam a viúva e o estrangeiro e assassinam os órfãos. (7) E pensam: "Iahweh nada vê, o Deus de Jacó nem percebe..." (8) Percebei vós, ó imbecis consumados, idiotas, quando entendereis? (9) Quem plantou o ouvido não ouvirá? Quem formou o olho não olhará? (10) Quem educa as nações não punirá? Ele ensina ao homem o conhecimento: (11) Iahweh conhece os pensamentos do homem, e que são apenas um sopro. (12) Feliz o homem a quem corriges, Iahweh, e a quem ensinas por meio da tua lei, (13) dando-lhe descanso nos dias maus, até que abram uma cova para o ímpio. (14) Pois Iahweh não rejeita seu povo, jamais abandona sua herança, (15) até que o julgamento se converta em justiça e todos os corações retos o sigam. (16) Quem se levanta por mim contra os maus? Quem enfrenta por mim os malfeitores? (17) Se Iahweh não viesse em meu socorro, em breve eu habitaria o silêncio. (18) Quando digo: "Meu pé tropeçará", o teu amor, Iahweh, me sustenta; (19) quando as preocupações se multiplicam em mim, as tuas consolações me deleitam. (20) Estás aliado a um tribunal criminoso que erige a desordem como lei? (21) Eles atacam a vida do justo, declaram culpado o sangue do inocente. (22) Mas Iahweh é fortaleza para mim,

meu Deus é a rocha em que me abrigo; (23) ele fará sua iniqüidade recair sobre eles e os destruirá por sua própria maldade. Iahweh nosso Deus os destruirá!

(1) El neqamót Adonái, El neqamót hofía. (2) Hinaçê shofét haáretz, hashév guemúl al gueím. (3) Ad matái reshaím Adonái, ad matái reshaím iaalózu. (4) Iabíu iedaberú atáq, it'amerú qol pôale áven. (5) Amechá Adonái iedaqeú venachalatechá ieanú. (6) Almaná veguér iaharôgu, vitomím ieratzêchu. (7) Vaiómeru ló ir'ê iá, veló iavín Elohê Iaaqóv. (8) Bínu boarím baâm, uch'çilím matái tasqílu. (9) Hanôta ózen haló ishmá, im iôtzer áin haló iabít. (10) Haioçér goím haló iochíach, hamelaméd adám dáat. (11) Adonái iodêa mach'shevót adám, qi hêma hável. (12) Ashrê haguéver ashér teiaçerênu iá, umitoratechá telamedênu. (13) Lehashqít ló míme ra, ad iqarê larashá sháchat. (14) Qi ló itósh Adonái amó, venachalató ló iaazóv. (15) Qi ad tzédeq iashúv mishpát, veacharáv qol ishrê lev. (16) Mi iaqúm li im mereím, mi it'iatzév li im pôale áven. (17) Lulê Adonái ezráta li, qim'át shach'ná dumá nafshí. (18) Im amárti máta raglí, chasdechá Adonái iç'adêni. (19) Beróv çar'apái beqirbí, tan'chumêcha ieshaash'ú nafshí. (20) Haichovrêcha qiçê havót, iotzér amál alê choq. (21) Iagôdu al néfesh tzadíq, vedâm naqí iarshíu. (22) Vaihí Adonái li lemisgáv, velohái letzúr mach'çí. (23) Vaiáshev alehém et onám, uv'raatám iatzmitém, iatzmitém Adonái Elohênu.

Salmo 95

Para não cometer equívocos

Ó Çeqél Ne Emán
Ve Ó Çeqél Qaiám
Ve Ó Seqél Meír
Shemá Nozél Zorém Elái

Repita até carregar sua aura com estas orações mântricas. Depois diga o seguinte Salmo.

(1) Vinde, exultemos em Iahweh, aclamemos o Rochedo que nos salva; (2) entremos com louvor em sua presença, vamos aclamá-lo com músicas. (3) Porque Iahweh é Deus grande, o grande rei sobre todos os deuses; (4) ele tem nas mãos as profundezas da terra, e dele são os cumes das montanhas; (5) é dele o mar, pois foi ele quem o fez, e a terra firme, que plasmaram suas mãos. (6) Entrai, prostrai-vos e inclinai-vos, de joelhos, frente a Iahweh que nos fez! (7) Sim, é ele o nosso Deus e nós o povo do seu pasto, o rebanho de sua mão. Oxalá ouvísseis hoje a sua voz! (8) "Não endureçais vossos corações como em Meriba, como no dia de Massa, no deserto, (9) quando vossos pais me provocaram e tentaram, mesmo vendo as minhas obras. (10) Quarenta anos esta geração me desgostou, e eu disse: Sempre os corações errantes, que não conhecem meus caminhos… (11) Então eu jurei na minha ira: jamais entrarão no meu repouso!"

(1) Lechú neranená ladonái, nariá letzur ish'ênu. (2) Neqadmá fanáv betodá, bizmirót naría ló. (3) Qi El gadól Adonái, umélech gadól al qol elohím. (4) Ashér beiadó mech'qerê áretz, vetoafót harím ló. (5) Ashér ló haiám vehú açáhu, veiabéshet iadáv iatzáru. (6) Bôu nishtachavé venich'ráa, nivrechá lifnê Adonái oçênu. (7) Qi hu Elohênu, vaanách'nu am mar'itó vetzón iadó, haiôm im beqoló tishmáu. (8) Al taq'shú levav'chêm qimrivá, qeiôm maçá bamidbár. (9) Ashér niçúni avotechêm, bechanúni gam raú faolí. (10) Arbaím shaná aqút bedór, vaomár am toê leváv hem, vehêm ló iadeú derachái. (11) Ashér nishbáti veapí, im ievoún el menuchatí.

Salmo 96

Para alcançar harmonia e felicidade em casa

A pessoa que rezar pelo menos três vezes por dia os Salmos 96 e 97 obterá alegria para sua família e manterá a harmonia em casa.

(1) Cantai a Iahweh um cântico novo! Terra inteira, cantai a Iahweh! (2) Cantai a Iahweh, bendizei o seu nome! Proclamai sua salvação, dia após dia, (3) anunciai sua glória por entre as nações, pelos povos todos as suas maravilhas! (4) Pois Iahweh é grande, e muito louvável, mais terrível que todos os deuses! (5) Os deuses dos povos são todos vazios. Foi Iahweh quem fez os céus! (6) À sua frente há majestade e esplendor, poder e beleza no seu santuário! (7) Tributai a Iahweh, ó famílias dos povos, tributai a Iahweh glória e poder, (8) tributai a Iahweh a glória do seu nome. Trazei a oblação e entrai em seus átrios, (9) adorai Iahweh no seu santo esplendor, terra inteira, tremei em sua frente! (10) Dizei entre as nações: "Iahweh é Rei! O mundo está firme, jamais tremerá. Ele governa os povos com retidão". (11) Que o céu se alegre! Que a terra exulte! Estronde o mar, e o que ele contém! (12) Que o campo exulte, e o que nele existe! As árvores da selva gritem de alegria, (13) diante de Iahweh, pois ele vem, pois ele vem para julgar a terra: ele julgará o mundo com justiça, e as nações com sua verdade.

(1) Shíru ladonái shir chadásh, shíru ladonái qol haáretz. (2) Shíru ladonái, barechú shemó, baçerú miiôm leiôm ieshuató. (3) Çaperú vagoím qevodó, béchol haamím nifleotáv. (4) Qi gadól Adonái umehulál meód, norá hu al qol elohím. (5) Qi qol elohê haamím elilím, vadonái shamáim açá. (6) Hod vehadár lefanáv, óz vetif'éret bemiqdashó. (7) Havú ladonái mishpechót amím, havú ladonái qavód vaóz. (8) Havú ladonái qevód shemó, çeú min'chá uvôu lechatz'rotáv. (9) Hishtachavú ladonái behadrát qódesh, chílu mipanáv qol haáretz. (10) Imrú vagoím Adonái malách, af tiqón tevél bal timót, iadín amím bemesharím. (11) Ismechú hashamáim vetaguél haáretz, ir'âm haiâm umeloó. (12) Iaalóz çadái vechól ashér bo, az ieranenú qol atzê iáar. (13) Lifnê Adonái qi va, qi va lishpót haáretz, ishpót tevél betzédeq veamím beemunató.

Salmo 97

Para eliminar as tensões conjugais

É aconselhável que o casal reze este Salmo antes de ir dormir, ficando de joelhos e de mãos dadas, e com a fé absoluta de que a harmonia voltará a reinar se ambos se dedicarem de todo coração a esse objetivo.

(1) Iahweh é rei! Que a terra exulte, as ilhas numerosas fiquem alegres! (2) Envolvem-no Trevas e Nuvens, Justiça e Direito sustentam seu trono. (3) À frente dele avança o fogo, devorando seus adversários ao redor, (4) seus relâmpagos iluminam o mundo e, vendo-o, a terra estremece. (5) As montanhas se derretem como cera frente ao Senhor da terra inteira; (6) o céu proclama sua justiça e os povos todos vêem sua glória. (7) Os escravos de ídolos se envergonham, aqueles que se gabam dos vazios: à sua frente todos os deuses se prostram. (8) Sião ouve e se alegra, e as filhas de Judá exultam por teus julgamentos, ó Iahweh. (9) Sim, pois tu és Iahweh, o Altíssimo sobre a terra inteira, mais elevado que todos os deuses. (10) Iahweh ama quem detesta o mal, ele guarda a vida dos seus fiéis e da mão dos ímpios os liberta. (11) A luz levanta para o justo, e a alegria para os corações retos. (12) Ó justos, alegrai-vos com Iahweh e celebrai sua memória sagrada!

(1) Adonái malách taguêl haáretz, ismechú iím rabím. (2) Anán vaarafêl sevìvàv, tzédeq umishpát mechôn qiç'ó. (3) Esh lefanáv telêch, ut'lahêt çavív tzaráv. (4) Heíru veraqáv tevél, raatá vatachél haáretz. (5) Harím qadonág namáçu milifnê Adonái, milifnê adôn qol haáretz. (6) Higuídu hashamaím tzidqó, veraú chol haamím qevodó. (7) Ievôshu qol ôvede féçel hamit'halelím baelilím, hishtachavú ló qol elohím. (8) Shameá vatismách Tzión, vataguêlna benót Iehudá, lemaán mishpatêcha Adonái. (9) Qi atá Adonái Eliôn al qol haáretz, meód naalêta al qol elohím. (10) Ohavê Adonái çin'ú ra, shomér nafshót chaçidáv, miiád reshaím iatzilêm. (11) Or zarúa latzadíq, uleishrê lev çim'chá. (12) Çim'chú tzadiqím badonái, vehodú lezécher qodshó.

Salmo 98

Para estabelecer a união e a paz com familiares ou amigos. Para a reconciliação

Antes de rezar este Salmo, repita os quatro nomes e a oração abaixo, mantendo a mão dominante levantada sobre a cabeça e o outro braço estendido para baixo, com o punho cerrado.

Ó Çeqél Cha Chapúz Vechá Mevuqásh
Ó Qabíreu El
Ó Qabirím
Ó Zidíqi El
Iúd Bêt Shemá Bo Elái

(1) *Salmo*. Cantai a Iahweh um cântico novo, pois ele fez maravilhas, a salvação lhe veio de sua direita, de seu braço santíssimo. (2) Iahweh fez conhecer sua vitória, revelou sua justiça aos olhos das nações: (3) lembrou-se do seu amor e fidelidade em favor da casa de Israel. Os confins da terra contemplaram a salvação do nosso Deus. (4) Aclamai a Iahweh, terra inteira, dai gritos de alegria! (5) Tocai a Iahweh com a harpa e o som dos instrumentos: (6) com trombetas e o som da corneta aclamai ao rei Iahweh! (7) Estronde o mar e o que ele contém, o mundo e os seus habitantes; (8) batam palmas os rios todos e as montanhas gritem de alegria (9) diante de Iahweh, pois ele vem para julgar a terra: ele julgará o mundo com justiça e os povos com retidão!

(1) Mizmór, shíru ladonái shir chadásh, qi niflaót açá, hoshía ló ieminó uzrôa qodshó. (2) Hodía Adonái ieshuató, leenê hagoím guilá tzidqató. (3) Zachár chasdó veemunató levêt Israél, raú qol afçê áretz et ieshuát Elohênu. (4) Haríu ladonái qol haáretz, pitz'chú veranenú vezamêru. (5) Zamerú ladonái bechinór, bechinór veqól zimrá. (6) Bachatzotzerót veqól shofár, haríu lifnê hamélech Adonái. (7) Ir'âm haiâm umeloó, tevél veiôsheve va. (8) Neharót im'cháu chaf, iáchad harím ieranênu. (9) Lifnê Adonái qi va lishpót haáretz, ishpót tevél betzédeq veamím bemesharím.

Salmo 99

Para conseguir evolução espiritual

Reze este Salmo sobre vinho tinto colocado num recipiente de prata ou vidro que nunca tenha sido usado antes. Depois beba o vinho com muita devoção.
(1) Iahweh é rei: os povos estremecem! Ele se assenta em querubins: a terra se abala! (2) Iahweh é grande em Sião. Ele é excelso sobre os povos todos; (3) que celebrem teu nome, grande e terrível: ele é Santo e poderoso. (4) Tu és o rei que ama o julgamento; fundaste o direito, o julgamento e a justiça, em Jacó, és tu que ages. (5) Exaltai Iahweh nosso Deus e prostrai-vos à frente do seu pedestal: ele é Santo! (6) Moisés e Aarão, dentre seus sacerdotes, e Samuel, dentre os que invocavam seu nome, invocavam a Iahweh e ele lhes respondia. (7) Falava com eles da coluna de nuvem, e eles guardavam os seus testemunhos, a Lei que lhes dera. (8) Iahweh nosso Deus, tu lhes respondias, eras para eles Deus de perdão, mas que se vingava de suas maldades. (9) Exaltai Iahweh nosso Deus, prostrai-vos perante o seu monte sagrado, porque Iahweh nosso Deus é Santo!

(1) Adonái malách irguezú amím, ioshév qeruvím tanút haáretz. (2) Adonái betzión gadól, verám hu al qol haamím. (3) Iodú shim'chá gadól venorá, qadósh hu. (4) Veóz mélech mishpát ahév, atá qonánto mesharím, mishpát utz'daqá beiaaqóv atá açíta. (5) Romemú Adonái Elohênu, vehishtachavú lahadóm ragláv, qadósh hu. (6) Moshé veaharôn bechoanáv, ushmuél beqoreê shemó, qorím el Adonái vehú iaaném. (7) Beamúd anán iedabér alehêm, shamerú edotáv vechóq nátan lámo. (8) Adonái Elohênu atá anitám, El noçê haíta lahém, venoqêm al alilotám. (9) Romemú Adonái Elohênu vehishtachavú lehár qodshó, qi qadósh Adonái Elohênu.

Salmo 100

Para quem sofre de lumbago ou ciática

Antes de recitar este Salmo, coloque óleo de rícino sobre a região afetada e passe algum bálsamo ou coloque uma bolsa de água quente. Descanse bastante para que a inflamação dos nervos possa diminuir. Também analise se você esteve muito tenso ultimamente e procure reduzir a tensão e a pressão emocional em todas as áreas de sua vida.

(1) *Salmo. Para a ação de graças.* Aclamai a Iahweh, terra inteira, (2) servi a Iahweh com alegria, ide a ele com gritos jubilosos! (3) Sabei que Iahweh é Deus, ele nos fez e a ele pertencemos, somos seu povo, o rebanho do seu pasto. (4) Entrai por suas portas dando graças, com cantos de louvor pelos seus átrios, celebrai-o, bendizei o seu nome. (5) Sim! Porque Iahweh é bom: o seu amor é para sempre, e sua verdade de geração em geração.

(1) Mizmór letodá, haríu ladonái qol haáretz. (2) Ivdú et Adonái beçim'chá, bôu lefanáv birnaná. (3) Deú qi Adonái hu Elohím, hu açánu veló anách'nu, amó vetzón mar'itó. (4) Bôu shearáv betodá, chatzerotáv bit'hilá, hôdu ló, barechú shemó. (5) Qi tôv Adonái, leolám chasdó, véad dor vadór emunató.

Salmo 101

Para livrar-se de estados depressivos, de melancolia ou loucura

Faça o ritual do Salmo 15 e depois reze este Salmo.

(1) *De Davi. Salmo.* Cantarei o amor e o direito, a ti, Iahweh, quero tocar; (2) andarei na integridade: quando virás a mim? Andarei de coração íntegro dentro da minha casa; (3) não porei uma coisa vil diante dos meus olhos. Odeio a ação dos apóstatas: ela não me atrairá; (4) longe de mim o coração pervertido, ignoro o perverso. (5) Quem calunia o seu próximo em segredo eu o farei calar; olhar altivo e coração orgulhoso não suportarei. (6) Meus olhos estão nos leais da terra, para que habitem comigo; quem anda no caminho dos íntegros, esse será o meu ministro. (7) Em minha casa não habitará quem pratica fraudes; o que fala mentiras não permanecerá diante dos meus olhos. (8) A cada manhã farei calar todos os ímpios da terra, para extirpar da cidade de Iahweh todos os malfeitores.

(1) Ledavíd mizmór, chéced umishpát ashíra, lechá Adonái azamêra. (2) Asqíla bedérech tamím matái tavó elái, et'haléch bétom leavaví beqérev betí. (3) Ló ashít lenégued enái dévar beliáal, açó çetím çanêti, ló idbáq bi. (4) Leváv iqésh iaçúr mimêni, rá ló edá. (5) Melashní vaçéter reêhu, otó atzmít, guevá enáim ur'chav leváv otó ló uchál. (6) Enái beneemnê éretz lashévet imadí, holéch bedérech tamím hu iesharetêni. (7) Ló ieshév beqérev betí oçé remiiá, dovér sheqarím ló iqón lenégued enái. (8) Labeqarím atzmít qol rish'ê áretz, lehach'rít méir Adonái qol pôale áven.

Salmo 102

Para que uma mulher se cure da esterilidade

A partir do momento em que suspeitar de esterilidade, a mulher deve rezar este Salmo com freqüência. Escreva-o sobre um pergaminho e leve-o pendurado junto ao peito. Tome diariamente uma infusão de flores de gerânio branco. Aprenda de memória a seguinte oração:

> *Ó Çeqél Mugshám Qadósh*
> *Atá She Atá. Çeqél Chaçid Motbá Ve*
> *Çeqél Mechudásh Shemá Nozel Zorém Elái.*
> *Amén Atá*

(1) *Prece de infeliz que, desfalecido, derrama sua lamentação diante de Iahweh.* (2) Iahweh, ouve a minha prece, que o meu grito chegue a ti! (3) Não escondas tua face de mim no dia da minha angústia; inclina o teu ouvido para mim, no dia em que te invoco, responde-me depressa! (4) Pois meus dias se consomem em fumaça, como braseiro queimam meus ossos; (5) pisado como relva, meu coração seca, até mesmo de comer meu pão me esqueço; (6) por causa da violência do meu grito meus ossos já se colam à minha pele. (7) Estou como o pelicano do deserto, como o mocho das ruínas; (8) fico desperto, gemendo, como ave solitária no telhado; (9) meus inimigos me ultrajam todo o dia, os que me louvavam agora juram contra mim. (10) Como cinza em vez de pão, com minha bebida misturo lágrimas, (11) por causa da tua cólera e do teu furor, pois me elevaste e me lançaste ao chão; (12) meus dias estão como a sombra que se expande, e eu vou secando como a relva. (13) Porém tu, Iahweh, estás entronizado para sempre, e tua lembrança passa de geração em geração! (14) Tu te levantarás, enternecido por Sião, pois é tempo de teres piedade dela; sim, chegou a hora, (15) porque os teus servos amam as pedras, compadecidos da sua poeira. (16) As nações temerão o nome de Iahweh, e os reis todos da terra a tua glória; (17) quando Iahweh recons-

truir Sião, ele aparecerá com sua glória; (18) ele se voltará para a prece do desamparado, e não desprezará a sua prece. (19) Isto será escrito para a geração futura e um povo recriado louvará a Deus. (20) Iahweh se inclinou do seu alto santuário, e do céu contemplou a terra, (21) para ouvir o gemido dos prisioneiros e libertar os condenados à morte, (22) para proclamar em Sião o nome de Iahweh, e em Jerusalém o seu louvor, (23) quando se unirem povos e reinos para servir a Iahweh. (24) Minha força esgotou-se no caminho. O número pequeno dos meus dias (25) conta-me! Não me arrebates na metade dos meus dias, gerações de gerações duram teus anos! (26) Firmaste a terra há muito tempo, e o céu é obra de tuas mãos; (27) eles perecem, mas tu permaneces, eles todos ficam gastos como a roupa, tu os mudarás como veste; eles ficarão mudados; (28) mas tu existes, e teus anos jamais findarão! (29) Os filhos dos teus servos habitarão seguros, e sua descendência se manterá em tua presença.

(1) Tefilá leaní chi iaatóf, velifnê Adonái ishpóch çichó. (2) Adonái shim'á tefilatí, veshav'atí elêcha tavó. (3) Al tastér panêcha mimêni beiôm tzar li, haté elái oznêcha beiôm eqrá, mahér anêni. (4) Qi chalú veashán iamái, veatzmotái qemoqéd nicháru. (5) Huqá chaéçev vaivásh libí, qi shacháchti meachól lach'mí. (6) Miqól an'chatí, daveqá atzmí liv'çarí. (7) Damíti liqeát midbár, haíti qechós choravót. (8) Shaqádti vaehié qetzipór bodéd al gag. (9) Qol haiôm cherefúni oievái, meholalái bi nishbáu. (10) Qi éfer qaléchem achálti, veshiquvái biv'chí maçách'ti. (11) Mipenê zaamechá veqitz'pêcha, qi naçatáni vatashlichêni. (12) Iamái qetzél natúi, vaaní qaéçev ivásh. (13) Veatá Adonái leolám teshév, vezich'rechá ledór vadór. (14) Atá taqúm terachém Tzión, qi et lechenená qi va moéd. (15) Qi ratzú avadêcha et avanêha, véet afará iechonênu. (16) Veireú goím et shêm Adonái, véchol mal'chê haáretz et qevodêcha. (17) Qi vaná Adonái Tzión, nirá bich'vodó. (18) Paná el tefilát haar'ár, veló vazá et tefilatám. (19) Tiqátev zot ledór acharón, veám nivrá iéhalel iá. (20) Qi hishqíf mimeróm qodshó, Adonái mishamáim el éretz hibít. (21) Lishmôa enqát açír, lefatêach benê temutá. (22) Leçapér betzión shêm Adonái, ut'hilató birushaláim. (23) Behiqavétz amím iachdáv, umamlachót laavód et Adonái. (24) Iná vadérech qochí, qitzár iamái. (25) Omár Elí al taalêni bachatzí iamái, bedór dorím shenotêcha. (26) Lefaním haáretz iaçádta, umaaçé iadêcha shamáim. (27) Hêma iovêdu veatá taamód, vechulám qabégued ivlú, qalevúsh tachalifém veiachalôfu. (28) Veatá hu, ushnotêcha ló itámu. (29) Benê avadêcha ishqónu, vezar'âm lefanêcha iqôn.

Salmo 103

Para curar-se da osteoporose

Consiga água proveniente de um manancial, seja de montanha ou de um poço profundo, e beba unicamente dela. Antes de bebê-la, reze sobre ela este Salmo. Caminhe (ou ande em passo acelerado, se puder) ao ar livre durante o dia, repetindo esta oração:

> *Ó grande força do Universo,*
> *chega até o espírito que existe dentro de mim*
> *e fortalece, vivifica e rejuvenesce todos os meus ossos. Çelá!*

Quando disser *Çelá*, faça uma reverência na direção em que se encontrar o Sol naquele momento. Lembre-se de que, para que seus ossos se fortaleçam, você precisa fazer exercícios de alto impacto e receber a luz solar. Não é necessário tomar sol ao meio-dia, pode ser quando o sol não estiver tão forte. De nada adianta fazer esses exercícios à noite; não serão úteis. A natação também não é útil.

(1) *De Davi*. Bendize a Iahweh, ó minha alma, e tudo o que há em mim ao seu nome santo! (2) Bendize a Iahweh, ó minha alma, e não esqueças nenhum dos seus benefícios. (3) É ele quem perdoa todas as tuas faltas e cura todos os teus males. (4) É ele quem redime tua vida da cova e te coroa de amor e compaixão. (5) É ele quem sacia teus anos de bens e, como a da águia, tua juventude se renova. (6) Iahweh realiza atos justos, fazendo justiça a todos os oprimidos; (7) revelou seus caminhos a Moisés e suas façanhas aos israelitas. (8) Iahweh é compaixão e piedade, lento para a cólera e cheio de amor; (9) ele não vai disputar perpetuamente, e seu rancor não dura para sempre. (10) Nunca nos trata conforme nossos pecados, nem nos devolve segundo nossas faltas. (11) Como o céu que se alteia sobre a terra, é forte seu amor por aqueles que o temem. (12) Como o oriente está longe do ocidente, ele afasta de nós as nossas transgressões. (13) Como um pai é compassivo com seus filhos, Iahweh é compassivo com aqueles que o temem;

(14) porque ele conhece nossa estrutura, ele se lembra do pó que somos nós. (15) O homem!… seus dias são como a relva; ele floresce como a flor do campo; (16) roça-lhe um vento e já desaparece, e ninguém mais reconhece o seu lugar. (17) Mas o amor de Iahweh!… existe desde sempre e para sempre existirá por aqueles que o temem; sua justiça é para os filhos dos filhos, (18) para os que observam sua aliança e se lembram de cumprir suas ordens. (19) Iahweh firmou no céu o seu trono e sua realeza governa o universo. (20) Bendizei a Iahweh, anjos seus, executores poderosos da sua palavra, obedientes ao som da sua palavra. (21) Bendizei a Iahweh, seus exércitos todos, ministros que cumpris a sua vontade. (22) Bendizei a Iahweh, todas as suas obras, nos lugares todos que ele governa. Bendizei a Iahweh, ó minha alma!

(1) Ledavíd barechí nafshí et Adonái, véchol qeravái et shêm qodshó. (2) Barechí nafshí et Adonái véal tishqechí qol guemuláv. (3) Haçolêach léchol avonêchi, harofé léchol tachaluáichi. (4) Hagoél misháchat chaiáichi, hameaterêchi chéçed verachamím. (5) Hamasbía batóv ediéch, tit'chadésh qanésher neuráichi. (6) Oçé tzedaqót Adonái, umishpatím léchol ashuqím. (7) Iodía deracháv lemoshé, livnê Israél alilotáv. (8) Rachám vachanún Adonái, érech apáim véraw cháçed. (9) Ló lanétzach iarív, veló leolám itór. (10) Ló chachataênu áça lánu, veló chaavonotênu gamál alênu. (11) Qi chiguevôha shamáim al haáretz, gavár chasdó al iereáv. (12) Qir'chóq mizrách mimaaráv, hir'chíq mimênu et peshaênu. (13) Qerachém av al baním, richâm Adonái al iereáv. (14) Qi hu iadá itz'rênu, zachúr qi afár anách'nu. (15) Enósh qechatzír iamáv, qetzítz haçadé qen iatzítz. (16) Qi rúach averá bo veenênu, veló iaqirênu od meqomó. (17) Vechéçed Adonái meolám veád olám al iereáv, vetzidqató livnê vaním. (18) Leshomerê veritó, ulzocherê fiqudáv laaçotám. (19) Adonái bashamáim hechín qiç'ó, umal'chutó baqól mashála. (20) Barechú Adonái mal'acháv, guiborê chôach oçe devaró, lishmôa beqól devaró. (21) Barechú Adonái qol tzevaáv, mesharetáv oçe retzonó. (22) Barechú Adonái qol maaçáv béchol meqomót memshaltó, barechí nafshí et Adonái.

Salmo 104

*Para afastar pessoas daninhas
ou vizinhos indesejáveis*

שרי
SHADÁI

Fique de pé voltado para o leste, com as mãos e os pés afastados do corpo. Sobre o pé esquerdo imagine a letra hebraica *Iúd*, na cor vermelho-carmesim. Na mão esquerda visualize a letra hebraica *Hêi*, na cor azul-marinho. Na cabeça, visualize a letra hebraica *Shin*. Na mão direita, a letra hebraica *Váv*, em amarelo brilhante. No pé direito, a letra hebraica *Hêi* — é a mesma letra da mão esquerda, mas aqui você a verá na cor preta. No centro do peito, você verá desenhada a palavra *Shadái*, na cor púrpura. Do centro dessa palavra surgirá um redemoinho de cor púrpura, girando para a direita e crescendo por fora e por dentro de você, até criar uma barreira intransponível entre você e o mundo externo. Contemple o redemoinho e cada uma das letras brilhando na sua cor específica.

---

* A ordem das letras está representada na ordem inversa ao seu ordenamento no pentagrama comum e corrente do idioma hebraico.

Repita sem limite de tempo, enquanto o redemoinho cresce cada vez mais... Depois reze o seguinte Salmo.

(1) Bendize a Iahweh, ó minha alma! Iahweh, Deus meu, como és grande: vestido de esplendor e majestade, (2) envolto em luz como num manto, estendendo os céus como tenda, (3) construindo sobre as águas tuas altas moradas; tomando as nuvens como teu carro, caminhando sobre as asas do vento; (4) fazendo dos ventos teus mensageiros, das chamas de fogo teus ministros! (5) Assentaste a terra sobre suas bases, inabalável para sempre e eternamente; (6) cobriste-a com o abismo, como um manto, e as águas se postaram por cima das montanhas. (7) À tua ameaça, porém, elas fogem, ao estrondo do teu trovão se precipitam, (8) subindo as montanhas, descendo pelos vales, para o lugar que lhes tinhas fixado; (9) puseste um limite que não podem transpor, para não voltarem a cobrir a terra. (10) Fazes brotar fontes d'água pelos vales: elas correm pelo meio das montanhas, (11) dão de beber a todas as feras do campo, e os asnos selvagens matam a sede; (12) junto a elas as aves do céu se abrigam, desferindo seu canto por entre a folhagem. (13) De tuas altas moradas regas os montes, e a terra se sacia com o fruto de tuas obras; (14) fazes brotar relva para o rebanho e as plantas úteis ao homem, para que da terra ele tire o pão (15) e o vinho, que alegra o coração do homem; para que ele faça o rosto brilhar com o óleo, e o pão fortaleça o coração do homem. (16) As árvores de Iahweh se saciam, os cedros do Líbano que ele plantou; (17) ali os pássaros se aninham, no seu topo a cegonha tem sua casa; (18) as altas montanhas são para as cabras, os rochedos um refúgio para as ratazanas. (19) Ele fez a lua para marcar os tempos, o sol conhece o seu ocaso. (20) Colocas as trevas e vem a noite, e nela rondam todas as feras da selva; (21) rugem os leõezinhos em busca da presa, pedindo a Deus o sustento. (22) Ao nascer do sol se retiram e se entocam nos seus covis; (23) sai o homem para sua faina, e para o seu trabalho até à tarde. (24) Quão numerosas são tuas obras, Iahweh, e todas fizeste com sabedoria! A terra está repleta das tuas criaturas. (25) Eis o vasto mar, com braços imensos, onde se movem, inumeráveis, animais pequenos e grandes; (26) ali circulam os navios, e o Leviatã, que formaste para com ele brincar. (27) Eles todos esperam de ti que a seu tempo lhes dê o alimento: (28) tu lhes dás e eles o recolhem, abres tua mão e se saciam de bens. (29) Escondes tua face e eles se apavoram, retiras sua respiração e eles expiram, voltando ao seu pó. (30) Envias teu sopro e eles são criados, e assim renovas a face da terra. (31) Que a glória de Iahweh seja para sempre, que Iahweh se alegre com suas obras! (32) Ele olha a terra e ela estremece, toca as montanhas e elas fumegam. (33) Cantarei a Iahweh enquanto eu viver, louvarei o meu Deus enquanto existir. (34) Que meu poema lhe seja agradável; quanto a mim, eu me alegro com Iahweh. (35) Que os pecadores desapareçam da terra e os ímpios nunca mais existam. Bendize a Iahweh, ó minha alma!

(1) Barechí nafshí et Adonái, Adonái Elohái gadálta meód, hod vehadár laváshta. (2) Ôte or qaçalmá, noté shamáim qairiá. (3) Hameqaré vamáim aliotáv, haçám avím rechuvó, hamehaléch al qanfê rúach. (4) Oçé mal'acháv ruchót, mesharetáv esh lohét. (5) Iaçád éretz al mechonêha, bal timót olám vaéd. (6) Tehôm qalevúsh qiçitó, al harím iáamdu máim. (7) Min gaaratechá ienuçún, min qol raam'chá iechafezún. (8) Iaalú harím, ieredú veqaót, el meqôm ze iaçádeta lahém. (9) Guévul çámta bal iaavorún, bal ieshuvún lechaçót haáretz. (10) Hameshalêach maianím banechalím, ben harím iehalechún. (11) Iashqú qol chaietó çadái, ishberú feraím tzemaám. (12) Alehém of hashamáim ishqôn, mibên ofaím ítenu qol. (13) Mashqê harím meliotáv, miperí maaçecha tisbá haáretz. (14) Matzmíach chatzír labehemá, veéçev laavodát haadám, lehótzi léchem min haáretz. (15) Veiáin ieçamách leváv enósh, lehatz'híl paním mishámen, veléchem leváv enósh iç'ád. (16) Isbeú atzé Adonái, arzê Levanôn ashér natá. (17) Ashér sham tziporím ieqanênu, chaçidá beroshím betá. (18) Harím haguevohím laieelím, çelaím mach'çé lashefaním. (19) Açá iarêach lemoadím, shémesh iadá mevoô. (20) Táshet chóshech víhi láila, bo tirmós qol cháieto iáar. (21) Haqefirím shoaguím latáref, ulvaqésh meél och'lám. (22) Tizrách hashémesh ieaçefén, véel meonotám irbatzún. (23) Ietzê adám lefaoló, velaavodató adê árev. (24) Ma rabú maaçecha Adonái, qulám bechoch'má açíta, maleá haáretz qin'ianêcha. (25) Ze haiám gadól ur'cháv iadáim, sham rémes veén mispár, chaiót qetanót im guedolót. (26) Sham oniót iehalechún, liv'iatân ze iatzárta leçácheq bo. (27) Qulám elêcha ieçaberún, latét och'lám beitó. (28) Titên lahém ilqotún, tiftách iadechá isbeún tôv. (29) Tastír panêcha ibahelún, toçéf ruchâm igvaún, véel afarám ieshuvún. (30) Teshalách ruchachá ibareún, ut'chadésh penê adamá. (31) Iehí chevód Adonái leolám, ismách Adonái bemaaçáv. (32) Hamabít laáretz vatir'ád, igá beharím veieeshánu. (33) Ashíra ladonái bechaiái, azamerá lelohái beodí. (34) Ieeráv aláv çichí, anochí esmách badonái. (35) Itámu chataím min haáretz ur'shaím od enâm, barechí nafshí et Adonái, haleluiá.

Salmo 105

Para curar doenças eruptivas

Repita constantemente este mantra:

Oum Praiapaté Gaiana Naón

E reze o seguinte Salmo com muita devoção.
(1) Aleluia! Celebrai a Iahweh, invocai o seu nome, anunciai entre os povos as suas façanhas! (2) Cantai para ele, tocai, recitai suas maravilhas todas! (3) Gloriai-vos com seu nome santo, alegre-se o coração dos que procuram a Iahweh! (4) Procurai Iahweh e sua força, buscai sempre a sua face; (5) recordai as maravilhas que ele fez, seus prodígios e os julgamentos de sua boca. (6) Descendência de Abraão, seu servo, filhos de Jacó, seu escolhido, (7) ele é Iahweh, nosso Deus, que governa a terra inteira! (8) Ele se lembra da sua aliança para sempre, palavra empenhada por mil gerações, (9) aliança que ele fez com Abraão, e juramento confirmado a Isaac. (10) Ele o firmou como lei para Jacó e aliança a Israel, para sempre, (11) dizendo: "Eu te dou a terra de Canaã como vossa parte de herança". (12) Quando se podia contá-los, eram pouco numerosos, estrangeiros na terra: (13) iam e vinham, de nação em nação, de um reino para um povo diferente; (14) ele não deixou que ninguém os oprimisse e por causa deles até reis castigou: (15) "Não toqueis nos meus ungidos, não façais mal aos meus profetas!" (16) Ele chamou a fome sobre a terra e cortou todo bastão de pão; (17) enviou um homem à sua frente: José, vendido como escravo. (18) Afligiram seus pés com grilhões e puseram-lhe ferros no pescoço, (19) até que se cumpriu sua predição e a palavra de Iahweh o justificou. (20) O rei mandou soltá-lo, o senhor dos povos o livrou; (21) constitui-o senhor da sua casa, administrador de todos os seus bens, (22) para instruir seus príncipes a seu gosto e ensinar sabedoria aos seus anciãos. (23) Então Israel entrou no Egito, e Jacó residiu na terra de Cam. (24) Ele fez seu povo crescer muito, tornando-o mais forte que os seus opressores; (25) mudou-lhes o coração, pa-

ra que odiassem o seu povo e usassem de astúcia com seus servos. (26) Enviou Moisés, seu servo, e Aarão, a quem escolhera. (27) Fizeram contra eles os sinais de que falara, prodígios na terra de Cam. (28) Mandou-lhes a treva e escureceu, mas eles afrontaram suas ordens. (29) Transformou suas águas em sangue, fazendo perecer os seus peixes. (30) Sua terra pululou de rãs, até nos aposentos reais; (31) ordenou que viessem insetos, mosquitos sobre todo o território. (32) Em vez de chuvas deu-lhes granizo, chamas de fogo em sua terra; (33) feriu suas vinhas e figueiras e quebrou as árvores do seu território. (34) Ele ordenou e vieram os gafanhotos, inumeráveis saltadores (35) que comeram toda a erva de sua terra e devoraram o fruto do seu solo. (36) Feriu todo primogênito de sua terra, as primícias de sua raça. (37) Fê-los sair com ouro e prata, e entre suas tribos ninguém tropeçava. (38) O Egito se alegrou quando saíram, porque lhe haviam infundido seu terror; (39) estendeu uma nuvem para cobri-los, e fogo para iluminar a noite. (40) Pediram e ele fez vir codornizes e os saciou com o pão do céu; (41) fendeu a rocha e brotaram águas, correndo pela estepe como rio. (42) Lembrando-se de sua palavra sagrada ao seu servo Abraão, (43) fez seu povo sair com alegria, seus eleitos com gritos jubilosos. (44) Deu-lhes as terras das nações, e se apossaram do trabalho dos povos, (45) para que guardassem seus estatutos e observassem as suas leis.

(1) Hodú ladonái qir'ú vishmó, hodíu vaamím alilotáv. (2) Shíru ló, zamerú ló, çíchu béchol nifleotáv. (3) Hit'halelú beshém qodshó, ismách lev mevaq'shê Adonái. (4) Dirshú Adonái veuzó, baqeshú fanáv tamíd. (5) Zich'rú nifleotáv ásher açá, mofetáv umishpetê fiv. (6) Zéra Avrahám avdo, benê Iaaqóv bechiráv. (7) Hu Adonái Elohênu, béchol haáretz mishpatáv. (8) Zachár leolám beritó, davár tzivá leélef dor. (9) Ashér qarát et Avrahám, ushvuató leis'cháq. (10) Vaiaamidêha leiaaqóv lechóq, leisraél berít olám. (11) Lemór lechá etên et éretz Kenáan, chével nachalat'chém. (12) Bihiotám metê mispár, qim'át vegarím ba. (13) Vait'halechú migói el gói, mimamlachá el am achér. (14) Ló hiníach adám leoshqám, vaiôchach alehém melachím. (15) Al tigueú vimshicháí, velinviái al tarêu. (16) Vaiqrá raáv al haáretz, qol máte léchem shavár. (17) Shalách lifnehém ish, leéved nimqár Ioçéf. (18) Inú vaqével ragló, barzél báa nafshó. (19) Ad et bo devaró, imrát Adonái tzerafát'hu. (20) Shálach mélech vaiatirêhu, moshél amím vaifatechêhu. (21) Çamó adôn levetó, umoshél béchol qinianó. (22) Leeçór çaráv benafshó, uzqenáv iechaqém. (23) Vaiavó Israél Mitzráim, veiaaqoó gar beéretz Cham. (24) Vaiêfer et amó meód, vaiaatzimêhu mitzaráv. (25) Hafách libám lisnô amo, lehit'naqél baavadáv. (26) Shalách Moshé avdó, Aharón ashér báchar bo. (27) Çámu vam divrê ototáv, umofetím beéretz Cham. (28) Shálach chóshech vaiach'shích, veló marú et devaró. (29) Hafách et memehém ledám, vaiámet et degatám. (30) Sharátz artzám tzefardeím, bechadrê mal'chehém. (31) Amár vaiavó aróv, qiním béchol guevulám. (32) Natán

guishmehém barád, esh lehavót beartzám. (33) Vaiách gafnám uteenatám, vaishabér etz guevulám. (34) Amár vaiavó arbê, veiéleq veén mispár. (35) Vaiôchal qol éçev beartzám, vaiôchal perí admatám. (36) Vaiách qol bechór beartzám, reshít léchol onám. (37) Vaiotziém bechéçef vezaháv, veén bishvatáv qoshél. (38) Çamách Mitzráim betzetám, qi nafál pach'dám alehém. (39) Parás anán lemaçách, veésh lehaír láila. (40) Shaál vaiavé çeláv, veléchem shamêmáim iasbiêm. (41) Pátach tzur vaiazúvu máim, halêchu batziiót nahár. (42) Qi zachár et devár qodshó, et Avrahám avdó. (43) Vaiotzí amó veçaçôn, beriná et bechiráv. (44) Vaitên lahém artzót goím, vaamál leumím iráshu. (45) Baavúr ishmerú chuqáv, vetoratáv intzôru, haleluiá.

Salmo 106

Para prevenir doenças contagiosas ou produzidas por vírus

Este Salmo deve ser rezado sobre água de manancial. Se não houver feridas abertas, acrescente vinagre branco à água — mas se houver feridas abertas, ferva a água com flores de camomila (nesse caso, não acrescente o vinagre). Depois deixe a água ao sereno, recolhendo-a pela manhã. Umedeça um pano de algodão bem limpo nessa água e faça o asseio do doente, recitando este Salmo. Outras pessoas podem estar presentes, rezando, enquanto você banha o doente com essa água magnetizada, para dar mais força ao processo milagroso.

(1) Aleluia! Celebrai a Iahweh, porque ele é bom, porque seu amor é para sempre! (2) Quem poderá contar as proezas de Iahweh e fazer ouvir todo o seu louvor? (3) Feliz quem observa o direito e pratica a justiça todo o tempo! (4) Lembra-te de mim, Iahweh, por amor do teu povo, visita-me com a tua salvação, (5) para que eu veja o bem dos teus eleitos, alegre com a alegria do teu povo, glorioso com a tua herança! (6) Nós pecamos com nossos pais, nós nos desviamos, tornamo-nos ímpios; (7) nossos pais no Egito não compreenderam as tuas maravilhas. Não se lembraram do teu amor e se rebelaram contra o Altíssimo, junto ao mar dos Juncos. (8) Ele os salvou por causa do seu nome, para mostrar-lhes a sua proeza. (9) Ameaçou o mar dos juncos, e ele secou, guiou-os sobre os abismos e no deserto, (10) salvou-os da mão hostil e redimiu-os da mão do inimigo. (11) E as águas recobriram seus opressores, nenhum deles sequer pôde escapar. (12) Então acreditaram em suas palavras e cantaram o seu louvor. (13) Bem depressa esqueceram suas obras, não esperaram pelo seu desígnio; (14) arderam de ambição no deserto e tentaram a Deus em lugares solitários. (15) Ele concedeu-lhes seu pedido e mandou-lhes uma fraqueza vital; (16) enciumaram Moisés no acampamento e Aarão, o santo de Iahweh. (17) Abriu-se a terra e engoliu Datã, e recobriu o grupo de Abiram. (18) O fogo se inflamou contra seu grupo, uma chama devorou os ímpios. (19) Em Horeb fabricaram um novilho e se prostraram diante de

um ídolo de metal; (20) eles trocaram sua glória pela imagem de um boi, comedor de capim. (21) Esqueceram o Deus que os salvou, realizando prodígios no Egito, (22) maravilhas na terra de Cam, coisas terríveis sobre o mar dos Juncos. (23) Então ele decidiu exterminá-los, não fosse Moisés, seu escolhido, que intercedeu diante dele para desviar seu furor de destruí-los. (24) Eles rejeitaram uma terra de delícias, não tiveram fé na sua palavra; (25) murmuraram em suas tendas, não obedeceram à voz de Iahweh. (26) Ele ergueu sua mão sobre eles, para abatê-los no deserto, (27) para abater sua descendência entre as nações e espalhá-los por entre as terras. (28) Ligaram-se depois ao Baal de Fegor, e comeram sacrifícios de mortos. (29) Eles o enfureceram com suas ações e um flagelo irrompeu contra eles. (30) Postou-se então Finéias e julgou, e o flagelo foi contido; (31) seja-lhe isto considerado como justiça, de geração em geração e para sempre. (32) Eles o irritaram junto às águas de Meriba e por sua causa sobreveio o mal a Moisés, (33) pois irritaram seu espírito e ele falou sem refletir. (34) Não exterminaram os povos dos quais lhes falara Iahweh; (35) eles misturaram-se às nações e aprenderam seus modos de agir. (36) Serviram seus ídolos, que se tornaram uma cilada para eles! (37) E sacrificaram seus filhos e suas filhas aos demônios. (38) E derramaram o sangue inocente, o sangue de seus filhos e suas filhas, que sacrificaram aos ídolos de Canaã, e a terra manchou-se de sangue. (39) Sujaram-se com suas obras e se prostituíram com suas ações; (40) Iahweh inflamou-se contra o seu povo e rejeitou a sua herança. (41) Entregou-os na mão das nações e seus adversários os dominaram; (42) seus inimigos os tiranizaram e sob sua mão ficaram curvados. (43) Muitas vezes ele os livrou, mas eles se obstinaram com revolta e se corromperam com a iniqüidade; (44) ele viu a angústia deles, ao ouvir os seus gemidos. (45) Lembrou-se de sua aliança com eles e moveu-se por seu grande amor; (46) concedeu-lhes moverem-se de compaixão todos aqueles que os mantinham cativos. (47) Salva-nos, Iahweh nosso Deus! Congrega-nos dentre as nações, para que celebremos teu nome santo, felicitando-nos com teu louvor! (48) Bendito seja Iahweh, Deus de Israel, desde sempre e para sempre! E todo o povo dirá: Amém!

(1) Haleluiá, hodú ladonái qi tôv, qi leolám chasdó. (2) Mi iemalél guevurót Adonái, iashmía qo tehilató. (3) Ashrê shomerê mishpát, oçé tzedaqá véchol et. (4) Zoch'rêni Adonái birtzón amêcha, poqdêni bishuatêcha. (5) Lir'ót betovát bechirêcha, lismôach beçim'chát goiêcha, lehit'halél im nachalatêcha. (6) Chatánu im avotênu, heevínu hirshánu. (7) Avotênu vemitzráim ló hisqílu nifleotêcha, ló zacherú et rov chaçadêcha, vaiamrú al iâm beiâm çuf. (8) Vaioshiém lemáan shemó, lehodía et guevurató. (9) Vaig'ár beiâm çuf vaiecheráv, vaiolichém batehomót qamidbár. (10) Vaioshiém miiád çoné, vaig'além miiád oiév. (11) Váichaçu máim tzarehém, echád mehém ló notár. (12) Vaiaamínu vidvaráv, iashíru tehilató. (13) Miharú shachechú maaçáv, ló chiqú laatzató. (14) Vait'avú taavá bamidbár, váinaçu El bishi-

môn. (15) Vaitên lahém sheelatám, vaishalách razón benafshám. (16) Vaiqan'ú lemoshé bamachané, leaharón qedósh Adonái. (17) Tíftach éretz vativlá Datân, vatechás al adát Avirám. (18) Vátiv'ar esh baadatám, lehavá telahét reshaím. (19) Iáaçu éguel bechorév, vaishtachavú lemaçechá. (20) Vaiamíru et qevodám, betavnít shor ochél éçev. (21) Shachechú El moshiám, oçé guedolót bemitzráim. (22) Niflaót beéretz Cham, noraót al iâm çuf. (23) Vaiômer lehashmidám, lulê Moshé vechiró amád bapéretz lefanáv, lehashív chamató mehash'chít. (24) Vaim'açú beéretz chemdá, ló heemínu lidvaró. (25) Vaieraguenú veaholehém, ló shameú beqól Adonái. (26) Vaiçá iadó lahém, lehapíl otám bamidbár. (27) Ulehapíl zar'ám bagoím, ulzerotám baaratzót. (28) Vaitzámedu leváal péor, vaiochelú zivché metím. (29) Vaiach'íçu bemaalelehém, vátifrotz bam maguefá. (30) Vaiaamód Pinechás vaifalél, vateatzár hamaguefá. (31) Vatechásev ló litz'daqá, ledór vadór ad olám. (32) Vaiaq'tzífu al mê merivá, vaiêra lemoshé baavurám. (33) Qi himrú et ruchó, vaivaté bisfatáv. (34) Ló hishmídu et haamím, ashér amár Adonái lahém. (35) Vait'arevú vagoím, vailmedú maaçehém. (36) Vaiaavdú et atzabehém, vaihiú lahém lemoqésh. (37) Vaizbechú et benehém veét benotehém lashedím. (38) Vaispechú dam naqí, dam benehém uvnotehém ashér zibechú laatzabê Chenáan, vatechenáf haáretz badamím. (39) Vaitmeú vemaaçehém, vaiznú bemaalelehém. (40) Vaíchar af Adonái beamó, vaitáev et nachalató. (41) Vaiteném béiad goím, vaimshelú vahém çoneehém. (42) Vail'chatzúm oievehém, vaiqaneú táchat iadám. (43) Peamím rabót iatzilém, vehêma iamrú vaatzatám, vaiamôqu baavonám. (44) Vaiár batzár lahém, beshom'ô et rinatám. (45) Vaizqór lahém beritó, vainachém qeróv chaçadáv. (46) Vaitên otám lerachamím, lifnê qol shovehém. (47) Hoshiênu Adonái Elohênu veqabetzênu min hagoím, lehodót leshêm qodshêcha, lehishtabêach bitehilatêcha. (48) Barúch Adonái Elohê Israél min haolám veád haolám, veamár qol haám amén, haleluiá.

Salmo 107

Para aliviar as cólicas menstruais

Ponha água para ferver. Quando estiver fervendo, ponha sete paus de canela e sete cravos-da-índia. Tome essa infusão o mais quente possível e coloque sobre o baixo-ventre um pedaço de papel-jornal. Enquanto isso, reze este Salmo. Ele é também um Salmo de agradecimento, a ser recitado quando a pessoa foi salva de uma situação angustiante, premente ou opressora.

(1) Aleluia! Celebrai a Iahweh, porque ele é bom, porque o seu amor é para sempre! (2) Digam-no os redimidos de Iahweh, que ele redimiu da mão do opressor, (3) que ele reuniu do meio das terras, do oriente e do ocidente, do norte e o meio-dia. (4) Eles erravam pelo deserto solitário, sem achar caminho para uma cidade habitada; (5) estavam famintos e sedentos, a vida já os abandonava. (6) E gritaram a Iahweh na sua aflição: ele os livrou de suas angústias (7) e os encaminhou pelo caminho certo, para irem a uma cidade habitada. (8) Celebrem Iahweh, por seu amor, por suas maravilhas pelos filhos de Adão: (9) ele saciou a garganta sedenta e encheu de bens a garganta faminta. (10) Habitavam em sombras e trevas, prisioneiros de ferros e miséria, (11) por se revoltarem contra as ordens de Deus, desprezando o desígnio do Altíssimo. (12) Ele humilhou seu coração com fadigas: sucumbiam e ninguém os socorria. (13) E gritaram a Iahweh na sua aflição: ele os livrou de suas angústias, (14) tirou-os das sombras e trevas e rebentou seus grilhões. (15) Celebrem Iahweh, por seu amor, por suas maravilhas pelos filhos de Adão: (16) ele quebrou as portas de bronze, despedaçou as trancas de ferro. (17) Insensatos, no caminho da transgressão, eram afligidos por suas iniquidades; (18) rejeitavam qualquer alimento e já batiam às portas da morte. (19) E gritavam a Iahweh na sua aflição: ele os livrou de suas angústias. (20) Enviou sua palavra para curá-los, e da cova arrancar a sua vida. (21) Celebrem a Iahweh, por seu amor, por suas maravilhas pelos filhos de Adão! (22) Ofereçam sacrifícios de ação de graças, proclamem suas obras com gritos alegres. (23) Desciam em navios pelo mar, comerciando na imensidão das águas; (24) eles viram as obras de Iahweh, no alto-mar,

as suas maravilhas. (25) Ele disse, e levantou um vento tempestuoso que elevou as ondas do mar; (26) eles subiam ao céu e baixavam ao abismo, sua vida se agitava na desgraça; (27) rodavam, balançando como bêbado, sua habilidade toda foi tragada. (28) E gritavam a Iahweh na sua aflição: ele os livrou de suas angústias. (29) Transformou a tempestade em leve brisa e as ondas emudeceram. (30) Alegraram-se com a bonança, e ele os guiou ao porto desejado. (31) Celebrem a Iahweh, por seu amor, por suas maravilhas pelos filhos de Adão! (32) Que exaltem na assembléia do povo, e o louvem no conselho dos anciãos! (33) Ele transformou rios em deserto, nascentes em terra sedenta, (34) terra fértil em salina, por causa do mal de seus habitantes. (35) E transformou o deserto em lençóis de água, terra seca em nascentes; (36) e aí fez morar os famintos, que fundaram uma cidade habitada. (37) Eles semeiam campos e plantam vinhas que produzem colheitas de frutos. (38) Ele os abençoa e sempre mais se multiplicam, não deixa o seu rebanho diminuir. (39) Depois diminuem e minguam pela opressão do mal e sofrimento. (40) Ele espalha o desprezo sobre os príncipes, fazendo-os vagar em confusão sem saída. (41) Mas levanta o indigente da miséria e multiplica famílias como rebanho. (42) Os corações retos vêem e alegram-se, e toda injustiça fecha sua boca. (43) Quem é sábio? Observe estas coisas, e saiba discernir o amor de Iahweh!

(1) Hodú ladonái qi tôv, qi leolám chasdó. (2) Iómeru gueulê Adonái, ashér guealám míad tzar. (3) Umearatzót qibetzám, mimizrách umimaaráv, mitzafón umiám. (4) Taú vamidbár bishimón dárech, ir mosháv ló matzáu. (5) Reevím gam tzeméim, nafshám bahém tit'atáf. (6) Vaitz'aqú el Adonái batzár lahém, mimetzuqotehém iatzilém. (7) Vaiadrichém bedérech ieshará, laléchet el ir mosháv. (8) Iodú ladonái chasdó, venifleotáv livenê adám. (9) Qi hisbía néfesh shoqeqá, venéfesh reevá míle tôv. (10) Ioshevê chóshech vetzalmávet, açirê ôni uvarzél. (11) Qi himrú ímre El, vaatzát Eliôn naátzu. (12) Vaiach'ná beamál líbam, qashelú veén ozér. (13) Vaiz'aqú el Adonái batzár lahém, mimetzuqotehém ioshiém. (14) Iotziém mechóshech vetzalmávet, umoçerotehém ienatéq. (15) Iodú ladonái chasdó, venifleotáv livenê adám. (16) Qi shibár daltót nechóshet, uveriché varzél guidêa. (17) Evilím midérech pish'âm, umeavonotehém it'anú. (18) Qol ôchel tetaév nafshám, vaiaguíu ad shaarê mávet. (19) Vaiz'aqú el Adonái batzár lahém, mimetzuqotehém ioshiém. (20) Ishlách devaró veirpaém, vimalét mishechitotám. (21) Iodú ladonái chasdó, venifleotáv livenê adám. (22) Veizbechú ziv'chê todá, viçaperú maaçáv beriná. (23) Ioredê haiâm baoniót, oçê melachá bemáim rabím. (24) Hêma raú maaçê Adonái, venifleotáv bimtzulá. (25) Vaiômer vaiaamêd rúach çeará, vateromém galáv. (26) Iaalú shamáim, ieredú tehomót, nafshám beraá titmogág. (27) Iachôgu veianúu qashiqór, vechól choch'matám titbalá. (28) Vaitz'aqú el Adonái batzár lahém, umimetzuqotehém iotziém. (29) Iaqém çeará lidmamá, vaiecheshú galehém. (30) Vais-

mechú chi ishtôqu, vaian'chém el mechóz cheftzám. (31) Iodú ladonái chasdó, venifleotáv livenê adám. (32) Viromemúhu bíqehal am, uvmosháv zeqením iehalelúhu. (33) Iaçém neharót lemidbár, umotzáe máim letzimaón. (34) Éretz perí limlechá, meraát ioshevê va. (35) Iaçém midbár láagam máim, veéretz tziá lemotzáe máim. (36) Vaiôshev sham reevím, vaichonenú ir mosháv. (37) Vaizreú çadót vaiteú cheramím, vaiaaçú perí tevuá. (38) Vaivarechém vairbú meód, uv'hemtám ló iam'ít. (39) Vaim'atú vaiashôchu, meótzer raá veiagón. (40) Soféch buz al nedivím, vaiat'êm betôhu ló dárech. (41) Vaiçaguév evión meôni, vaiáçem qatzón mishpachót. (42) Ir'ú iesharím veismáchu, véchol avlá qáftza píha. (43) Mi chachám véishmor éle, veitbonenú chasdê Adonái.

Salmo 108

Para ter êxito

Todas as mudanças que você deseja concretizar, em sua vida e em seus assuntos, fundamentam-se nas transformações profundas que você realiza na sua consciência e na sua maneira de pensar e de agir. O êxito é o resultado de seu estado mental e de sua atitude diante da vida. Analise bem esses pontos e trabalhe-os. Alterne essa meditação com a leitura do seguinte Salmo.

(1) *Cântico. Salmo. De Davi.* (2) Meu coração está firme, ó Deus, – eu quero cantar e tocar! – vamos, glória minha, (3) desperta, cítara e harpa, despertarei a aurora! (4) Quero louvar-te entre os povos, Iahweh, tocar para ti em meio às nações; (5) pois, mais que o céu, é grande o teu amor, e tua verdade vai até às nuvens. (6) Ó Deus, eleva-te acima do céu, a tua glória domine a terra toda. (7) Para que teus amados sejam libertos, salva pela tua direita! Responde-nos! (8) Deus falou em seu santuário: "Eu exulto ao partilhar Siquém e ao medir o vale de Sucot. (9) Meu é Galaad, Manassés me pertence, o elmo da minha cabeça é Efraim, Judá, meu cetro de comando. (10) Moab é a bacia em que me lavo, e sobre Edom lanço minha sandália, contra a Filistéia grito a vitória". (11) Quem me levará a uma cidade-forte, quem me conduzirá até Edom, (12) senão tu, ó Deus, que nos rejeitaste, um Deus que já não sai com nossos exércitos? (13) Concede-nos socorro na opressão, pois a salvação humana é inútil! (14) Com Deus nós faremos proezas, ele calcará nossos opressores!

(1) Shir mizmór ledavíd. (2) Nachón libí Elohím, ashíra vaazamerá af qevodí. (3) Urá hanével vechinór, aíra sháchar. (4) Odechá vaamím, Adonái, vaazamer'chá bal'umím. (5) Qi gadól meál shamáim chasdêcha, véad shechaqím amitêcha. (6) Rúma al shamáim Elohím, veál qol haáretz qevodêcha. (7) Lemáan iechaletzún iedidêcha, hoshía ieminechá vaanêni. (8) Elo-

hím dibér beqodshó eelôza, achaleqá Shechém veémeq Çuqót amadéd. (9) Li Gil'ád li Menashé, veefráim maóz roshí, Iehudá mechoqeqí. (10) Moáv çir rach'tzí, al Edôm ashlích naalí, alê Feléshet etroá. (11) Mi iovilêni ir mivtzár, mi nacháni ad Edôm. (12) Haló Elohím zenach'tánu, vélo tetzé Elohím betziv'otênu. (13) Háva lánu ezrát mitzár, vesháv teshuát adám. (14) Belohím náaçe cháil, vehú iavús tzarênu.

Salmo 109

Para livrar-se da opressão de um inimigo

Depois de recitar este Salmo, faça o ritual do Salmo 104.
(1) *Do mestre de canto. De Davi. Salmo.* Deus a quem louvo, não te cales! (2) Pois boca maldosa e boca enganadora abriram-se contra mim. Falam de mim com língua mentirosa, (3) palavras de ódio me cercam e me combatem sem motivo. (4) Em troca de minha amizade me acusam, e fico suplicando; (5) contra mim trazem o mal, em paga de benefício, o ódio em paga de minha amizade. (6) "Suscita um ímpio contra ele, que o acusador se poste à sua direita! (7) Saia condenado do julgamento, e sua prece seja tida como pecado! (8) Que seus dias fiquem reduzidos e outro tome o seu encargo! (9) Que seus filhos fiquem órfãos e sua mulher se torne viúva! (10) Que seus filhos fiquem vagando a mendigar, e sejam expulsos das suas ruínas! (11) Que o usuário roube o que possuem e estrangeiros depredem os seus bens! (12) Que ninguém lhe mostre clemência, que ninguém tenha piedade de seus órfãos! (13) Que sua descendência seja cortada, que seu nome se extinga numa geração! (14) Que Iahweh se lembre do erro de seus pais, e o pecado de sua mãe nunca seja apagado! (15) Que estejam sempre à frente de Iahweh, para que ele corte da terra a sua lembrança!" (16) Ele não se lembrou de agir com clemência: perseguiu o pobre e o indigente, e o de coração contrito até a morte. (17) Ele amava a maldição: que recaia sobre ele! Não gostava da bênção: que ela o abandone! (18) Vestia a maldição como um manto: que ela o penetre como água, e como óleo em seus ossos! (19) Seja-lhe como roupa a cobri-lo, como um cinto que sempre o aperte! (20) Que Iahweh pague assim os que me acusam, os que proferem o mal contra mim! (21) Tu, porém, Iahweh meu senhor, trata-me conforme o teu nome, liberta-me, pois teu amor é bondade! (22) Quanto a mim, sou pobre e indigente, e, dentro de mim, meu coração está ferido; (23) vou passando como sombra que se expande, sou atirado para longe, como gafanhoto. (24) Jejuei tanto que meus joelhos se dobram, e sem óleo minha carne emagrece; (25) tornei-me ultraje para eles, os que me vêm meneiam a cabeça. (26) Socorre-me, Iahweh meu

Deus, salva-me conforme o teu amor. (27) Eles reconhecerão que isto vem da tua mão, que tu, ó Iahweh, o realizaste! (28) Eles maldizem, mas tu abençoarás; eles se levantam, fiquem envergonhados e teu servo se alegre. (29) Cubram-se de humilhação os que me acusam, que a vergonha os envolva como um manto! (30) Celebrarei Iahweh em alta voz, louvando-o em meio à multidão; (31) pois ele se põe à direita do indigente, para dos juízes salvar a sua vida.

(1) Lamenatzêach ledavíd mizmór, Elohê tehilatí al techerásh. (2) Qi fi rashá áfi mirmá alái patáchu, diberú ití leshón sháqer. (3) Vedivrê çin'á çevavúni, vailachamúni chinám. (4) Táchat ahavatí istenúni, vaaní tefilá. (5) Vaiaçímu alái raá táchat tová, veçin'á táchat ahavatí. (6) Hafqéd aláv rashá, veçatán iaamód al ieminó. (7) Behisháfeto ietzé rashá, utfilató tihié lachataá. (8) Ihiú iamáv meatím, pequdató iqách achér. (9) Ihiú vanáv ietomím, veishtó almaná. (10) Venôa ianúu vanáv veshiélu, vedareshú mecharvotehém. (11) Ienaqésh nóshe léchol ásher ló, veiavôzu zarím ieguió. (12) Al iehí ló moshéch cháçed, véal iehí chonén litomáv. (13) Iehí acharitó lehach'rít, bedór achér imách shemám. (14) Izachér avón avotáv el Adonái, vechatát imó al timách. (15) Ihiú négued Adonái tamíd, veiach'rét meéretz zich'rám. (16) Iáan ashér ló zachár açót cháçed, vairdóf ish aní veevión venich'ê leváv lemotét. (17) Vaieeháv qelalá vatevoêhu, veló chaféts bivrachá vatir'cháq mimênu. (18) Vailbásh qelalá qemadó, vatavó chamáim beqirbó, vechashémen beatzmotáv. (19) Téhi ló qevégued iaté, ulmêzach tamíd iach'guerêha. (20) Zot peulát çotenái meét Adonái, vehadoverím rá al nafshí. (21) Veatá Elohím Adonái açé ití lemáan shemêcha, qi tôv chasdechá hatzilêni. (22) Qi aní veevión anôchi, velibí chalál beqirbí. (23) Qetzél qintotó nehelách'ti, nin'artí qaarbê. (24) Birqái qashelú mitzóm, uvçarí qachásh mishámen. (25) Vaaní haíti cherpá lahém, ir'úni ieniún roshám. (26) Ozrêni Adonái Elohái, hoshiêni chechasdêcha. (27) Veiedeú qi iadechá zot, atá Adonái açíta. (28) Ieqálelu hêma veatá tevarêch, qámu vaievôshu veavdechá ismách. (29) Ilbeshú çotenái qelimá, veiaatú chameíl boshtám. (30) Odé Adonái meód befí, uvtóch rabím ahalelênu. (31) Qi iaamód limín evión, lehoshía mishofetê nafshó.

Salmo 110

Para fazer a paz com seus inimigos

Imagine que você é uma cruz de ouro, sem conotação religiosa e sem indicar sofrimento algum. Ou seja, uma cruz de ouro com todos os braços de igual tamanho. Visualize que você é essa cruz. Sinta que você é essa cruz. E sinta que essa cruz é você. Imagine uma rosa branca no braço esquerdo da cruz. E, no braço di-

---

* A cruz com os braços de igual tamanho representa o equilíbrio dos quatro elementos básicos da natureza (a cruz católica tem a ponta superior mais curta que a inferior). As rosas simbolizam o estado vibracional em que está vibrando cada um dos quatro elementos mágicos. A rosa do centro da cruz representa o poder sintetizado dos quatro elementos mencionados.

reito, uma rosa vermelha. No centro da cruz, visualize uma rosa rosada. No braço superior, imagine uma rosa amarela e, no braço inferior, uma rosa lilás. Todas essas rosas estão flameando suas respectivas cores de maneira independente e intensa. Visualize que da rosa branca emana um raio de luz branca que vai até a rosa rosada. Do mesmo modo, da rosa vermelha emana um raio de luz vermelha que vai até a rosa rosada. Da rosa amarela sai um raio de luz amarela que vai até a rosa rosada. E da rosa lilás sai um raio de luz lilás que vai até a rosa rosada.

Repita o seguinte mantra:

Ó Chaiá, Chové, Ichié-Elóa Ve Dáat Shemá Nozél Shemá Nozél

A visualização dos raios das rosas, convergindo para a rosa central, criou uma energia que você agora emanará até seu inimigo, envolvendo-o e fazendo com que as rosas dele — iguais às suas — brilhem e confluam para uma única rosa localizada no peito de seu adversário. Com isso, a energia da rosa multicolorida se expandirá para todo o corpo de seu oponente. Depois reze este Salmo.

(1) *De Davi. Salmo.* Oráculo de Iahweh ao meu senhor: "Senta-te à minha direita, até que eu ponha teus inimigos como escabelo de teus pés." (2) Desde Sião Iahweh estende teu cetro poderoso, e dominas em meio aos teus inimigos. (3) A ti o principado no dia do teu nascimento, as honras sagradas desde o seio, desde a aurora da tua juventude. (4) Iahweh jurou e jamais desmentirá: "Tu és sacerdote para sempre, segundo a ordem de Melquisedec". (5) O Senhor está à tua direita, ele esmaga os reis no dia da sua ira. (6) Ele julga as nações, amontoa cadáveres, esmaga cabeças pela imensidão da terra. (7) A caminho ele bebe da torrente, e por isso levanta a cabeça.

(1) Ledavíd mizmór, neúm Adonái, ladoní, shev liminí, ad ashít oievêcha hadóm leraglêcha. (2) Maté uzechá ishlách Adonái mitzión, redé beqérev oievêcha. (3) Amechá nedavót beiôm chelêcha, behadrê qódesh meréchem mish'chár, lechá tal ialdutêcha. (4) Nishbá Adonái veló inachém, atá choên leolám, al divratí málqi tzédeq. (5) Adonái al ieminechá, machátz beiôm apó melachím. (6) Iadín bagoím malé gueviót, máchatz rosh al éretz rabá. (7) Mináchal badérech ishté, al qen iarím rosh.

Salmo 111

*Para que se materialize a presença do ser amado
que estamos esperando*

Antes de fazer o ritual descrito abaixo, reze este Salmo, que (em hebraico) está ordenado alfabeticamente, indicando assim uma ordem ou engrenagem. Terminado o Salmo, trace uma linha entre seu coração e o ponto no meio das sobrancelhas (veja os desenhos ao lado) e projete-a para um ponto central diante de seu

---

* Neste Salmo empregamos o arcano em que está a Sacerdotisa, porque ela, no Tarô, é a imagem do feminino supremo, do sentimento na sua função superior. O Mago, por sua vez, representa a presença suprema da razão. Os dois triângulos têm o vértice projetado para a frente, na direção um do outro, porque unem na pessoa a razão e o sentimento, o masculino e o feminino.

rosto. Para esse ponto converge uma carta do Tarô. A mulher projeta o Arcano nº 1 (o Mago) e o homem visualiza o Arcano nº 2 (a Sacerdotisa). Observe atentamente o desenho anterior. Talvez você ache mais fácil fazer este exercício diante do espelho, sem roupas. O triângulo formado pelo homem será rosa claro; o da mulher, azul-rei. Tanto o homem como a mulher repetirão a seguinte frase, pensando na pessoa amada:

Atá Ashér Aní Ve, Aní Mashé Atá, Nozél Bo Elái

A frase quer dizer:

Tu és o que eu sou e eu sou o que tu és.
Flua neste instante. Venha a mim.

(1) Aleluia! Celebro a Iahweh de todo o coração na intimidade dos retos e no conselho. (2) Grandes são as obras de Iahweh, dignas de estudo para quem as ama. (3) Sua obra é esplendor e majestade, e sua justiça permanece para sempre. (4) Ele deixou um memorial de suas maravilhas, Iahweh é piedade e compaixão: (5) Ele dá alimento aos que o temem, lembrando-se sempre da sua aliança; (6) mostra ao seu povo a força de suas obras, entregando-lhe a herança das nações. (7) Justiça e Verdade são as obras de suas mãos, seus preceitos todos merecem confiança: (8) são estáveis para sempre e eternamente, vão cumprir-se com verdade e retidão. (9) Ele envia libertação para seu povo, declarando sua aliança para sempre; seu nome é santo e terrível. (10) O princípio da sabedoria é temer a Iahweh, todos os que o praticam têm bom senso. Seu louvor permanece para sempre.

(1) Haleluiá, odé Adonái béchol leváv, beçód iesharím veedá. (2) Guedolím maaçê Adonái, derushím léchol chef'tzehém. (3) Hod vehadár paoló, vetzidqató omédet laád. (4) Zécher açá lenifleotáv, chanún verachúm Adonái. (5) Téref natán lireáv, izqór leolám beritó. (6) Qôach maaçáv higuíd leamó, latét lahém nachalát goím. (7) Maaçê iadáv emét umishpát, neemaním qol piqudáv. (8) Çemuchím laád leolám, açuím beemét veiashár. (9) Pedút shalách leamó, tzivá leolám beritó, qadósh venorá shemó. (10) Reshít choch'má ir'át Adonái, çéchel tôv léchol oçehém, tehilató omédet laád.

Salmo 112

Para fortalecer o seu ser interior

Explicação sobre o significado da letra aqui empregada:

A letra da direita significa o poder ilimitado que possuímos como criação de Deus. O poder do pai é também possuído pelo filho. A letra da esquerda significa a espada e as armas. A letra do centro significa a força que move o poder ilimitado e a espada.

Visualize inicialmente essas letras crescendo, crescendo, crescendo dentro de seu coração e partindo de seu interior para fora, enquanto você repete este mantra:

Azéi El Shadái El Zaqái El

Essas palavras querem dizer:

Flui a força absoluta de Deus, livre, pura e inocente. Escuta-me. Flui.

(1) Aleluia! Feliz o homem que teme a Iahweh e se compraz em seus mandamentos! (2) Sua descendência será poderosa na terra, a descendência dos retos será abençoada. (3) Na sua casa há abundância e riqueza, sua justiça permanece para sempre. (4) Ele brilha na treva como luz para os retos, ele é piedade, compaixão e justiça. (5) Feliz quem tem piedade e empresta, e conduz seus negócios com justiça. (6) Eis que ele jamais vacilará, a memória do justo é para sempre! (7) Ele nunca teme as más notícias: seu coração é firme, confiante em Iahweh; (8) seu coração está seguro, nada teme, ele se confronta com seus opressores. (9) Ele distribui aos indigentes com largueza; sua justiça permanece para sempre, sua força realça sua glória. (10) O ímpio olha e se desgosta, range os dentes e definha. A ambição dos ímpios fracassará.

(1) Haleluiá, ashrê ish iaré et Adonái, bemitzvotáv chafétz meód. (2) Guibór baáretz ihié zar'ó, dor iesharím ievorách. (3) Hon vaósher bevetó, vetzidqató omédet laád. (4) Zarách bachóshech or laisharím, chanún verachúm vetzadíq. (5) Tôv ish chonên umalvê, iechalqél deváv bemishpát. (6) Qi leolám ló imót, lezécher olám ihié tzadíq. (7) Mishemuá raá ló iirá, nachôn libó batúach badonái. (8) Çamúch libó ló iirá, ad ásher ir'ê vetzaráv. (9) Pizár natán laevioním, tzidqató omédet laád, qarnó tarúm bechavód. (10) Rashá ir'ê vechaás, shináv iacharóq venamás, taavát reshaím tovéd.

Salmo 113

Para livrar-se de um trabalho de feitiçaria

*Ó El Eliôn Shabetái Shemá. Suma et Magna Ignis Natura
Et Suma et Magna Revovatum Integrae Per Secula Seculorum. Ámen. Ptha*

Esse mantra quer dizer:

*Ó Tu, o mais alto Deus (em Tua forma saturnina),
Suprema natureza do fogo e forma Suprema, renova-Te integralmente.*

---

* A foice representa o instrumento que destruirá o mal em cada um dos quatro pontos cardeais. A cruz de ouro representa o instrumento harmonizador das forças em equilíbrio (depois de destruir aquilo que as desarmonizava).

Imagine uma cruz de ouro, com os braços de igual tamanho. Na ponta de cada braço há uma pequena foice que corta para a direita. As letras no centro da cruz são em vermelho-carmesim. Repita o mantra até que a cruz gire, cortando todos os laços e influências maléficas que cheguem até você, sejam provenientes do norte, do sul, do leste ou do oeste. (A cruz é dourada; as letras são vermelho-fogo; as foices são pretas.)

(1) Aleluia! Louvai, servos de Iahweh, louvai o nome de Iahweh! (2) Seja bendito o nome de Iahweh, desde agora e para sempre; (3) do nascer do sol até o poente, seja louvado o nome de Iahweh! (4) Elevado sobre os povos todos é Iahweh, sua glória está acima do céu! (5) Quem é como Iahweh nosso Deus? Ele se eleva para sentar-se, (6) e se abaixa para olhar pelo céu e pela terra. (7) Ele ergue o fraco da poeira e tira o indigente do lixo, (8) fazendo-o sentar-se com os nobres, ao lado dos nobres do seu povo; (9) faz a estéril sentar-se em sua casa, como alegre mãe com seus filhos.

(1) Haleluiá, halelú avdê Adonái, halelú et shêm Adonái. (2) Iehí shêm Adonái mevorách, meatá véad olám. (3) Mimizrách shémesh ad mevoô, mehulál shêm Adonái. (4) Ram al qol goím, Adonái, al hashamáim qevódo. (5) Mi qadonái Elohênu, hamagbihí lashávet. (6) Hamashpilí lir'ót bashamáim uvaáretz. (7) Meqimí meafár dal, meashpót iarím evión. (8) Lehoshiví im nedivím, im nedivê amó. (9) Moshiví aqéret habáit, em habaním çemechá, haleluiá.

Salmo 114

Salmo a ser recitado por um comerciante em seu negócio

ק

Antes de recitar este Salmo, acenda uma vela verde e deixe-a queimar até o fim. Comece dizendo a seguinte oração, enquanto visualiza a letra hebraica *Quf*, em verde-maçã, sobre sua cabeça:

> Ó Supremo regente do fluxo e refluxo,
> Tu que és a natureza única e absoluta de todas as coisas.
> Escuta-me: consente em fluir de maneira atemporal e ilimitada através
> desta aparência, tanto espiritual como material, e faz-me assim entender
> que a riqueza material e a riqueza espiritual são os pólos opostos de uma mesma
> natureza: a Tua e a minha. Por Adonái, Meléch e Adonái Haáret. Amén, Ptha.

---

* A letra *Quf* — que inicia o Salmo 114 — representa a santidade que move tanto as coisas materiais como as coisas espirituais. *Adonái, Meléch* e *Haáret* são nomes sagrados de Deus, para os judeus. *Ptha* é um Deus egípcio, cujo culto se desenvolveu na cidade santa do Sol, Heliópolis (ou Zin, como é chamada na Bíblia); acreditam seus seguidores que Ptha foi o criador do Universo.

Depois reze este Salmo todos os dias, ao abrir seu estabelecimento e antes de começar qualquer outra atividade. Coloque na entrada do local uma *mezuzá* (tubinho contendo uma oração de proteção, escrita em hebraico sobre pergaminho genuíno).

(1) Aleluia! Quando Israel saiu do Egito e a casa de Jacó de um povo bárbaro, (2) Judá se tornou o seu santuário, e Israel, o lugar de seu império. (3) O mar viu e fugiu, o Jordão voltou atrás; (4) os montes saltaram como carneiros, e as colinas como cordeiros. (5) Que tens, ó mar, para fugires assim, e tu, Jordão, para que voltes atrás? (6) As montanhas, para saltar como carneiros, e as colinas como cordeiros? (7) Treme, ó terra, diante do Senhor, diante da presença do Deus de Jacó: (8) ele transforma as rochas em lago e a pedreira em fontes de água.

(1) Betzét Israél mimitzráim, bêt Iaaqóv meám loéz. (2) Haietá Iehudá leqodshó, Israél mamshelotáv. (3) Haiám raá vaianós, haiardên içóv leachór. (4) Heharím raqedú cheelím, guevaót qivnê tzon. (5) Ma lechá haiám qi tanús, haiardên tiçóv leachór. (6) Heharím tirqedú cheelím, guevaót qivnê tzon. (7) Milifnê adón chúli áretz, milifnê Elôha Iaaqóv. (8) Hahofechí hatzúr ágam máim, chalamísh lémaieno máim.

---

* O pequeno tubo que vemos acima, ilustrando este Salmo, é uma *mezuzá*. Feitas de metal, as *mezuzás* podem ser de ouro, cobre, prata, etc.

Salmo 115

Para os que ofendem a Deus pedirem perdão

O ritual é o mesmo do Salmo 51. Cumpra-o depois de ter rezado este Salmo.

(1) Não a nós, Iahweh, não a nós, mas ao teu nome dá glória, por teu amor e tua verdade! (2) Por que diriam as nações: "Onde está o Deus deles?" (3) O nosso Deus está no céu e faz tudo o que deseja. (4) Os ídolos deles são prata e ouro, obra de mãos humanas: (5) têm boca, mas não falam; têm olhos, mas não vêem; (6) têm ouvidos, mas não ouvem; têm nariz, mas não cheiram; (7) têm mãos, mas não tocam; têm pés, mas não andam; não há um murmúrio em sua garganta. (8) Os que os fazem ficam como eles, todos aqueles que neles confiam. (9) Casa de Israel, confia em Iahweh: ele é seu socorro e seu escudo! (10) Casa de Aarão, confia em Iahweh: ele é seu socorro e seu escudo! (11) Vós que temeis Iahweh, confiai em Iahweh: ele é seu socorro e seu escudo! (12) Iahweh se lembra de nós e nos abençoará: abençoará a casa de Israel, abençoará a casa de Aarão, (13) abençoará os que temem Iahweh, os pequenos com os grandes. (14) Que Iahweh vos multiplique, a vós e a vossos filhos! (15) Sede benditos de Iahweh, que fez o céu e a terra. (16) O céu é o céu de Iahweh, mas a terra, ele a deu para os filhos de Adão. (17) Os mortos já não louvam a Iahweh, nem os que descem ao lugar do Silêncio. (18) Nós, os vivos, nós bendizemos Iahweh, desde agora e para sempre!

(1) Ló lánu Adonái ló lánu, qi leshim'chá ten qavód, al chasdechá al amitêcha. (2) Láma iomerú hagoím, aiê na Elohehém. (3) Velohênu vashamáim, qol ásher chafétz açá. (4) Atzabehém qéçef vezaháv, maaçê iedê adám. (5) Pe lahém veló iedabêru, enáim lahém veló ir'ú. (6) Oznáim lahém veló ishmáu, af lahém veló ierichún. (7) Iedehém veló iemishún, raglehém veló iehalêchu, ló iegú bigronám. (8) Qemohém ihiú oçehém, qol ásher botêach bahém. (9) Israél betách badonái, ezrám umaguinán hu. (10) Bêt Aharón bit'chú vadonái, ezrám umaguinám hu. (11) Ir'ê Adonái bit'chú vadonái, ezrám umagui-

nám hu. (12) Adonái zecharánu ievaréch, ievaréch et bêt Israél, ievaréch et bêt Aharón. (13) Ievaréch ir'ê Adonái, haqetaním im haguedolím. (14) Ioçéf Adonái alechém, alechém véal benechém. (15) Beruchím atêm ladonái, oçé shamáim vaáretz. (16) Hashamáim shamáim ladonái, vehaáretz natán livnê adám. (17) Ló hametím iehalelú iá, veló qol ioredê dumá. (18) Vaanách'nu nevaréch iá, meatá véad olám, haleluiá.

Salmo 116

Para salvar-se de uma morte trágica

Reze este Salmo antes e depois de cumprir o mesmo ritual do Salmo 13.

(1) Aleluia! Eu amo Iahweh, porque ele ouve minha voz suplicante, (2) ele inclina seu ouvido para mim no dia em que o invoco. (3) Cercavam-me laços da morte, eram redes do Xeol: caí em angústia e aflição. (4) Então invoquei o nome de Iahweh: "Ah! Iahweh, liberta minha vida!" (5) Iahweh é justo e clemente, nosso Deus é compassivo; (6) Iahweh protege os simples: eu fraquejava e ele me salvou. (7) Volta ao repouso, minha vida, pois Iahweh foi bondoso contigo: (8) libertou minha vida da morte, meus olhos das lágrimas e meus pés de uma queda. (9) Caminharei na presença de Iahweh na terra dos vivos. (10) Eu tinha fé, mesmo ao dizer: "Estou por demais arrasado!" (11) Em meu apuro eu dizia: "Os homens são todos mentirosos!" (12) Como retribuirei a Iahweh todo o bem que me fez? (13) Erguerei o cálice da salvação invocando o nome de Iahweh. (14) Cumprirei a Iahweh os meus votos, na presença de todo o seu povo! (15) É custosa aos olhos de Iahweh a morte dos seus fiéis. (16) Ah! Iahweh, porque sou teu servo, teu servo, filho de tua serva, rompeste meus grilhões. (17) Eu te oferecerei um sacrifício de louvor, invocando o nome de Iahweh. (18) Cumprirei a Iahweh os meus votos, na presença de todo o seu povo, (19) nos átrios da casa de Iahweh, no meio de ti, Jerusalém!

(1) Ahávti qi ishmá Adonái, et qolí tach'nunái. (2) Qi hitá oznó li, uveiamái eqrá. (3) Afafúni chevlê mávet, umtzarê sheól metzaúni, tzará veiagôn emtzá. (4) Uvshêm Adonái eqrá, ána Adonái maletá nafshí. (5) Chanún Adonái vetzadíq, velohênu merachém. (6) Shomér petaím Adonái, dalotí velí iehoshía. (7) Shuví nafshí limnucháichi, qi Adonái gamál aláichi. (8) Qi chilátzta nafshí mimávet, et ení min dim'á, et raglí midéchi. (9) Et'haléch lifnê Adonái beartzót hachaím. (10) Heemânti qi adabér, aní aníti meód. (11) Aní

amárti vechofzí, qol haadám qozév. (12) Ma ashív ladonái, qol tagmulóhi alái. (13) Qos ieshuót eçá, uvshêm Adonái eqrá. (14) Nedarái ladonái ashalém, négda na léchol amó. (15) Iaqár beenê Adonái, hamávta lachaçidáv. (16) Ána Adonái qi aní avdêcha, aní avdechá ben amatêcha, pitách'ta lemoçerái. (17) Lechá ezbách zévach todá, uvshêm Adonái eqrá. (18) Nedarái ladonái ashalém, négda na léchol amó. (19) Bechatz'rót bêt Adonái, betochêchi Ierushaláim, haleluiá.

Salmo 117

Salmo a ser rezado por quem foi caluniado

Este é o mais curto de todos os Salmos. Cumpra o mesmo ritual do Salmo 14.
 (1) Aleluia! Louvai Iahweh, nações todas, glorificai-o, todos os povos! (2) Pois seu amor é forte, e sua verdade é para sempre!

 (1) Halelú et Adonái qol goím, shabechúhu qol haumím. (2) Qi gavár alênu chasdó, véemet Adonái leolám, haleluiá.

Salmo 118

Para que Deus livre você de cometer erros

Peça a Deus, com fé, para livrar você de cometer erros. Com esse objetivo, reze constantemente este Salmo, que era muito recomendado pelo irmão martinista Cohen para se manter uma conexão permanente e estreita com a Divindade. Repita freqüentemente a primeira parte do versículo 6 deste Salmo, tanto em português como em hebraico: *Iahweh [Deus] está comigo: jamais temerei! Adonái li ló irá!*

(1) Aleluia! Celebrai a Iahweh, porque ele é bom, porque o seu amor é para sempre! (2) A casa de Israel repita: o seu amor é para sempre! (3) A casa de Aarão repita: o seu amor é para sempre! (4) Os que temem a Iahweh repitam: o seu amor é para sempre! (5) Na angústia eu gritei a Iahweh: ele me ouviu e me aliviou. (6) Iahweh está comigo: jamais temerei! Que poderia fazer-me o homem? (7) Iahweh está comigo, ele me ajudou: eu me confrontarei com meus inimigos! (8) É melhor abrigar-se em Iahweh do que confiar no homem; (9) é melhor abrigar-se em Iahweh do que confiar nos nobres. (10) As nações todas me cercaram: em nome de Iahweh as destruí! (11) Cercaram-me, fecharam o cerco: em nome de Iahweh as destruí! (12) Cercaram-me como vespas, ardiam como fogo no espinheiro: em nome de Iahweh as destruí! (13) Iam empurrando para me derrubar, mas Iahweh me socorreu: (14) minha força e meu canto é Iahweh, ele foi a minha salvação! (15) Há gritos de júbilo e salvação nas tendas dos justos: "— A direita de Iahweh faz proezas! (16) — A direita de Iahweh é excelsa! — A direita de Iahweh faz proezas!" (17) Jamais morrerei, eu viverei para contar as obras de Iahweh! (18) Iahweh me castigou e castigou, mas não me entregou à morte! (19) Abri-me as portas da justiça, vou entrar celebrando a Iahweh! (20) Esta é a porta de Iahweh: os justos por ela entrarão. (21) Eu te celebro porque me ouviste e foste a minha salvação! (22) A pedra que os construtores rejeitaram tornou-se a pedra angular; (23) isto vem de Iahweh, e é maravilha aos nossos olhos. (24) Este é o dia que Iahweh fez, exultemos e alegremo-nos nele. (25) Ah! Iahweh, dá-nos a salvação! (26) Bendito o que vem em nome de Iahweh! Da casa de Iahweh nós vos abençoamos. (27) Iah-

weh é Deus: ele nos ilumina! Formai a procissão com ramos até aos ângulos do altar. (28) Tu és o meu Deus, eu te celebro, meu Deus, eu te exalto; eu te celebro porque me ouviste e foste a minha salvação! (29) Celebrai a Iahweh, porque ele é bom, porque o seu amor é para sempre!

(1) Hodú ladonái qi tôv, qi leolám chasdó. (2) Iômar na Israél, qi leolám chasdó. (3) Iômeru na bêt Aharón, qi leolám chasdó. (4) Iômeru na ir'ê Adonái, qi leolám chasdó. (5) Min hametzár qaráti iá, anáni vamer'cháv iá. (6) Adonái li ló irá, ma iaaçé li adám. (7) Adonái li beozerái, vaaní er'ê veçoneái. (8) Tôv lachaçót badonái, mibetôach baadám. (9) Tôv lachaçót badonái, mibetôach bindivím. (10) Qol goím çevavúni, beshêm Adonái qi amilám. (11) Çabúni gam çevavúni, beshêm Adonái qi amilám. (12) Çabúni chidvorím, doachú qeésh qotzím, beshêm Adonái qi amilám. (13) Dachó dechitáni linpól, vadonái azaráni. (14) Ôzi vezimrát iá, váihi li lishuá. (15) Qol riná vishuá beaholê tzadiqím, iemín Adonái ôça cháil. (16) Iemín Adonái romemá, iemín Adonái ôça cháil. (17) Ló amút qi echié, vaaçapér maaçê iá. (18) Iaçór içeráni iá, velamávet ló netanáni. (19) Pít'chu li shaarê tzédeq, ávo vam odé iá. (20) Zé hasháar ladonái, tzadiqím iavôu vo. (21) Odechá qi anitáni, vatehí li lishuá. (22) Éven maaçú haboním, haietá lerósh piná. (23) Meét Adonái háita zot, hi niflát beenênu. (24) Zé haiôm açá Adonái, naguíla venismechá vo. (25) Ána Adonái hoshía na, ána Adonái hatzlícha na. (26) Barúch habá beshêm Adonái, berach'nuchém mibét Adonái. (27) El Adonái vaiáer lánu, ísru chag baavotím ad qarnót hamizbêach. (28) Elí atá veodêqa, Elohái aromemêqa. (29) Hodú ladonái qi tôv, qi leolám chasdó.

Salmo 119

Vinte e duas aplicações

Este é o mais longo de todos os Salmos. Em hebraico, chama-se *Temanía Apín*, que significa "As oito facetas". Ele contém 176 versículos, distribuídos igualmente pelas 22 letras do alfabeto hebraico, na ordem usual. Cada parte descreve o desejo intenso de levar uma vida em conformidade com os princípios religiosos.

1. Para curar problemas de anorexia

A primeira parte deste Salmo corresponde à letra *Álef* (mostrada acima, equivalente ao "A"). Começa no versículo 1 e termina no 8. Esta reza, feita com devoção, fará a pessoa se recuperar de seus males e permitirá, assim, que ela utilize cada faceta de sua personalidade a serviço de Deus.

Imagine a letra hebraica *Álef* acima de sua cabeça e repita este mantra:

Echechié Ashér Echechié

Esse mantra quer dizer:

Eu serei o que serei.

---

* O *Álef* é a letra que "ara a terra" de um processo espiritual da vida.

Depois, visualize essa letra dentro de sua cabeça. Sinta que ela forma outra cabeça dentro da sua, tal como mostra o desenho abaixo:

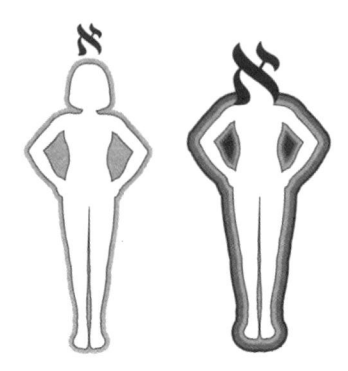

A cabeça estranha dentro de seu corpo, formada pela letra hebraica, cria um pescoço, fortalecendo o corpo por dentro e começando a estabelecer e impulsionar um novo corpo, são e belo. Desta maneira, ela fortalece e cura todo o seu corpo à medida que desenvolve um corpo novo e absorve o antigo.

Quanto mais você repetir o mantra, mais rápida será a cura.

(1) Felizes os íntegros em seu caminho, os que andam conforme a lei de Iahweh! (2) Felizes os que guardam seus testemunhos, procurando-o de todo coração, (3) e que, sem praticar a iniqüidade, andam em seus caminhos! (4) Tu promulgaste teus preceitos para serem observados à risca. (5) Que meus caminhos sejam firmes para eu observar teus estatutos. (6) Então eu não terei vergonha ao considerar todos os teus mandamentos. (7) Eu te celebrarei de coração reto, aprendendo tuas justas normas. (8) Observarei teus estatutos, não me abandones completamente.

(1) Ashrê temimê dárech, haholechím berotát Adonái. (2) Ashrê notzerê edotáv, béchol lev idreshúhu. (3) Af ló faalú avlá, bidracháv haláchu. (4) Atá tzivíta fiqudêcha, lishmór meód. (5) Achalái, iqônu derachái lishmór chuqêcha. (6) Az ló evósh, behabití el qol mitzvotêcha. (7) Odechá beiósher leváv, belomdí mishpetê tzidqêcha. (8) Et chuqêcha eshmór, al taazvêni ad meód.

2. Para curar a dor de ter sido esquecido por outra pessoa. Para melhorar ou curar a memória

Esta parte corresponde à letra hebraica *Bêt* (equivalente ao "B"), compreendendo os versículos 9 a 16.

Este Salmo deve ser rezado na lua cheia. Depois de pronunciar o Salmo, recite o seguinte mantra:

Betél Limúd Bachúr Rachúm

Betél significa a Casa de Deus, plena por dentro. *Limúd* significa a Sabedoria, pelo aprendizado, tornando plena a Casa. *Bachúr* significa escolher o Deus Único dentro de nós. E *Rachúm* significa a clemência de Deus em nós, preenchendo a Casa. Este mantra gera um estado de consciência tão elevado, que preenche nossa casa geralmente vazia e a torna repleta de fé, confiança e sabedoria; não sentiremos tanta falta do ser que se foi, pois temos agora algo muito superior a ele.

Visualize-se envolto em uma luz amarelo-dourada. Se desejar, você também pode visualizar a pessoa que o esqueceu, envolta nessa luz formosa e cálida.

ב

(9) Como um jovem conservará puro o seu caminho? Observando a tua palavra. (10) Eu te busco de todo o coração, não me deixes afastar dos teus mandamentos. (11) Conservei tuas promessas no meu coração para não pecar contra ti. (12) Bendito sejas, Iahweh, ensina-me teus estatutos. (13) Com meus lábios eu enumero todas as normas de tua boca. (14) Alegro-me com o caminho dos teus testemunhos, mais do que com todas as riquezas. (15) Meditarei teus preceitos e considerarei teus caminhos. (16) Delicio-me com teus estatutos e não me esqueço da tua palavra.

ב

(9) Bamé iézaqe náar et or'chô, lishmór qidvarêcha. (10) Béchol libí derashtícha, al tashguêni mimitzvotêcha. (11) Belibí tzafánti imratêcha, lemáan ló êcheta lach. (12) Barúch atá Adonái, lamedêni chuqêcha. (13) Bisfatái çipárti, qol mishpetê fícha. (14) Bedérech edevotêcha çásti, qeal qol hon. (15) Befiqudêcha açícha, veabíta orechotêcha. (16) Bechuqotêcha eshtaashá, ló eshqách devarêcha.

3. Para curar doenças do olho direito

A parte compreendida entre os versículos 17 e 24 corresponde à letra hebraica *Guímel* (equivalente ao "G").

Depois de rezar o Salmo, recite o seguinte mantra:

Gadól Páchad Guibór Zadíq

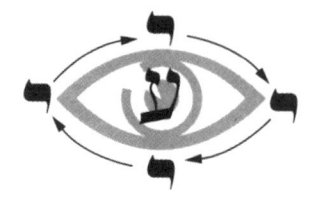

Visualize dentro de seu olho direito a letra *Áin* na cor verde (que representa o olho). E então imagine (conforme mostra o desenho acima) quatro letras *Iúd*, na cor vermelha, uma em cada ponto cardeal; essas letras vão rodando para a sua direita e quanto mais rodam mais fazem ficar verde a letra *Áin*.

(17) Faze o bem ao teu servo e eu viverei observando a tua palavra. (18) Abre meus olhos para eu contemplar as maravilhas que vêm de tua lei. (19) Eu sou um estrangeiro na terra, não escondas de mim teus mandamentos. (20) Minha alma se consome, desejando tuas normas todo o tempo. (21) Ameaça os soberbos, os malditos, que se desviam dos teus mandamentos. (22) Tira de mim o ultraje e o desprezo, pois eu guardo os teus testemunhos. (23) Príncipes se reúnam e falem contra mim, o teu servo medita os teus estatutos. (24) Teus testemunhos são as minhas delícias, teus estatutos são os meus conselheiros.

(17) Guemól al avdechá, echiê veeshmerá devarêcha. (18) Gal enái veabíta, niflaót mitoratêcha. (19) Guer anochí vaáretz, al tastér mimêni mitzvotêcha.

---

* A letra hebraica *Guímel* (o camelo) é o instrumento que nos permite sobreviver à travessia do deserto e chegar ao oásis. Ela representa a pessoa que consegue superar um processo da vida interior e transcender a um nível espiritual.

(20) Gareçá nafshí letaavá, el mishpatêcha véchol et. (21) Gaárta zedím arurím, hashoguím mimitzvotêcha. (22) Gal mealái cherpá vavúz, qi edotêcha natzárti. (23) Gam iashevú çarím bi nidbáru, avdechá iaçíach bechuqêcha. (24) Gam edotêcha shaashuái, anshê atzatí.

4. Para curar doenças do olho esquerdo

Esta divisão compreende os versículos 25 a 32 e corresponde à letra hebraica *Dálet* (equivalente ao "D").

Cumpra o mesmo ritual do Salmo anterior, aplicando-o ao olho esquerdo.

ד

(25) Minha garganta está pegada ao pó, dá-me vida pela tua palavra. (26) Enumero meus caminhos, tu me respondes, ensina-me teus estatutos. (27) Faze-me entender o caminho de teus preceitos, e eu meditarei sobre as tuas maravilhas. (28) Minha alma se desfaz de tristeza, põe-me de pé, conforme tua palavra. (29) Afasta-me do caminho da mentira, e gratifica-me com tua lei. (30) Escolhi o caminho da verdade, e me conformo às tuas normas. (31) Apego-me aos teus testemunhos, Iahweh, não me deixes envergonhado. (32) Corro no caminho dos teus mandamentos, pois tu alargas o meu coração.

ד

(25) Daveqá leafár nafshí, chaiêni qidvarêcha. (26) Derachái çipárti vataanêni, lamedêni chuqêcha. (27) Dérech piqudêcha havinêni, veaçícha benifleotêcha. (28) Dalefá nafshí mitugá, qaiemêni qidvarêcha. (29) Dérech shéqer haçér mimêni, vetoratechá chonêni. (30) Dérech emuná vachárti, mishpatêcha shivíti. (31) Daváqti veedevotêcha, Adonái al tevishêni. (32) Dérech mitzvotêcha arútz, qi tar'chív libí.

---

* A letra hebraica *Dálet*, que representa a Porta Sagrada, abre a entrada para um templo interior de compreensão mais elevada.

5. *Para livrar-se de tentações e se fortalecer no caminho reto*

Esta divisão corresponde à letra hebraica *Hei* (equivalente ao "H") e compreende os versículos 33 a 40.

Na lua minguante, leia este Salmo antes de cantar o seguinte mantra:

Hei Iúd Hei
Hei Váv Hei
Iúd Hei Iúd
Hei Shin Váv Hei

Quando você estiver cumprindo este ritual, e também quando estiver meditando, visualize uma estrela dourada brilhando intensamente em seu coração.

(33) Indica-me, Iahweh, o caminho dos teus estatutos, eu quero guardá-lo como recompensa. (34) Faze-me entender e guardar tua lei, para observá-la de todo o coração. (35) Guia-me no caminho dos teus mandamentos, pois nele está meu prazer. (36) Inclina meu coração para os teus testemunhos, e não para o proveito. (37) Evita que meus olhos vejam o que é inútil, dá-me vida com tua palavra. (38) Confirma tua promessa ao teu servo, para que sejas temido. (39) Desvia de mim o ultraje que eu temo, pois tuas normas são boas. (40) Eis que eu desejo teus preceitos, dá-me vida pela tua justiça.

(33) Horêni Adonái dérech chuqêcha, veetzerêna éqev. (34) Havinêni veetzeró toratêcha, veeshmerêna véchol lev. (35) Hadrichêni bintív mitzvotêcha, qi vo chafátz'ti. (36) Hat libí el edevotêcha, veál el bátza. (37) Haavér enái mereót shav, bidrachêcha chaiêni. (38) Haqém leavdechó imratêcha, ashér leir'atêcha. (39) Haavér cherpatí ashér iagôrti, qi mishpatêcha tovím. (40) Hinê taávti lefiqudêcha, betzidqatechá chaiêni.

---

* Cabalisticamente, a letra hebraica *Hei* significa a janela que a pessoa abre e que, uma vez aberta, permite a entrada da luz solar e do ar que refresca o templo interior. Se essa janela não se abre, isso significa que a letra *Hei* está hermeticamente fechada e não permite a entrada do sol que ilumina nem do ar refrescante.

6. Para livrar-se de uma demanda governamental, obter a boa vontade de quem o serve e para que paguem o que lhe devem

Esta divisão corresponde à letra hebraica *Váv* (equivalente ao "V") e compreende os versículos 41 a 48.

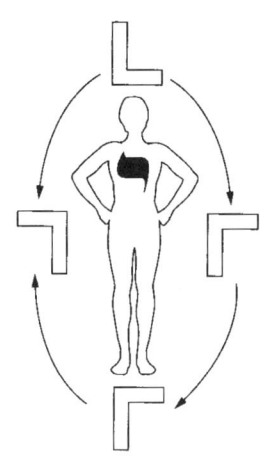

Na altura do coração, visualize a letra hebraica *Iúd* em vermelho-fogo. Dela emana uma luz vermelha e um esquadro branco, diante de você, como se o protegesse (porque o esquadro é a retidão que o protege contra coisas injustas ou incorretas). Visualize também esta manifestação às suas costas, depois no lado direito de seu corpo e finalmente no seu lado esquerdo. Quando os quatro esquadros brancos estiverem formados, imagine que eles começam a girar à sua volta, como um carrossel, formando uma moldura protetora: de leste a oeste e de norte a sul.

Depois de recitar o Salmo, reze o seguinte mantra:

*Va Iehí Qen
Va Ia Re Elohím Qitôv*

A tradução desse mantra é:

Deus viu que era bom e assim se fez.

ו

(41) Que teu amor venha até mim, Iahweh, e tua salvação, conforme tua promessa! (42) Que eu responda ao ultraje pela palavra, pois confio na tua palavra. (43) Não me tires da boca a palavra da verdade, pois eu espero em tuas normas. (44) Observarei tua lei sem cessar, para sempre e eternamente. (45) Andarei por um caminho largo, pois eu procuro teus preceitos. (46) Falarei de teus testemunhos diante dos reis, sem ficar envergonhado. (47) Em teus mandamentos estão as minhas delícias: eu os amo. (48) Levanto as mãos aos teus mandamentos, que amo, e medito em teus estatutos.

ו

(41) Vivoúni chaçadêcha Adonái, teshuatechá qeimratêcha. (42) Veenê chorefí dávar, qi vatách'ti bidvarêcha. (43) Veál tatzél mipí dávar emét ad meód, qi lemishpatêcha ichálti. (44) Veeshmerá toratechá tamíd leolám vaéd. (45) Veet'halechá varechavá, qi fiqudêcha daráshti. (46) Vaadaberá veedotêcha négued melachím, veló evósh. (47) Veeshtaashá bemitzvotêcha ashér ahávti. (48) Veeçá chapái el mitzvotêcha asher ahávti, veaçícha vechuqêcha.

---

* A letra hebraica *Váv* significa gancho ou cravo. Cabalisticamente, se essa letra possui um ponto em cima, então é uma letra que está fazendo um "gancho" entre a matéria e o espírito — ou seja, ela indica a verdadeira *yoga*: reunião ou reconciliação.

7. Para curar doenças do baço

Esta divisão corresponde à letra hebraica *Záin* (equivalente ao "Z") e compreende os versículos 49 a 56.

Reze o seguinte mantra depois de recitar o Salmo, projetando a cor laranja sobre a região do baço:

Zaqái Iachíd Dagúl Limudím Mevórach
Chaçín Norá Adonái Mélech

ז

(49) Lembra-te da tua palavra ao teu servo, na qual tu me fazes esperar. (50) Esta é a minha consolação na minha miséria: a tua promessa me dá vida. (51) Os soberbos caçoam de mim à vontade, mas eu não me desvio de tua lei. (52) Recordo tuas normas de outrora, Iahweh, e me consolo. (53) Fiquei enfurecido frente aos ímpios que abandonam tua lei. (54) Teus estatutos são cânticos para mim, para minha casa de peregrino. (55) Lembro-me do teu nome pela noite, Iahweh, e observo tua lei. (56) Esta é a parte que me cabe: observar os teus preceitos.

ז

(49) Zéchor davár leavdêcha, al ashér ichaltáni. (50) Zot nechamatí veoní, qi imratechá chiátni. (51) Zedím helitzúni ad meód, mitoratechá ló natíti. (52) Zachárti mishpatêcha meolám Adonái vaetnechám. (53) Zal'afá achazátni mereshaím, ozevê toratêcha. (54) Zemirót haiú li chuqêcha bevêt megurái. (55) Zachárti valáila shim'chá Adonái, vaeshmerá toratêcha. (56) Zot háita li, qi fiqudêcha natzárti.

---

* A letra hebraica *Záin* representa a espada e é utilizada como purificador interno e para eliminar o ego. Com esta letra escreve-se um nome divino que significa *Zaqái*, "libertado por um inocente".

8. *Para curar dores no abdome e na parte superior das costas*

Esta divisão do Salmo 119 corresponde à letra hebraica *Chêt* (que não tem equivalente em português) e compreende os versículos 57 a 64.

Reze o Salmo depois de recitar o mantra abaixo, visualizando dentro de si uma lua crescente que pouco a pouco se transforma em lua cheia:

Chaçidéi El
Chaçinéi El
Shemá Bo Elái

Visualize-se envolto por uma faixa de tecido prateado.

ח

(57) Minha parte, Iahweh, eu o digo, é observar as tuas palavras. (58) De todo o coração busco acalmar tua face, tem piedade de mim, conforme tua promessa! (59) Reflito em meus caminhos, voltando meus pés para teus testemunhos. (60) Apresso-me e não me atraso em observar teus mandamentos. (61) Os laços dos ímpios me envolvem, não me esqueço de tua lei. (62) Levanto-me à meia-noite para te celebrar por tuas normas justas. (63) Associo-me a todos os que te temem, e observam tuas normas. (64) A terra, Iahweh, está cheia do teu amor, ensina-me teus estatutos.

ח

(57) Chelqí Adonái, amárti lishmór devarêcha. (58) Chilíti fanêcha véchol lev, chonêni qeimratêcha. (59) Chishávti deracháí, vaashíva raglái el edotêcha. (60) Chashtí veló hitmamáti, lishmór mitzvotêcha. (61) Chevlê reshaím ivedúni, toratechá ló shacháchˈti. (62) Chatzót láila aqúm lehodót lach, al mishpetê tzidqêcha. (63) Chavér aní léchol ashér iereúcha, ulshomerê piqudêcha. (64) Chasdechá Adonái maleá haáretz chuqêcha lamedêni.

---

* A letra hebraica *Chêt* representa uma vala ou uma cerca. Também é vista como "concha receptora", porque é uma espécie de ostra que tem dentro de si uma pérola. A letra Chêt sem o ponto interno é uma ostra estéril: ela não possui a pérola do conhecimento interior. Note que esse conhecimento nunca se refere ao aprendizado mundano, mas somente ao aprendizado espiritual.

9. Para curar doenças dos rins e do aparelho urinário

Esta divisão do Salmo 119 corresponde à letra hebraica *Tét* (equivalente ao "T") e compreende os versículos 65 a 72.

Depois de rezar o Salmo, repita o seguinte mantra:

Arí El Tahór Shemá Bo Elái

Visualize uma luz amarelo-laranja, imaginando ou contemplando a ilustração: o signo de Mercúrio tendo acima o símbolo do infinito. (*Ari El* é uma inteligência das esferas de Mercúrio; *Tahór* é o nome divino do Deus Puro.)

(65) Agiste bem com o teu servo, Iahweh, segundo a tua palavra. (66) Ensina-me o bom senso e o saber, pois eu creio nos teus mandamentos. (67) Antes de ser afligido eu me desviava, agora observo a tua promessa. (68) Tu és bom e benfeitor, ensina-me teus estatutos. (69) Os soberbos lançam calúnias contra mim, de todo o coração eu guardo teus preceitos. (70) Seu coração é espesso como gordura, eu me delicio com tua lei. (71) Para mim é bom ser afligido para aprender teus estatutos. (72) A lei da tua boca é um bem para mim, mais que milhões em ouro e prata.

מ

(65) Tôv açíta im avdechá, Adonái qidvarêcha. (66) Tuv táam vadáat lamedêni, qi vemitzvotêcha heemánti. (67) Térem eené aní shoguég, veatá imratechá shamárti. (68) Tôv atá umetív, lamedêni chuqêcha. (69) Tafelú alái shéqer zedím, aní béchol lev etzór piqudêcha. (70) Tafásh qachélev libám, aní toratechá shiasháti. (71) Tôv li chi unéti, lemáan elmád chuqêcha. (72) Tôv li tórat pícha, mealfê zaháv vacháçef.

---

* A letra hebraica *Tét* é utilizada para dar iluminação interior.

10. Oração para você eliminar suspeitas infundadas sobre a sua pessoa

Esta divisão, que compreende os versículos 73 a 80, corresponde à letra *Iúd* (uma consoante hebraica que corresponde à nossa vogal "I", adotando o som da vogal a ela acoplada).
Eis o mantra correto para você alcançar o objetivo deste Salmo:

Eliôn Iachíd Cháia
Eliôn Iachíd Chové
Eliôn Iachíd Ichié

Quando pronunciar esse mantra, visualize uma luz violeta irradiando sobre sua pessoa.

י

(73) Tuas mãos me fizeram e firmaram, faze-me entender, aprender teus mandamentos. (74) Que os que temem a ti vejam-me com alegria, pois espero em tua palavra. (75) Sei, Iahweh, que tuas normas são justas, e que por fidelidade me afliges. (76) E teu amor seja minha consolação conforme tua promessa ao teu servo! (77) Que tua misericórdia venha a mim, e viverei, pois tua lei são as minhas delícias. (78) Envergonhem-se os soberbos que me lançam calúnias! Medito os teus preceitos. (79) Voltem-se a mim os que temem a ti, os que conhecem teus testemunhos. (80) Que meu coração seja íntegro em teus estatutos, para que não fique envergonhado.

י

(73) Iadêcha açúni vaichonenúni, havinêni veelmedá mitzvotêcha. (74) Iereêcha ir'úni veismáchu, qi lidvarechá ichálti. (75) Iadóti Adonái qi tzédeq mishpatêcha, veemuná initáni. (76) Iéhi na chasdechá lenachamêni, qeimratechá leavdêcha. (77) Ievoúni rachamêcha veechié, qi toratechá shaashuái. (78) Ievôshu zedím qi shéqer ivetúni, aní açíach befiqudêcha. (79) Iashúvu li iereêcha, veiodeê edotêcha. (80) Iehí libí tamím bechuqêcha, lemáan ló evósh.

---
* No alfabeto hebraico, a letra *Iúd* representa Deus.

11. Para eliminar inflamações, chagas ou erupções em qualquer parte do corpo

Esta divisão corresponde à letra hebraica *Qáf* (equivalente a "Q", "K" e "C") e compreende os versículos 81 a 88.

כ

Este Salmo é mais eficaz na lua crescente. Depois de rezá-lo, entoe este mantra:

Qohên Há Gadól Veqochím Shél Qabír

Ao pronunciar o mantra, imagine uma luz azul-violeta.

Visualize a letra hebraica *Qáf* na cor dourada e em tamanho muito grande, de maneira a ocupar todo o seu peito. Dentro da letra, veja uma chama vermelha. Deixe a chama arder e se irradiar permanentemente. Seu calor e sua luz não só curarão você de todas as inflamações, chagas e erupções, como também lhe darão clareza, discernimento e muitas outras qualidades. É impossível mencionar toda a vasta quantidade de benefícios que são outorgados pela chama dentro de uma radiante "caixa" dourada.

כ

(81) Eu me consumo pela tua salvação, espero pela tua palavra. (82) Meus olhos se consomem pela tua promessa: quando me consolarás? (83) Estou como um odre na fumaça, nunca me esqueço dos teus estatutos. (84) Quantos serão os dias do teu servo? Quando me farás justiça contra meus perseguidores? (85) Abriram covas para mim os soberbos que não andam conforme tua lei. (86) Teus mandamentos todos são verdade; quando a mentira me persegue, ajuda-me! (87) Por pouco não me lançavam por terra, mas eu não abandono teus preceitos. (88) Vivifica-me, conforme o teu amor, e observarei o testemunho de tua boca.

כ

(81) Qaletá liteshuatechá nafshí, lidvarechá ichálti. (82) Qalú enái leimratêcha, lemór matái tenachamêni. (83) Qi haíti qenód beqitór, chuqêcha ló shachách'ti. (84) Qamá iemê avdêcha, matái taaçê verodefái mishpát. (85) Qáru li zedím shichót, ashér ló chetoratêcha. (86) Qol mitzvotêcha emuná, shéqer redafúni ozrêni. (87) Qim'át qilúni vaáretz, vaaní ló azávti fiqudêcha. (88) Qechasdechá chaiêni, veeshmerá edút pícha.

12. Para quem vai se apresentar em juízo ou prestar um exame

Esta divisão corresponde à letra hebraica *Lámed* (equivalente ao "L") e compreende os versículos 89 a 96.

O mestre Tomás Golding aconselha visualizar a letra hebraica *Lámed* sobre a cabeça, como se fosse um gorro, deixando que a parte superior da letra (que parece uma chama) arda como a luz de uma vela. Essa luz transformará você em uma pessoa individualizada, destacada, e o ajudará a rechaçar todos os ataques mal-intencionados. Você será uma pessoa que iluminará os que estão no escuro e projetará luz aos que estão nas trevas. Uma pessoa que tem o Espírito Santo acima da cabeça, como no Pentecostes. O mal não chegará até você, porque será rechaçado. Não existirão maus juízos contra você. Esta letra também significa Sabedoria, mas com aprendizado.

Reze o seguinte mantra:

Eliôn Lemút Eliôn

ל

(89) Iahweh, tua palavra é para sempre, ela está firmada no céu; (90) tua verdade continua, de geração em geração: fixaste a terra, e ela permanece. (91) Tudo existe até hoje conforme tuas normas, pois todas as coisas te servem. (92) Se tua lei não fosse o meu prazer, eu já teria perecido na miséria. (93) Jamais esquecerei teus preceitos, pois é por eles que me fazes viver. (94) Eu pertenço a ti: salva-me, pois busco teus preceitos. (95) Que os ímpios espreitem minha ruína: sei discernir teus testemunhos. (96) Vi o limite de toda perfeição: teu mandamento é muito amplo.

ל

(89) Leolám Adonái, devarechá nitzáv bashamáim. (90) Ledór vadór emunatêcha, qonánto éretz vataamód. (91) Lemishpatêcha amedú haiôm, qi haqól avadêcha. (92) Lulê toratechá shaashuái, az avádeti veoní. (93) Leolám ló eshqách piqudêcha, qi vam chiitáni. (94) Lechá aní hoshiêni, qi fiqudêcha daráshti. (95) Li qivú reshaím leabedêni, edotêcha etbonán. (96) Lechól tich'lá raíti qetz, rechavá mitzvatechá meód.

---

* *Eliôn* significa o mais alto, mais elevado. *Lemút* significa o sábio ou a aprendizagem. Repita o mantra visualizando a chama ardendo no ponto mais alto de sua cabeça, com o restante da letra *Lámed* dentro de sua cabeça e de seu corpo.

13. Para curar as mãos e os braços

Esta divisão corresponde à letra hebraica *Mém* (equivalente ao "M") e compreende os versículos 97 a 104.

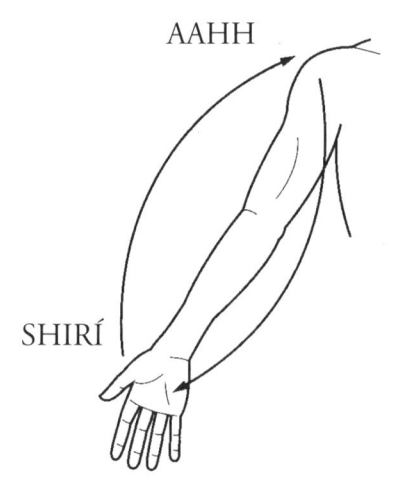

Enquanto recita o mantra tibetano abaixo, você verá uma luz vermelha, brilhante como o rubi, emanar de seu ombro e seguir na direção de sua mão:

Aahh, Aahh, Aahh

Depois, enquanto uma intensa luz verde emana de sua mão e segue na direção de seu ombro, você entoa:

Shirí

E enquanto as luzes circulam do ombro para a mão e da mão para o ombro, entoe *Shirí Aahh Shirí Aahh*. O significado desse mantra é:

Aahh — o poder de Buda, a palavra de Buda quando fala.

Shirí — a força regeneradora, impulsora.

מ

(97) Como amo a tua lei! Medito-a todo o dia. (98) Teu mandamento me faz mais sábio que meus inimigos, porque ele me pertence para sempre. (99) Percebo mais do que todos os meus mestres, porque medito teus testemunhos. (100) Tenho mais discernimento que os idosos, porque observo os teus preceitos. (101) Desvio meus pés de todo caminho mau, para observar a tua palavra. (102) Jamais me desvio de tuas normas, porque és tu que me ensinas. (103) Quão doce ao meu paladar é tua promessa, é mais do que mel em minha boca! (104) Com teus preceitos sou capaz de discernir e detestar todo caminho mau.

מ

(97) Ma ahávti toratêcha, qol haiôm hi çichatí. (98) Meoievái techaqemêni mitzvotêcha, qi leolám hi li. (99) Míqol melamedái hisqálti, qi edevotêcha çícha li. (100) Mizeqením etbonán, qi fiqudêcha natzárti. (101) Míqol ôrach ra qalíti raglái, lemáan eshmór devarêcha. (102) Mimishpatêcha ló çárti, qi atá horetáni. (103) Ma nimletzú lechiqí imratêcha, midevásh lefí. (104) Mipiqudêcha etbonán, al qen çanêti qol ôrach sháqer.

---

* Cabalisticamente falando, a letra hebraica *Mém* ("as águas") é como um ser humano que diz: "Eu utilizo minhas energias sexuais para desfrutar a vida". Isso é ignorância — as águas sexuais foram criadas para irrigar como água sagrada, tal como faz o sangue.

14. Para curar os ouvidos

Esta divisão corresponde à letra hebraica *Nún* (equivalente ao "N") e compreende os versículos 105 a 112.

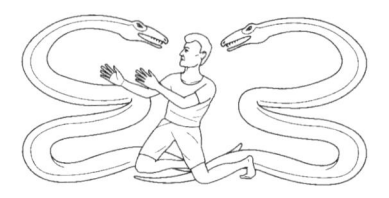

Imagine que existe, diante e atrás de você, uma cobra gigantesca de bronze ardente. Repita este mantra:

Nachásh Cha Nechoshét Shemá Bo Elái

Depois visualize (segundo o desenho) uma área circular que vai do meio da testa até as clavículas, abrangendo o rosto, o pescoço e as orelhas. Toda essa área forma um círculo ou esfera que é o sefirót cabalístico *Táf*. É um sefirót eminentemente otorrinolaringológico, ou seja, lida com os ouvidos, o nariz e a garganta. A serpente de bronze é um anjo em forma de serpentina que abarca a área circular descrita.

Imagine dentro de si uma serpente mordendo o próprio rabo. Faça essa serpente girar em seu corpo de modo a sair pela têmpora direita, entrar pela clavícula e circular dentro da área descrita. Dessa maneira, você estará curando a região dos ouvidos, bem como o nariz e a garganta.

---

* Esclarecimento: *Nachásh Cha Nechoshét* não é o nome de um anjo. É o nome angélico do plano angélico do sefirót no nível angélico e é por isso que se diz "serpente de bronze" ou *Nachásh Cha Nechoshét*.

נ

(105) Tua palavra é lâmpada para os meus pés, e luz para o meu caminho. (106) Jurei, e sustento: observar as tuas normas justas. (107) Estou por demais humilhado, Iahweh, vivifica-me, conforme tua palavra. (108) Iahweh, aceita a oferta de minha boca e ensina-me tuas normas. (109) Minha vida está sempre em minha mão, não me esqueço de tua lei. (110) Os ímpios estendem um laço para mim, e não me desvio de teus preceitos. (111) Teus testemunhos são minha herança para sempre, a alegria do meu coração. (112) Aplico meu coração a praticar teus estatutos, é a minha recompensa para sempre.

נ

(105) Ner leraglí devarêcha, veór lintivatí. (106) Nishbáti vaaqaiêma, lishmór mishpetê tzidqêcha. (107) Naanêti ad meód, Adonái chaiêni chidvarêcha. (108) Nidvót pi rétze na Adonái, umishpatêcha lamedêni. (109) Nafshí vechapí tamíd, vetoratechá ló shachách'ti. (110) Natenú reshaím pach li, umipiqudêcha ló taíti. (111) Nachálti edevotêcha leolám, qi çeçôn libí hêma. (112) Natíti libí laaçót chuqêcha leolám éqev.

15. Para alguém que precisa de apoio emocional e espiritual

Esta divisão corresponde à letra hebraica *Sámech* (equivalente a "Ç", "S", "SS" e "C") e compreende os versículos 113 a 120.

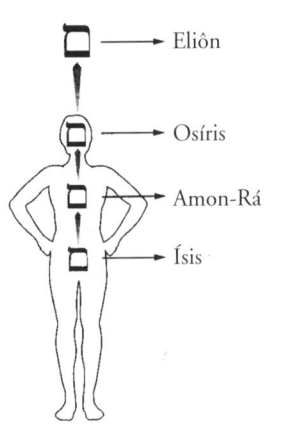

Imagine a letra hebraica *Sámech* na altura do cóccix. Com um raio de luz vermelha, una essa letra a outra letra idêntica situada no centro de seu peito. Depois enlace a segunda letra *Sámech* a outra letra idêntica, que se encontra no centro de sua cabeça. Esta, por sua vez, funde-se a outra letra idêntica que está no infinito. Na primeira letra, repita o nome divino de Ísis; na altura do peito, invoque Amon-Rá; no nível da cabeça, pronuncie o nome de Osíris; e quando se unir à letra *Sámech* maior (a que está no infinito), você deverá dizer *Eliôn*, sentindo que uma luz verde invade todo seu corpo. Esta prática o reencadeará (porá você em cadeia iniciática) com a linhagem do Altíssimo.

ס

(113) Detesto os corações divididos e amo a tua lei. (114) Tu és meu abrigo e meu escudo, espero em tua palavra. (115) Afastai-vos de mim, perversos, guardarei os mandamentos do meu Deus. (116) Sustenta-me, conforme tua promessa, e viverei, não deixes que minha esperança me envergonhe. (117) Apóia-me e serei salvo e estarei sempre atento aos teus estatutos. (118) Desprezas todos os que se desviam dos teus estatutos, pois o seu cálculo é mentira. (119) Reduzes à escória todos os ímpios da terra, por isso amo teus testemunhos. (120) Minha carne se arrepia com temor de ti, e temo por causa de tuas normas.

ס

(113) Çeafím çanêti, vetoratechá ahávti. (114) Çitrí umaguiní áta, lidvarechá ichálti. (115) Çúru mimêni mereím, veetzerá mitzvót Elohái. (116) Çam'chêni cheimratechá veechié, véal tevishêni miçivrí. (117) Çeadêni veivashêa, veesh'á vechuqêcha tamíd. (118) Çalíta qol shoguím mechuqêcha, qi shéqer tarmitám. (119) Çiguím hishbáta chol rish'ê áretz, lachên ahávti edotêcha. (120) Çamár mipach'dechá veçarí, umimishpatêcha iarêti.

---

* A letra hebraica *Sámech* indica o apoio que sustém ou sustenta a pessoa no nível da orientação espiritual.

16. Para despertar o terceiro olho

Esta divisão, que compreende os versículos 121 a 128, corresponde à letra hebraica *Áin* (uma consoante que corresponde à nossa vogal "O", adquirindo o som da vogal a ela acoplada — no caso desses oito versículos, a vogal é o "A").

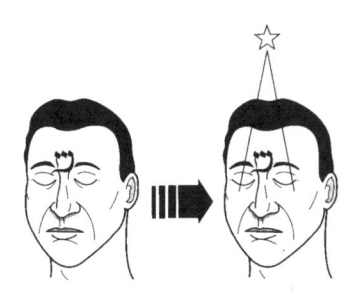

Viasualize a letra hebraica *Áin* no ponto entre as sobrancelhas e no centro de sua cabeça. Repita o nome divino:

Azéi El. El Shemá Bo Elái

Repita até ver um raio de luz azul-índigo descendo do infinito e chegando à letra *Áin* no local onde se encontra o terceiro olho (veja bem a letra do desenho). O raio desce sobre a letra *Iúd* que está no centro da letra *Áin* (cada uma das pontas superiores da letra *Áin* é uma letra *Iúd*). Quando o raio descer sobre a letra *Iúd* central, você repetirá (para produzir a expansão dessa letra dentro de si) o seguinte mantra:

Ó Azéi Eliôn Nuzél Shemá Nuzéq Zurém Elái

Repita até a letra se expandir dentro de si, crescendo para além de sua pessoa. Sustenha essa visão agigantada da letra e contemple novamente o mundo. Como você o vê agora? Observe os problemas, suas situações, metas e perspectivas na vida — sua maneira de vê-los está mudando totalmente.

ע

(121) Pratiquei o direito e a justiça, não me entregues aos meus opressores. (122) Sê fiador do teu servo para o bem, que os soberbos não me oprimam. (123) Meus olhos se consomem pela tua salvação, e pela promessa da tua justiça. (124) Age com teu servo conforme teu amor, e ensina-me teus estatutos. (125) Eu sou teu servo, faze-me discernir e compreenderei teus testemunhos. (126) Iahweh, é tempo de agir: eles violaram a tua lei. (127) Por isso eu amo teus mandamentos, mais que ao ouro, e ouro refinado. (128) Por isso eu me regro com teus preceitos todos e odeio todo caminho da mentira.

ע

(121) Açíti mishpát vatzédeq, bal tanichêni leosheqái. (122) Aróv avdechá letóv, al ias'shqúni zedím. (123) Enái qalú lishuatêcha, uleimrát tzidqêcha. (124) Açé im avdechá chechasdêcha, vechuqêcha lamedêni. (125) Avdechá aní havinêni, veedeá edotêcha. (126) Et laaçót ladonái, hefêru toratêcha. (127) Al qen ahávti mitzvotêcha, mizaháv umipáz. (128) Al qen qol piqudê chol ishárti, qol ôrach shéqer çanêti.

---

* A letra hebraica *Áin* ("o olho") representa o olho quando este vê normalmente. Quando uma letra hebraica tem um pontinho no meio, isso significa "o terceiro olho que ilumina a visão".

17. Para despertar o verbo criador

Esta divisão corresponde à letra hebraica *Pêi* (equivalente ao "P") e compreende os versículos 129 a 136.

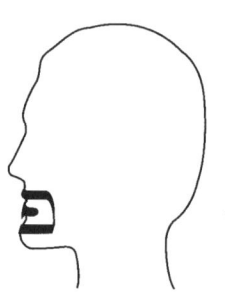

Imagine a letra hebraica *Pêi* incrustada dentro de sua boca, exatamente como se fosse um molde odontológico. Dentro dessa letra ou molde, contemple a letra hebraica *Iúd* brilhando intensamente na cor vermelha e repita o mantra abaixo. Ao fazê-lo, você observará como a letra *Iúd* se mostra mais candente e como ela é ativada.

No princípio era o Verbo
e o Verbo estava com Deus
e o Verbo era Deus.
Tudo foi feito por meio dele
e sem ele nada foi feito.
Sem o Verbo, nada poderia ter sido feito.

Repita esse mantra para que a letra *Pêi* se expanda em uma aura vermelha, cobrindo sua garganta, sua cabeça, seu peito e, finalmente, todo o seu ser.

Ahhhhhhh...

Depois expanda-se para fora de si mesmo. Veja a luz vermelha preenchendo o interior de seu ser, desfazendo todos os seus problemas, sem exceção, e projetando-se para o mundo.

פ

(129) Teus testemunhos são maravilhas, por isso eu os guardo. (130) A descoberta das tuas palavras ilumina, e traz discernimento aos simples. (131) Abro minha boca e aspiro, pois anseio pelos teus mandamentos. (132) Volta-te para mim e tem piedade de mim, é a justiça para os que amam o teu nome. (133) Firma meus passos com tua promessa e não deixes mal nenhum me dominar. (134) Resgata-me da opressão do homem e observarei teus preceitos. (135) Ilumina tua face para teu servo, e ensina-me teus estatutos. (136) Torrentes de lágrimas descem dos meus olhos, porque não observam a tua lei.

פ

(129) Pelaót edevotêcha, al qen netzarátam nafshí. (130) Pêtach devarêcha iaír, mevín petaím. (131) Pi faárti vaesh'áfa, qi lemitzvotêcha iaávti. (132) Penê elái vechonêni, qemishpát leohavê shemêcha. (133) Peamái hachên beimratêcha, veál tashlét bi chol áven. (134) Pedêni meósheq adám, veeshmerá piqudêcha. (135) Panêcha haér beavdêcha, velamedêni et chuqêcha. (136) Palguê máim iaredú enái, al ló shamerú torarêcha.

---

* A letra hebraica Pêi ("a boca"), que recebeu o conhecimento transmitido de mestre a discípulo, é como o passarinho que recebeu o conhecimento espiritual de sua mãe: foi ela quem primeiro mastigou o alimento para depois alimentar o filhote. A mãe pode dar o conhecimento, porque o recebeu.

18. Salmo a ser rezado por juízes ou pessoas que precisam tomar uma decisão ou passar uma sentença

Esta divisão do Salmo 119 corresponde à letra hebraica *Tzádiq* (sem equivalente em português e com som de "TZ") e compreende os versículos 137 a 144.

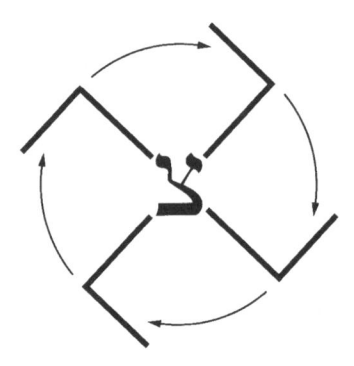

Visualize a letra *Tzádiq* dentro da suástica original hindu, tal como mostra o desenho acima. A cruz em forma de suástica tem a cor azul-violeta; a letra, no centro, é amarela. Visualize a suástica indo desde seu umbigo até seus ombros e girando para a direita. Observe seu giro até que desça do alto um raio de luz azul-violeta que faz conexão com a suástica. Ao mesmo tempo, repita o seguinte mantra:

Ásha Vahíshta Darmán Iarísha Vánd

Esse mantra, na antiga língua persa, quer dizer:

Suprema Retidão e Verdade, flui através de mim.

Uma vez estabelecida a conexão, comece a girar a suástica, expandindo-a. Este exercício tornará você uma pessoa infinitamente mais justa do que realmente pretendia ser. Faça esta prática depois de rezar os versículos 137 a 144 do Salmo 119.

---

* Na Cabala, a letra *Tzádiq*, diagrama com o qual se inicia o Salmo 45, significa: A Suprema Retidão Moral.

צ

(137) Tu és justo, Iahweh, e tuas normas são retas. (138) Como justiça, ordenaste teus testemunhos, como verdade suprema. (139) Meu zelo me consome, pois meus adversários esquecem tuas palavras. (140) Tua promessa é puríssima e teu servo a ama. (141) Sou pequeno e desprezado, mas não esqueço teus preceitos. (142) Tua justiça é para sempre, e tua lei é a verdade. (143) Angústia e opressão me atingiram, teus mandamentos são minhas delícias. (144) Teus testemunhos são justiça para sempre; dá-me discernimento e eu viverei.

צ

(137) Tzádiq atá Adonái, veiashár mishpatêcha. (138) Tzivíta tzédeq edotêcha, veemuná meód. (139) Tzimetátni qin'atí, qi shachechú devarêcha tzarái. (140) Tzerufá imratechá meód, veavdechá ahevá. (141) Tzaír anochí venivzé, piqudêcha ló shachách'ti. (142) Tzidqatechá tzédeq leolám, vetoratechá emét. (143) Tzar umatzóq metzaúni, mitzvotêcha shaashuái. (144) Tzédeq edevotêcha leolám, havinêni veechié.

---

* A letra hebraica *Tzádiq* ("a retidão") indica uma retidão condescendente, porque sabe que nem todo mundo pode ser reto na vida. Dessas pessoas, portanto, ela não exigirá a capacidade da retidão.

19. Para restabelecer o fluxo e refluxo econômico entre o macro e o micro

Esta divisão corresponde à letra Quf (equivalente a "Q", "C" e "K").

Em primeiro lugar, reze os versículos 145 a 152 deste Salmo e depois repita o nome divino:

Éin
Éin Çóf
Éin Çóf La Ór

Enquanto estiver repetindo o nome divino, veja uma serpente amarela que lança uma luz amarela sobre uma serpente violeta. Esta, por sua vez, lança uma luz violeta sobre a serpente amarela. Elas estão sempre girando para a direita (veja o desenho acima).

Quando a serpente amarela lança a luz amarela, diga *Éin*.
Quando a serpente violeta lança a luz violeta, diga *Éin Çóf*.
Quando as serpentes estão girando, diga

Éin Çóf La Ór

ק

(145) Clamo de todo o coração, responde-me, Iahweh! Eu observarei teus estatutos. (146) Clamo a ti, salva-me! Eu guardarei teus testemunhos. (147) Antecipo a aurora e imploro, esperando pelas tuas palavras. (148) Meus olhos antecipam as vigílias para meditar a tua promessa. (149) Iahweh, ouve minha voz com teu amor, faze-me reviver, conforme as tuas normas. (150) Perseguidores infames se aproximam, eles se afastam de tua lei. (151) Tu estás próximo, Iahweh, e teus mandamentos todos são verdade. (152) Conheço teus testemunhos há tempo, porque os firmaste para sempre.

ק

(145) Qaráti véchol lev, anêni Adonái, chuqêcha etzôra. (146) Qeratícha hoshiêni, veeshmerá edotêcha. (147) Qidámti vanéshef vaashavêa, lidvarechá ichálti. (148) Qidemú enái ashmurót, laçíach beimratêcha. (149) Qolí shim'á chechasdêcha, Adonái qemishpatêcha chaiêni. (150) Qarevú rodefê zimá, mitoratechá racháqu. (151) Qaróv atá Adonái, véchol mitzvotêcha emét. (152) Qédem iadáti meedotêcha, qi leolám ieçadetám.

---

* A letra hebraica *Quf* significa a corporização do ser, quando a pessoa recebeu a presença interior do Espírito de Deus ou a encarnou dentro de si mesma.

20. Para que Deus comande a sua existência

Os versículos 153 a 160 do Salmo 119 correspondem à letra hebraica *Rêsh* (equivalente ao "R").

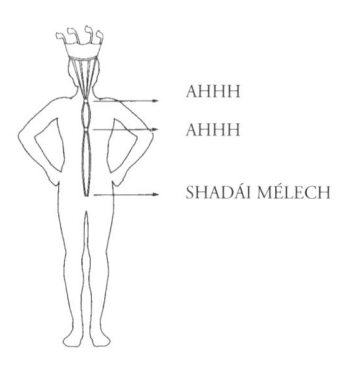

Depois de rezar esta parte do Salmo 119, visualize a letra hebraica *Rêsh* acima de sua cabeça, projetando sobre ela uma luz amarela. Ao mesmo tempo repita o nome divino:

Rechuméi El. Shemá Bo Elái

Repita até que ela se condense como uma coroa de quatro pontas sobre sua cabeça, coroando-a. Depois emana dessa coroa um raio branco que vai até sua garganta. Dali sai um raio vermelho, dirigido ao seu peito, enquanto você repete o som *Ahhh*. De seu peito sai um raio rosado que vai até seu sistema reprodutivo; nesse momento, você diz o nome *Shadái Mélech*. Faça este exercício várias vezes, pois ele o ajudará a permitir que seus sentimentos, suas palavras e suas ações sejam comandados por Deus.

Eis o mantra que corresponde a esta parte do Salmo 119:

Echéie

Repita-o constantemente, enquanto se dedica a suas ocupações habituais.

ר

(153) Vê minha miséria e liberta-me, pois não me esqueço de tua lei. (154) Redime a minha causa e defende-me, pela tua promessa faze-me reviver. (155) A salvação está longe dos ímpios, pois não procuram teus estatutos. (156) Iahweh, tua compaixão é grande, faze-me reviver, conforme tuas normas. (157) Meus perseguidores e meus opressores são numerosos, mas eu não me afastei dos teus testemunhos. (158) Vi traidores e fiquei desgostoso: eles não observam tua promessa. (159) Vê como eu amo teus preceitos, Iahweh, faze-me reviver, conforme o teu amor. (160) O princípio da tua palavra é a verdade, tuas normas são justiça para sempre.

ר

(153) Reé onií vechaletzêni, qi torarechá ló shachách'ti. (154) Rivá riví uguealêni, leimratechá chaiêni. (155) Rachóq mereshaím ieshuá, qi chuqêcha ló daráshu. (156) Rachamêcha rabím Adonái, qemishpatêcha chaiêni. (157) Rabím rodefái vetzarái, meedevotêcha ló natíti. (158) Raíti voguedím vaetqotáta, ashér imratechá ló shamáru. (159) Reé qi fiqudêcha ahávti, Adonái qechasdechá chaiêni. (160) Rosh devarechá emét, uleolám qol mishpát tzidqêcha.

---

* A letra hebraica Rêsh ("a cabeça") comanda nossa lógica interior.

21. Para despertar a radiante iluminação do Espírito Santo

Esta divisão do Salmo 119, do versículo 161 ao 168, corresponde à letra hebraica *Shin* (equivalente a "SH" e "X"; em certos casos, como os versículos 161, 162 e 166, a letra *Shin* se torna *Sin* e é então representada por "Ç").

Depois de rezar esta parte do Salmo 119, sinta e visualize uma lâmpada radiante sobre sua cabeça. Dentro da lâmpada, veja a letra *Shin*. Repita o mantra abaixo, enquanto continua a ver essa lâmpada até descer do infinito um raio de luz vermelha.

Çeqél Cha Chapúz Vechá Mevuqásh

Repita várias vezes, até conseguir a conexão entre o infinito e a letra *Shin*. Depois de obter essa conexão, repita muitas vezes o mantra abaixo, até que a lâmpada irradie sua força incandescente para você e para outras pessoas.

Çeqél Bahír Nozél Shemá Nozél

ש

(161) Príncipes me perseguem sem motivo, meu coração teme as tuas palavras. (162) Alegro-me com tua promessa, como quem acha um grande despojo. (163) Detesto e abomino a mentira, e amo a tua lei. (164) Sete vezes por dia eu te louvo por causa de tuas normas. (165) É grande a paz dos que amam a tua lei, para eles não existe um tropeço. (166) Eu espero tua salvação, Iahweh, e pratico teus mandamentos. (167) Observo os teus testemunhos, eu os amo de fato. (168) Observo teus preceitos e teus testemunhos, meus caminhos estão todos à tua frente.

ש

(161) Çarím redafúni chinám, umidevarechá pachád libí. (162) Ças anôchi al imratêcha, qemotzé shalál rav. (163) Shéqer çanêti vaataêva, toratechá ahávti. (164) Shéva baiôm hilaltícha, al mishpetê tzidqêcha. (165) Shalôm rav leohavê toratêcha, veén lámo mich'shól. (166) Çibárti lishuatechá Adonái, umitzvotêcha açíti. (167) Shamerá nafshí edotêcha, vaohavém meód. (168) Shamárti fiqudêcha veedotêcha, qi chol derachái negdêcha.

---

* A letra hebraica *Shin* representa o dente com que mastigamos o alimento espiritual, para que este seja bem digerido.

22. *Para você alcançar com justiça todos os seus propósitos*

Esta é a última divisão do Salmo 119. Ela corresponde à letra hebraica *Táv* (equivalente ao "T") e vai do versículo 169 ao 176, terminando este Salmo.

Depois de rezar esta parte do Salmo 119, imagine muito acima de sua cabeça uma esfera azul-índigo. Coloque nessa esfera um só propósito, imaginado, desejado, e repita a palavra *Taqíf* (que significa "decisivo"). Utilize a palavra *Taqíf* para atrair essa esfera, até introduzi-la em sua cabeça. Quando sentir certo nível de consolidação, continue repetindo a palavra *Taqíf* até ser capaz de trazer a esfera para sua garganta. Você verá que seu desejo ou propósito parecerá mais concreto. Agora faça a esfera descer até seu peito — você perceberá que seu propósito se torna cada vez mais acessível. Continue repetindo a palavra Taqíf até levar a esfera à região do cóccix. Repita e repita, deslizando a esfera até seus tornozelos. A qualquer momento, aquilo que você deseja se tornará realidade.

ת

(169) Que meu grito chegue à tua presença, Iahweh, dá-me discernimento, conforme tua palavra! (170) Que minha súplica chegue à tua presença, liberta-me, conforme tua promessa! (171) Que meus lábios publiquem o louvor, pois tu me ensinas os teus estatutos. (172) Que minha língua cante a tua promessa, pois teus mandamentos todos são justiça. (173) Que a tua mão venha socorrer-me, pois escolhi teus preceitos. (174) Desejo tua salvação, Iahweh, e minhas delícias estão em tua lei. (175) Que eu possa viver para te louvar, e tuas normas venham socorrer-me. (176) Eu me desvio como ovelha perdida: vem procurar o teu servo! Sim, eu nunca me esqueço dos teus mandamentos!

ת

(169) Tiqráv rinatí lefanêcha Adonái, qidvarechá havinêni. (170) Tavó techinatí lefanêcha, qeimratechá hatzilêni. (171) Tabána çefatái tehiló, qi telamedêni chuqêcha. (172) Táan leshoní imratêcha, qi chol mitzvotêcha tzédeq. (173) Téhi iadechá leozrêni, qi fiqudêcha vachárti. (174) Taávti lishuatechá Adonái, vetoratechá shaashuái. (175) Téchi nafshí utehalelêqa, umishpatêcha iazerúni. (176) Taíti keçé ovéd baqésh avdêcha, qi mitzvotêcha ló shachách'ti.

---

* A palavra hebraica *Táv* indica quando a pessoa consegue alcançar algo na vida, mas somente em relação a situações espirituais verdadeiras.

Salmo 120

Para fazer as pazes com alguém.
Para fazer amizade com alguém

Visualize e sinta que do centro de seu peito — onde está localizado o chakra do coração ou do amor — começa a emanar uma energia de intensa cor rosada. Essa energia vai se intensificando e você a envia até a pessoa indicada. A energia sai de você circularmente, como uma serpentina. Ela chega até a pessoa escolhida por você e começa a envolvê-la completamente em uma nuvem densa de energia rosada. Sinta que essa pessoa percebe que está envolta pela energia poderosa do amor; que esse amor vai se introduzindo em todos os seus poros e corpos sutis, até que ela fique totalmente impregnada desse sentimento. Repita o procedimento duas vezes por dia, pelo menos, guardando na mente a pessoa envolta pela energia rosada. Depois reze este Salmo. Continue este tratamento amoroso até perceber na pessoa uma mudança em relação a você.

(1) *Cânticos das subidas*. Em minha angústia grito a Iahweh, e ele me responde. (2) Livra-me, Iahweh, dos lábios mentirosos, da língua traidora! (3) Que te será dado ou acrescentado, ó língua traidora? (4) Flechas de guerreiro, afiadas com brasas de giesta. (5) Ai de mim, peregrino em Mosoc, acampado nas tendas de Cedar! (6) Já há muito que moro com os que odeiam a paz. (7) Eu sou pela paz, mas, quando falo, eles são pela guerra.

> (1) Shir hamaalót, el Adonái batzaráta li qarátí vaiaanêni. (2) Adonái hatzíla nafshí míçefat shéqer, milashón remiá. (3) Ma itên lechá úma ioçíf lach lashón remiá. (4) Chitzê guibór shenuním, im gachalê retamím. (5) Ôia li qi gárti Méshech, shachánti im aholê Qedár. (6) Rabát shách'na la nafshí, im çoné shalôm. (7) Aní shalôm, vechí adabér, hêma lamil'chamá.

Salmo 121

Para quem vai sair sozinho à noite

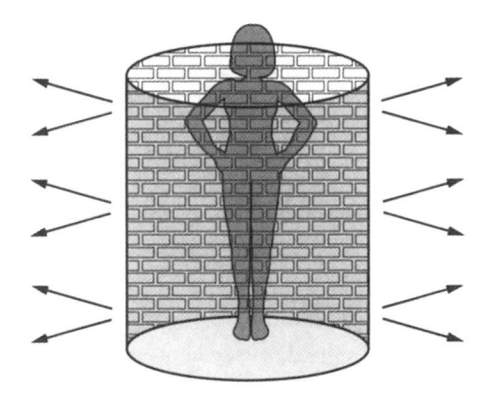

Visualize um muro de proteção à sua volta, enquanto diz a seguinte oração: "Peço aos meus seres de Luz que construam um muro eletromagnético de proteção ao redor dos meus campos vitais". E reze então o Salmo 121.

(1) *Cântico para as subidas.* Ergo os olhos para as montanhas: de onde virá meu socorro? (2) Meu socorro vem de Iahweh, que fez o céu e a terra. (3) Não deixará teu pé tropeçar, o teu guarda jamais dormirá! (4) Sim, não dorme nem cochila o guarda de Israel. (5) Iahweh é teu guarda, tua sombra, Iahweh está à tua direita. (6) De dia o sol não te ferirá nem a lua de noite. (7) Iahweh te guarda de todo o mal, ele guarda a tua vida: (8) Iahweh guarda a tua partida e chegada, desde agora e para sempre.

(1) Shir lamaalót, eçá enái el heharím, meáin iavó ezrí. (2) Ezrí meím Adonái, oçé shamáim vaáretz. (3) Al itên lamót raglêcha, al ianúm shomerêcha. (4) Hinê ló ianúm veló ishán, shomér Israél. (5) Adonái shomerêcha, Adonái tzilechá al iád ieminêcha. (6) Iomám hashémesh ló iaqêqa, veiarêach baláila. (7) Adonái ishmor'chá míqol ra, ishmór et nafshêcha. (8) Adonái ishmór tzetechá uvoêcha, meatá veád olám.

Salmo 122

*Para ser bem-sucedido numa entrevista
com uma pessoa importante*

Na noite anterior à entrevista, visualize aquela pessoa importante, aceitando seus argumentos e dando-lhe respostas positivas. Depois se visualize feliz, festejando esse triunfo. A seguir, agradeça a Deus, como se a entrevista já tivesse chegado a bom termo. Antes de sair de casa, ou no momento em que souber a hora da entrevista, reze este Salmo. Quando estiver a caminho, reze mentalmente este Salmo até chegar o momento da entrevista.

(1) *Cântico das subidas. De Davi.* Que alegria quando me disseram: "Vamos à casa de Iahweh!" (2) Por fim nossos passos se detêm às tuas portas, Jerusalém! (3) Jerusalém, construída como cidade em que tudo está ligado, (4) para onde sobem as tribos, as tribos de Iahweh, é uma razão para Israel celebrar o nome de Iahweh. (5) Pois ali estão os tronos da justiça, os tronos da casa de Davi. (6) Pedi a paz para Jerusalém: que estejam tranqüilos os que te amam! (7) Haja paz em teus muros e estejam tranqüilos teus palácios! (8) Por meus irmãos e meus amigos eu desejo: "A paz esteja contigo!" (9) Pela casa de Iahweh nosso Deus eu peço: "Felicidade para ti!"

(1) Shir hamaalót ledavíd, samách'ti beomerím li, bêt Adonái neléch. (2) Omedót haiú raglênu, bishearáich Ierushaláim. (3) Ierushaláim habenuiá, qeír shechuberá la iach'dáv. (4) Sheshám alú shevatím shivtê iá edút leisraél, lehodót leshém Adonái. (5) Qi sháma iashevú chiç'ót lemishpát, qiç'ót levét Davíd. (6) Shaalú shelôm Ierushaláim, hishláiu ohaváich. (7) Iehí shalôm bechléch, shalvá bearmenotáich. (8) Lemáan achái vereái, adabêra na shalôm bach. (9) Lemáan bêt Adonái Elohênu, avaq'shá tôv lach.

Salmo 123

Para conseguir empregados domésticos ou de qualquer outra profissão

Reze este Salmo com muita devoção até conseguir a pessoa ideal. Depois, se esse indivíduo for o adequado, escreva este Salmo sobre qualquer superfície e, acima dele, o nome do bom empregado. Esse procedimento fará o indivíduo permanecer no emprego, se as condições forem adequadas no plano divino para ele e para você.

(1) *Cântico das subidas*. A ti levanto meus olhos, a ti, que habitas no céu; (2) sim, como os olhos dos escravos para a mão do seu senhor. Como os olhos da escrava para a mão da sua senhora, assim estão nossos olhos em Iahweh nosso Deus, até que se compadeça de nós. (3) Piedade, Iahweh! Tem piedade! Estamos fartos, saciados de desprezo! (4) Nossa vida está farta por demais do sarcasmo dos satisfeitos! (O desprezo é para os soberbos!)

(1) Shir hamaalót, elêcha naçáti et enái, haiosheví bashamáim. (2) Hinê cheenê avadím el iád adonehém, qeenê shif'chá el iád guevirtá, qên enênu el Adonái Elohênu, ad sheiechonênu. (3) Chonênu, Adonái, chonênu, qi rav çavánu vuz. (4) Rabát çaveá la nafshênu, haláag hashaananím, habúz ligueê ioním.

Salmo 124

Para quem viaja de barco

Leia o seguinte mantra contemplando o mar e depois comece a rezar este Salmo.

Olám Há Açiá Mei El.
Olám Há Açiá Mei El.
Olám Há Açiá Mei El.

Este mantra quer dizer:

Mundo criado, água celestial.

(1) *Cântico das subidas. De Davi*. Não estivesse Iahweh do nosso lado — Israel que o diga — (2) não estivesse Iahweh do nosso lado quando os homens nos assaltaram... (3) Ter-nos-iam tragado vivos, tal o fogo de sua ira! (4) As águas nos teriam inundado, a torrente chegando ao pescoço; (5) as águas espumejantes chegariam ao nosso pescoço! (6) Bendito seja Iahweh! Não nos entregou como presas de seus dentes; (7) fugimos vivos, como um pássaro da rede do caçador: a rede se rompeu e nós escapamos. (8) O socorro nosso é o nome de Iahweh que fez o céu e a terra!

(1) Shir hamaalót ledavíd, lulê Adonái sheháia lánu, iômar na Israél. (2) Lulê Adonái sheháia lánu, beqúm alênu adám. (3) Azái chaím belaúnu, bacharót apám bánu. (4) Azái hamáim shetafúnu, nách'la avár al nafshênu. (5) Azái avár al nafshênu, hamáim hazedoním. (6) Barúch Adonái, sheló netanánu téref leshinehém. (7) Nafshênu qetzipór nimletá mipách ioqeshím, hapách nishbár vaanách'nu nimlátnu. (8) Ezrênu beshêm Adonái, oçé shamáim vaáretz.

Salmo 125

Para resolver uma crise de identidade

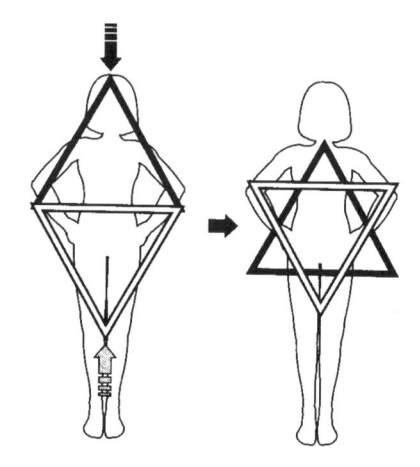

A pessoa tem uma crise de identidade quando sua consciência pessoal está dividida. Mas quando as partes divididas se reintegram em uma unidade inter-relacionada, produz-se a recomposição da suprema identidade de Deus — a estrela de seis pontas que foi utilizada como emblema pelo rei Davi.

O ser humano comum, em seu dia-a-dia, é como vemos na primeira figura da ilustração acima. Mas, ao iluminar-se com sabedoria, ele se tornará tal como vemos na segunda figura.

Relaxe, entre em meditação e visualize o seguinte: um triângulo começa a se formar na sua cintura, com o vértice atingindo seus joelhos. Outro triângulo começa a formar-se da sua cintura para cima, com o vértice atingindo o alto de sua testa. Sinta intensamente esses dois triângulos que apontam para o céu e para a terra. Quando ambos estiverem bem definidos, comece a uni-los, integrando um no outro. O triângulo de cima vai baixando pouco a pouco, enquanto o triângulo de baixo vai subindo aos poucos, até que ambos formem a estrela de Davi dentro de você ou sobre você. É possível que você sinta um impacto quando os dois triângulos se encaixarem para completar a formação da estrela. Isso é natural. Procure manter essa visão ou sensação durante o maior espaço de tempo possível.

Depois reze este Salmo com muita devoção.

(1) *Cântico das subidas.* Os que confiam em Iahweh são como o monte Sião: nunca se abala, está firme para sempre. (2) Jerusalém… as montanhas a envolvem, e Iahweh envolve o seu povo, desde agora e para sempre. (3) O cetro do ímpio não permanecerá sobre a parte dos justos, para que a mão dos justos não se estenda ao crime. (4) Faze o bem, Iahweh, aos bons, aos corações retos; (5) e os que se desviam por trilhas tortuosas, que Iahweh os expulse com os malfeitores. Paz sobre Israel!

(1) Shir hamaalót, habotechím badonái, qehár Tzión ló imót, leolám ieshév. (2) Ierusaláim harím çavív la, vadonái çavív leamó meatá veád olám. (3) Qi ló ianúach shévet harêsha al gorál hatzadiqím, lemáan ló ishlechú hatzadiqím beavláta iedehém. (4) Hetíva Adonái latovím, velisharím belibotám. (5) Vehamatím aqalqalotám, iolichém Adonái et pôale haáven, shalôm al Israél.

Salmo 126

Salmo a ser rezado pela mulher cujo filho foi morto

Visualize seu filho vestindo uma túnica branca luminosa. Ele está muito feliz, com o rosto radiante voltado para Deus. Você o vê alegre e a felicidade de seu filho é um bálsamo para seu coração. Sinta que do lugar onde se encontra seu filho cai uma chuva leve que penetra sua alma e cura a dor de sua perda. Depois reze este Salmo, sentindo um grande alívio, uma imensa paz espiritual que a reconforta e enche de resignação e amor.

(1) *Cântico das subidas*. Quando Iahweh fez voltar os exilados de Sião, ficamos como quem sonha: (2) a boca se nos encheu de riso, e a língua de canções... Até entre as nações se comentava: "Iahweh fez grandes coisas por eles!" (3) Iahweh fez grandes coisas por nós, por isso estamos alegres. (4) Iahweh, faze voltar nossos exilados, como torrentes pelo Negueb! (5) Os que semeiam com lágrimas, ceifam em meio a canções. (6) Vão andando e chorando ao levar a semente; ao voltar, voltam cantando, trazendo seus feixes.

(1) Shir hamaalót, beshúv Adonái et shivát Tzión haínu qecholemím. (2) Az imalê çechóq pínu ulshonênu riná, az iomerú vagoím higdíl Adonái laaçót im êle. (3) Higdíl Adonái laaçót imánu, haínu çemechím. (4) Shuvá Adonái et shevitênu, qaafiqím banéguev. (5) Hazoreím bedim'á, beriná iq'tzôru. (6) Halóch ieléch uvachó noçé méshech hazára, bo iavó veriná, noçé alumotáv.

Salmo 127

Salmo a ser rezado quando nasce um filho

Escreva este Salmo em um pergaminho novo. Acrescente no mesmo o nome de seu filho. Enrole o pergaminho, bem apertado, e pendure-o no pescoço da criança logo depois do parto. Esta é uma proteção extremamente potente, para que nada de mal aconteça ao bebê.

(1) *Cântico das subidas. De Salomão.* Se Iahweh não constrói a casa, em vão labutam os construtores; se Iahweh não guarda a cidade, em vão vigiam os guardas. (2) É inútil que madrugueis e que atraseis o vosso deitar para comer o pão com duros trabalhos: ao seu amado ele o dá enquanto dorme! (3) Sim, os filhos são a herança de Iahweh, é um salário o fruto do ventre! (4) Como flechas na mão do guerreiro são os filhos da juventude. (5) Feliz o homem que encheu sua aljava com elas: não ficará envergonhado diante das portas, ao litigar com seus inimigos.

(1) Shir hamaalót lishlomô, im Adonái ló ivnê váit, shav amelú vonáv bo, im Adonái ló íshmor ir, shav shaqád shomér. (2) Shav lachém mashqíme qum, meacharê shévet, ochelê léchem haatzavím, qen itên lididó shená. (3) Hinê nachalát Adonái baním, çachár perí habáten. (4) Qechitzím bêiad guibór, qen benê haneurím. (5) Ashrê haguéver ashér milé et ashpató mehém, ló ievôshu, qi iedaberú et oievím basháar.

Salmo 128

*Para levar a bom termo uma gravidez.
Para um bom pós-parto*

Além de rezar este Salmo freqüentemente sobre uma vasilha com azeite de oliva virgem, a mulher grávida deverá utilizar esse azeite — que ninguém mais poderá tocar — para fazer massagem no ventre, nos seios e nos quadris, enquanto recita novamente o Salmo. Esta prática deve ser feita todos os dias, até o nascimento do bebê. Depois do parto, o bebê deve ser limpo freqüentemente com o mesmo azeite que a mãe usou durante a gravidez, até este acabar. A Bíblia (ou a Torá) deve ser mantida aberta na página correspondente a este Salmo.

(Nota: O azeite para a limpeza do bebê deve ser novo, nunca "de segunda mão". Deverá ser retirado do mesmo frasco utilizado pela mãe para as massagens durante a gravidez.)

(1) *Cântico das subidas*. Felizes todos os que temem a Iahweh e andam em seus caminhos! (2) Do trabalho de tuas mãos comerás, tranqüilo e feliz: (3) tua esposa será vinha frutuosa, no coração de tua casa; teus filhos, rebentos de oliveira, ao redor de tua mesa. (4) Assim vai ser abençoado o homem que teme a Iahweh. (5) Que Iahweh te abençoe de Sião, e verás a prosperidade de Jerusalém todos os dias de tua vida: (6) e verás os filhos de teus filhos. Paz sobre Israel!

(1) Shir hamaalót, ashrê qol ierê Adonái, haholéch bidracháv. (2) Ieguía qapêcha qi tochél, ashrêcha vetóv lach. (3) Eshtechá qeguéfen poriá, beiarqetê vetêcha, banêcha qishtilê zetím çavív leshul'chanêcha. (4) Hinê qi chen ievôrach gáver ierê Adonái. (5) Ievarechechá Adonái mitzión, ur'ê betúv Ierushaláim qol iemê chaiêcha. (6) Ur'ê vaním levanêcha, shalôm al Israél.

Salmo 129

*Para evitar pesadelos
e ter bons sonhos*

Reze este Salmo depois da meditação matinal, de preferência antes do nascer do sol. Volte a rezar este Salmo antes de ir dormir, com a firme convicção de que terá sonhos prazerosos e acordará na manhã seguinte sentindo-se bem melhor, descansado, alegre, saudável e rejuvenescido.

(1) *Cântico das subidas.* Quanto me oprimiram desde a juventude, — Israel que o diga! — (2) quanto me oprimiram desde a juventude, mas nunca puderam comigo! (3) Os lavradores lavraram minhas costas e alongaram seus sulcos; (4) mas Iahweh é justo: cortou os chicotes dos ímpios. (5) Voltem atrás, envergonhados, os que odeiam Sião; (6) sejam como a erva do telhado, que seca antes da ceifa (7) e não enche a mão do ceifador, nem a braçada do que enfeixa. (8) E que os passantes não digam: "A bênção de Iahweh sobre vós!" Nós vos abençoamos em nome de Iahweh!

(1) Shir hamaalót, rabát tzerarúni mineurái iômar na Israél. (2) Rabát tzerarúni mineurái, gam ló iáchelu li. (3) Al gabí chareshú choreshím, heeríchu lemaanitám. (4) Adonái tzadíq, qitzétz avót reshaím. (5) Ievôshu veiçôgu achór, qol çoneê Tzión. (6) Ihiú qachatzír gagót, sheqadmát shaláf iavésh. (7) Sheló milé chapó qotzér, vechitznó meamér. (8) Veló amerú haoverím birqát Adonái alechém, berách'nu et'chém beshêm Adonái.

Salmo 130

Para curar varizes

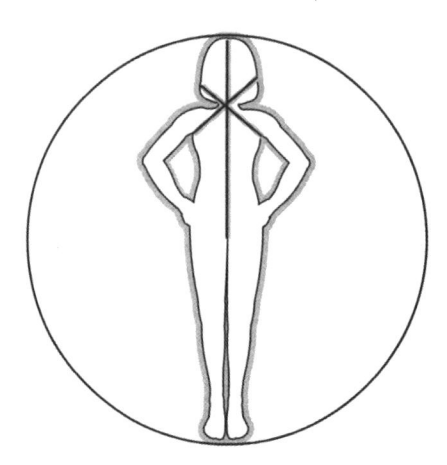

Envolva-se em uma esfera de cor azul-índigo, enquanto diz a seguinte oração:

Ó Senhor do fluxo e refluxo, escuta-me!

Depois visualize seu sistema arteriovenoso se regenerando, brotando de seu coração e substituindo o sistema antigo.

---

* A esfera azul-índigo representa a força universal que nos apóia em todos os aspectos de nossa vida, para não sairmos dos limites e morrermos.

Ó Elohím Zevaót.
Ó Michá El.
Ó Benêi Elohím.
Ó Qocháv.

Repita esta oração de cima para baixo e de baixo para cima, até o cansaço. Os quatro nomes acima são os nomes da esfera de Mercúrio — o poder transformador que troca o indesejável pelo desejável.

Ponha água para ferver e adicione algumas folhas de salsa. Depois reze este Salmo sobre a água fervida e beba-a com muita fé, continuando a recitar o Salmo.

(1) *Cântico das subidas.* Das profundezas clamo a ti, Iahweh: (2) Senhor, ouve o meu grito! Que teus ouvidos estejam atentos ao meu pedido por graça! (3) Se fazes conta das culpas, Iahweh, Senhor, quem poderá se manter? (4) Mas contigo está o perdão, para que sejas temido. (5) Eu espero, Iahweh, eu espero com toda a minha alma, esperando tua palavra; (6) minha alma aguarda o Senhor mais que os guardas pela aurora. Mais que os guardas pela aurora (7) aguarde Israel a Iahweh, pois com Iahweh está o amor, e redenção em abundância: (8) ele resgatará Israel de suas iniqüidades todas.

(1) Shir hamaalót, mimaamaqím qeratícha Adonái. (2) Adonái shim'á veqolí, tihiêna oznêcha qashuvót leqól tachanunái. (3) Im avonót tishmór iá, Adonái mi iaamód. (4) Qi imechá haçelichá, lemáan tivarê. (5) Qivíti Adonái qivetá nafshí, velidvaró chochálti. (6) Nafshí ladonái, mishomerím labóqer, shomerím labóqer. (7) Iachél Israél el Adonái, qi im Adonái hachéçed, veharbê imó fedút. (8) Vehú ifdê et Israél, miqól avonotáv.

Salmo 131

Para você dobrar o seu orgulho

Quando alguém sofre de orgulho desmedido, já é um bom começo perceber essa falha. A pessoa deve rezar este Salmo com freqüência, pedindo a Deus para lhe conceder humildade. Deve tentar realizar as tarefas mais modestas e procurar relacionar-se e se familiarizar com indivíduos simples, buscando colocar-se no mesmo nível deles.

Repita três vezes seguidas este mantra:

*Ó Jesus! Dá-me a sabedoria e a força
para eu me apequenar diante de Deus,
assim como tu próprio o fizeste.
Ó Alá! Inclino-me submisso diante de ti.
Ó Uzíl! Que a luz do sol único
me ilumine para todo o sempre.*

Depois reze este Salmo com muita devoção, lembrando que o Reino de Deus é dos humildes e mansos de coração.

(1) *Cântico das subidas. De Davi.* Iahweh, meu coração não se eleva, nem meus olhos se alteiam; não ando atrás de grandezas, nem de maravilhas que me ultrapassam. (2) Não! Fiz calar e repousar meus desejos, como criança desmamada no colo de sua mãe, como criança desmamada estão em mim meus desejos. (3) Israel, põe tua esperança em Iahweh, desde agora e para sempre!

(1) Shir hamaalót ledavíd, Adonái, ló gavá libí, veló ramú enái, veló hiláchʼti bigdolót uvniflaót mimêni. (2) Im ló shivíti vedomámti nafshí, qegamúl alê imó, qagamúl alái nafshí. (3) Iachél Israél el Adonái, meatá veád olám.

Salmo 132

*Para reparar os pecados cometidos
e os falsos juramentos.
Para queimar karma*

(1) *Cântico das subidas.* Iahweh, lembra-te de Davi, de suas fadigas todas, (2) do juramento que fez a Iahweh, do seu voto ao Poderoso de Jacó: (3) "Não entrarei na tenda, minha casa, nem subirei à cama em que repouso, (4) não darei sono aos meus olhos, nem descanso às minhas pálpebras, (5) até que eu encontre um lugar para Iahweh, moradia para o Poderoso de Jacó". (6) Eis que ouvimos dela em Éfrata, nós a encontramos nos Campos de Jaar. (7) Entremos no lugar em que ele mora, prostremo-nos diante do seu pedestal. (8) Levanta-te, Iahweh, para o teu repouso, tu e a arca da tua força. (9) Que teus sacerdotes se vistam de justiça, e teus fiéis exultem de alegria. (10) Por causa de Davi, teu servo, não rejeites a face do teu messias. (11) Iahweh jurou a Davi uma verdade que jamais desmentirá: "É

---

* Este tipo de imagem cardíaca representa o coração espiritual do ser humano, o qual se enche de lixo ao longo da vida. INRI significa o poder que limpa e tira o lixo de nosso corpo, deixando o coração como o recinto mais sagrado do ser humano. As faixas indicam as amarras sociais (kármicas) criadas por nós com nossos falsos aprendizados. É por isso que o coração de uma criança não possui amarras — ela ainda não aprendeu aquilo que não deve aprender.

um fruto do teu ventre que eu porei em teu trono. (12) Se teus filhos guardarem minha aliança e o testemunho que lhes ensinei, também os filhos deles para sempre sentar-se-ão em teu trono". (13) Porque Iahweh escolheu Sião, desejou-a como residência própria: (14) "Ela é meu repouso para sempre, aí habitarei, pois eu a desejei. (15) Abençoarei suas provisões com largueza e saciarei de pão seus indigentes, (16) de salvação vestirei seus sacerdotes, e seus fiéis gritarão de alegria. (17) Ali farei brotar uma linhagem de Davi, e preparei uma lâmpada ao meu Messias: (18) vestirei seus inimigos de vergonha, e sobre ele brilhará seu diadema".

(1) Shir hamaalót, zechór Adonái ledavíd, et qol unotó. (2) Ashér nishbá ladonái, nadár laavír Iaaqóv. (3) Im avó beôhel betí, im eelé al êres ietzuái. (4) Im etên shenát leenái, leaf'apái tenumá. (5) Ad emtzá maqóm ladonái, mishqanót laavír Iaaqóv. (6) Hinê shemaanúha veefráta, metzanúha bísde iáar. (7) Navôa lemishqenotáv, nishtachavé lahadóm raglav. (8) Qumá Adonái limnuchatêcha, atá vaarón uzêcha. (9) Qohanêcha ílbeshu tzédeq, vachaçidêcha ieranênu. (10) Baavúr Davíd avdêcha, al tashév penê meshichêcha. (11) Nishbá Adonái ledavíd, emét ló iashúv mimêna, miperí vitnechá ashít lechíçe lach. (12) Im ishmerú vanêcha berití, veedotí zo alamedém, gam benehém adê ad ieshevú lechíçe lach. (13) Qi vachár Adonái betzión, ivá lemosháv ló. (14) Zot menuchatí adê ad, po eshév qi ivitíha. (15) Tzedá baréch avaréch, evionêha asbía láchem. (16) Vechoanêha albísh iêsha, vachaçidêha ranén ieranênu. (17) Sham atzmíach qéren ledavíd, arách'ti ner limshichí. (18) Oievav albísh bóshet, vealáv iatzítz nizró.

Salmo 133

*Para conservar e aumentar as amizades.
Salmo a ser rezado pelos pais
para manter a união entre seus filhos*

Rezando com freqüência este Salmo, você manterá a amizade e o respeito de seus semelhantes. Suas amizades aumentarão. Neste Salmo, o rei David faz um canto de louvor à união entre os seres humanos.

Enquanto repete o Salmo com a intenção interior de fazer e conservar bons amigos, visualize que do seu próprio coração começa a abrir-se um círculo. Esse círculo é formado por corações rosados, encimados por uma chama dourada. Vá expandindo o círculo. Essa "roda de corações" finalmente abarcará todos os seres vivos do Universo, desdobrando-se à sua frente. Você acabará vendo milhares de corações coroados por chamas douradas.

(1) *Cântico das subidas. De Davi.* Vede: como é bom, como é agradável habitar todos juntos, como irmãos. (2) É como óleo fino sobre a cabeça, descendo pela barba, a barba de Aarão, descendo sobre a gola de suas vestes. (3) É como o

---

* Os dois corações representam as doze modalidades do amor zodiacal. Amor não complacente. Amor divino. Depois de executar o exercício correspondente e rezar este Salmo, você deve ver cada coração que envolve o coração maior, que está em destaque ao lado.

orvalho de Hermon, descendo sobre os montes de Sião; porque aí manda Iahweh a bênção, a vida para sempre.

(1) Shir hamaalót ledavíd, hinê ma tôv umá naím, shévet achím gam iáchad. (2) Qashémen hatôv al harósh, ioréd al hazaqán, zeqán Aharón sheioréd al pi midotáv. (3) Qetál Chermón sheioréd al harerê Tzión, qi sham tzivá Adonái et haberachá, chaím ad haolám.

Salmo 134

Para elevar nossas vibrações espirituais

Consiga areia de praia e esfregue-a em todo seu corpo, começando pela cabeça, enquanto reza o seguinte Salmo com o desejo de limpar o campo de sua aura. Lembre-se de que o mais importante é a intenção. A atitude, os gestos, os desejos e as obras. Nossa limpeza espiritual começa por dentro.

(1) *Cântico das subidas*. E agora, bendizei a Iahweh, servos todos de Iahweh! Vós que servis na casa de Iahweh pelas noites, nos átrios da casa do nosso Deus. (2) Levantai vossas mãos para o santuário e bendizei a Iahweh! (3) Que Iahweh te abençoe de Sião, ele que fez o céu e a terra.

(1) Shir hamaalót, hinê barechú et Adonái qol ovdê Adonái, haomedím bevêt Adonái balelót. (2) Çeú iedechém qódesh uvarechú et Adonái. (3) Ievarechechá Adonái mitzión, oçê shamáim vaáretz.

Salmo 135

Salmo de louvor a Deus.
Para encher de boas energias
a nós e ao lugar onde oramos

Reserve um lugar em casa para fazer suas orações. Esse lugar irá se impregnando de boas energias, devido às orações que ali se realizam. Isso ocorre porque nele você se comunica com Deus e, por isso, a energia positiva irá se multiplicando. Deixe, no local, flores e água em um recipiente de cristal. Quando for orar, queime incenso. Todas as religiões fazem uso de incenso, porque ele ajuda a elevar nossas vibrações e nossas preces à Divindade.

(1) Aleluia! Louvai o nome de Iahweh, louvai, servos de Iahweh! (2) Vós que servis na casa de Iahweh, nos átrios da casa do nosso Deus. (3) Louvai a Iahweh, pois Iahweh é bom, tocai ao seu nome, pois ele é agradável. (4) Pois Iahweh escolheu Jacó para si, fez de Israel seu bem próprio. (5) Sim, eu sei que Iahweh é grande, que nosso Deus excede os deuses todos. (6) Iahweh faz tudo o que deseja no céu e sobre a terra, nos mares e nos abismos todos. (7) Faz subir as nuvens do horizonte, faz relâmpagos para que chova, tira o vento dos seus reservatórios. (8) Ele feriu os primogênitos do Egito, desde o homem até os animais. (9) Enviou sinais e prodígios — no meio de ti, ó Egito — contra o Faraó e todos os seus ministros. (10) Ele feriu povos numerosos e destruiu poderosos reis: (11) Seon, rei dos amorreus, Og, rei de Basã, e todos os reinos de Canaã; (12) e deu as terras deles como herança, como herança ao seu povo, Israel. (13) Iahweh, teu nome é para sempre! Iahweh, tua lembrança repassa de geração em geração. (14) Porque Iahweh faz justiça ao seu povo e se compadece dos seus servos. (15) Os ídolos das nações são prata e ouro, obras de mãos humanas: (16) têm boca, mas não falam; têm olhos, mas não vêem; (17) têm ouvidos, mas não ouvem; não há um sopro sequer em sua boca. (18) Os que os fazem se tornam como eles, todos aqueles que neles confiam. (19) Casa de Israel, bendizei a Iahweh! Casa de Aarão, bendizei a Iahweh! (20) Casa de Levi, bendizei a Israel! Vós que temeis a Iahweh, bendizei a Iahweh! (21) Que Iahweh seja bendito desde Sião, ele que habita em Jerusalém!

(1) Haleluiá, halelú et shêm Adonái, halelú avdê Adonái. (2) Sheomedím bevêt Adonái, bechatz'rót bêt Elohênu. (3) Halelú iá qi tôv Adonái, zamerú lishmó qi naím. (4) Qi Iaaqóv bachár ló iá, Israél lisgulató. (5) Qi aní iadáti qi gadól Adonái, vaadonênu miqól elohím. (6) Qol ashér chafétz Adonái açá, bashamáim uvaáretz, baiamím vechól tehomót. (7) Maalé neçiím miq'tzé haáretz, beraqím lamatár açá, môtze rúach meotzerotáv. (8) Shehiqá bechorê Mitzráim, meadám ad behemá. (9) Shalách otót umofetím betochêchi Mitzráim, befar'ó uv'chól avadáv. (10) Shehiqá goím rabím, veharág melachím atzumím. (11) Leçichón mélech haemorí, uleóg mélech habashán, ulechól mamlechót Qenáan. (12) Venatán artzám nachalá, nachalá leisraél amó. (13) Adonái shim'chá leolám, Adonái zich'rechá ledór vadór. (14) Qi iadín Adonái amó, veál avadáv itnechám. (15) Atzabê hagoím qeçéf vezaháv, maaçé iedê adám. (16) Pê lahém veló iedabêru, enáim lahém veló ir'ú. (17) Oznáim lahém veló iaazínu, af en iésh rúach befihém. (18) Qemohém ihiú oçehém, qol ashér botêach bahém. (19) Bêt Israél barechú et Adonái, bêt Aharon barechú et Adonái. (20) Bêt haleví barechú Adonái, ir'ê Adonái barechú et Adonái. (21) Barúch Adonái mitzión, shochên Ierushaláim, haleluiá.

Salmo 136

Para a pessoa reconhecer suas falhas e queimar karma

Quem tiver essa intenção deve dedicar-se à meditação. Em primeiro lugar, reze este Salmo. Depois, em meditação profunda, peça que lhe seja concedida iluminação para reconhecer suas falhas — com o propósito de trabalhá-las. Peça conhecimento sobre qual é o karma que você precisa saldar. Se você tem alguma mágoa, dor ou angústia, ou se foi traído, ofereça esses sofrimentos como compensação, com a intenção de que esses mesmos sofrimentos sejam eliminados das pessoas que se encontram em iguais circunstâncias. Do mesmo modo, agradeça pelo ensinamento que lhe é oferecido e peça para compreender profundamente essa lição, aceitando-a com humildade e amor.

(1) Aleluia! Celebrai a Iahweh, porque ele é bom, porque o seu amor é para sempre! (2) Celebrai o Deus dos deuses, porque o seu amor é para sempre! (3) Celebrai o Senhor dos senhores, porque o seu amor é para sempre! (4) Só ele realizou maravilhas, porque o seu amor é para sempre! (5) Ele fez os céus com inteligência, porque o seu amor é para sempre! (6) Ele firmou a terra sobre as águas, porque o seu amor é para sempre! (7) Ele fez os grandes luminares: porque o seu amor é para sempre! (8) o sol para governar o dia, porque o seu amor é para sempre! (9) a lua e as estrelas para governar a noite, porque o seu amor é para sempre! (10) Ele feriu o Egito em seus primogênitos, porque o seu amor é para sempre! (11) e fez sair Israel do meio deles, porque o seu amor é para sempre! (12) com mão forte e braço estendido, porque o seu amor é para sempre! (13) Ele dividiu o mar dos Juncos em duas partes, porque o seu amor é para sempre! (14) e por elas fez passar Israel, porque o seu amor é para sempre! (15) mas nele arrojou o Faraó e seu exército, porque o seu amor é para sempre! (16) Ele guiou o seu povo no deserto, porque o seu amor é para sempre! (17) Ele feriu reis famosos, porque o seu amor é para sempre! (18) Ele matou reis poderosos, porque o seu amor é para sempre! (19) Seon, rei dos amorreus, porque o seu amor é para sempre! (20) e Og, rei

de Basã, porque o seu amor é para sempre! (21) Ele deu a terra deles como herança, porque o seu amor é para sempre! (22) como herança ao seu servo Israel, porque o seu amor é para sempre! (23) Ele se lembrou de nós em nossa humilhação, porque o seu amor é para sempre! (24) Ele nos salvou dos nossos opressores, porque o seu amor é para sempre! (25) Ele dá o pão a toda carne, porque o seu amor é para sempre! (26) Celebrai ao Deus do céu! porque o seu amor é para sempre!

(1) Hodú ladonái qi tôv, qi leolám chasdó. (2) Hodú lelohê haelohím, qi leolám chasdó. (3) Hodú laadonê haadoním, qi leolám chasdó. (4) Leoçê niflaót guedolót levadó, qi leolám chasdó. (5) Leoçê hashamáim bitvuná, qi leolám chasdó. (6) Leroqá haáretz al hamáim, qi leolám chasdó. (7) Leoçê orím guedolím, qi leolám chasdó. (8) Et hashémesh lememshélet baiôm, qi leolám chasdó. (9) Et haiarêach vechochavím lememshélot baláila, qi leolám chasdó. (10) Lemaqê Mitzráim biv'chorehém, qi leolám chasdó. (11) Vaiotzé Israél mitochám, qi leolám chasdó. (12) Beiád chazaqá uvizrôa netuiá, qi leolám chasdó. (13) Legozér iâm çuf ligzarím, qi leolám chasdó. (14) Veheevír Israél betochó, qi leolám chasdó. (15) Veniér par'ó vecheiló veiám çuf, qi leolám chasdó. (16) Lemolích amó bamidbár, qi leolám chasdó. (17) Lemaqê melachím guedolím, qi leolám chasdó. (18) Vaiaharóg melachím adirím, qi leolám chasdó. (19) Leçichôn mélech haemorí, qi leolám chasdó. (20) Uleóg mélech habashán, qi leolám chasdó. (21) Venatán artzám lenachalá, qi leolám chasdó. (22) Nachalá leisraél avdó, qi leolám chasdó. (23) Shebeshiflênu záchar lánu, qi leolám chasdó. (24) Vaifreqênu mitzarênu, qi leolám chasdó. (25) Notên léchem léchol baçár, qi leolám chasdó. (26) Hodú leél hashamáim, qi leolám chasdó.

Salmo 137

*Para eliminar do nosso coração o ódio,
o rancor e a dor*

Antes de rezar este Salmo, peça a Deus para não permitir que sentimentos desprezíveis se alojem no seu coração. Reze o Salmo enviando muito amor às pessoas ou circunstâncias que lhe causaram ódio ou rancor.

(1) À beira dos canais de Babilônia nos sentamos, e choramos com saudades de Sião; (2) nos salgueiros que ali estavam penduramos nossas harpas. (3) Lá, os que nos exilaram pediam canções, nossos raptores queriam alegria: "Cantai-nos um canto de Sião!" (4) Como poderíamos cantar um canto de Iahweh numa terra estrangeira? (5) Se eu me esquecer de ti, Jerusalém, que me seque a mão direita! (6) Que me cole a língua ao paladar caso eu não me lembre de ti, caso eu não eleve Jerusalém ao topo da minha alegria! (7) Iahweh, relembra o dia de Jerusalém aos filhos de Edom, quando diziam: "Arrasai-a! Arrasai-a até os alicerces!" (8) Ó devastadora filha de Babel, feliz quem devolver a ti o mal que nos fizeste! (9) Feliz quem agarrar e esmagar teus nenês contra a rocha!

(1) Al naharót Bavél, sham iashávnu gam bachínu bezoch'rênu et Tzión. (2) Al aravím betochá, talínu qinorotênu. (3) Qi sham sheelúnu shovênu divrê shir vetolalênu sim'chá, shíru lánu mishír Tzión. (4) Êch nashír et shir Adonái, al admát nechár. (5) Im eshqachêch Ierushaláim, tishqách ieminí. (6) Tidbáq leshoní lechiqí im ló ezqerêchi, im ló aalê et Ierushaláim al rosh sim'chatí. (7) Zechór Adonái livnê edôm et iôm Ierushaláim, haomerím áru áru ad haieçód ba. (8) Bat Bavél hashedudá, ashrê shéieshalem lach et guemuléch shegamált lánu. (9) Ashrê sheiochéz venipêtz et olaláich el haçála.

Salmo 138

Para conseguir amor e amizade

Banhe-se com água de flores de jasmim ou laranjeira, previamente deixada ao sereno. Esse banho deve ser tomado durante sete dias seguidos. O mais importante, porém, é sua atitude, seu comportamento e seus sentimentos para com os outros. Se você dá amor, aceitação, compreensão, caridade e amizade, é isso que receberá. Se você é alegre e otimista, todos desejarão sua companhia. Mas se você é uma pessoa insuportável, de nada lhe servirão Salmos, banhos e feitiços enquanto você não modificar seu caráter e sua atitude para com os outros — todos vão querer estar o mais longe possível de uma pessoa assim.

(1) *De Davi*. Eu te celebro, Iahweh, de todo o coração, pois ouviste as palavras de minha boca. Na presença dos anjos eu canto a ti, (2) e me prostro voltado para o teu sagrado templo. Celebro teu nome, por teu amor e verdade, pois tua promessa supera tua fama. (3) Quando eu gritei, tu me atendeste e aumentaste a força dentro de mim. (4) Todos os reis da terra te celebrem, Iahweh, pois eles ouvem as promessas de tua boca; (5) e cantem os caminhos de Iahweh: "Grande é a glória de Iahweh! (6) Por mais alto que esteja, Iahweh vê os humildes e conhece os soberbos de longe". (7) Se eu caminho no meio da angústia, tu me fazes viver; ao furor de meus inimigos tu estendes a mão contra a ira do meu inimigo e tua direita me salva. (8) Iahweh fará tudo por mim: Iahweh, o teu amor é para sempre! Não abandones a obra de tuas mãos!

(1) Ledavíd, odechá véchol libí, négued Elohím azamerêqa. (2) Eshtachavé el hechál qodshechá veodé et shemêcha, al chasdechá veál amitêcha, qi higdálta al qol shim'chá imratêcha. (3) Beiôm qaráti vataanêni, tar'hivêni venafshí oz. (4) Iodúcha Adonái qol mal'chê áretz, qi shameú imrê fícha. (5) Veiashíru bedar'chê Adonái, qi gadól qevód Adonái. (6) Qi ram Adonái veshafál ir'ê, vegavôha mimer'cháq ieiedá. (7) Im eléch beqérev tzará techaiêni, al af oievái tishlách iadêcha, vetoshiêni ieminêcha. (8) Adonái igmór baadí, Adonái chasdechá leolám, maaçê iadêcha al téref.

Salmo 139

*Para manter o amor
e a harmonia no casamento*

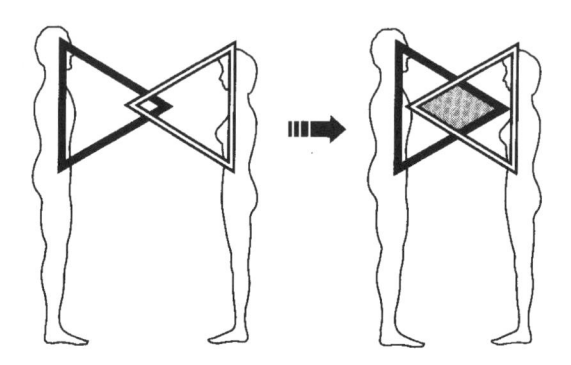

Faça o seguinte exercício e observe bem o desenho acima. O homem projeta, da cabeça e do sexo, um raio azul que vai formar um triângulo cujo vértice aponta para o coração da mulher. Esta, por sua vez, lança um raio rosado que formará um triângulo com o vértice no coração do homem. No interior dos dois triângulos forma-se um losango lilás.

Sirva o café da manhã para seu cônjuge, com uma flor no prato — de preferência uma rosa — e reze freqüentemente este Salmo, analisando sua conduta para com seu parceiro: não vá ser você a causa da discórdia!

(1) *Do mestre de canto. De Davi. Salmo.* Iahweh, tu me sondas e conheces: (2) conheces meu sentar e meu levantar, de longe penetras o meu pensamento; (3) examinas meu andar e meu deitar, meus caminhos todos são familiares a ti. (4) A palavra ainda não me chegou à língua, e tu, Iahweh, já a conheces inteira. (5) Tu

---

* Seu sexo, sua razão e seu amor pelo cônjuge formam uma trindade. E duas trindades representam o macrocosmo e o microcosmo.

me envolves por trás e pela frente, e sobre mim pões a tua mão. (6) É um saber maravilhoso, e me ultrapassa, é alto demais: não posso atingi-lo! (7) Para onde ir, longe do teu sopro? Para onde fugir, longe da tua presença? (8) Subo aos céus, tu lá estás; se me deito no Xeol, aí te encontro. (9) Se tomo as asas da alvorada para habitar nos limites do mar, (10) mesmo lá é tua mão que me conduz, e tua mão direita que me sustenta. (11) Se eu dissesse: "Ao menos a treva me cubra, e a noite seja um cinto ao meu redor" — (12) mesmo a treva não é treva para ti, tanto a noite como o dia iluminam. (13) Sim! Pois tu formaste os meus rins, tu me teceste no seio materno. (14) Eu te celebro por tanto prodígio, e me maravilho com as tuas maravilhas! Conhecias até o fundo do meu ser: (15) meus ossos não te foram escondidos quando eu era modelado, em segredo, tecido na terra mais profunda. (16) Teus olhos viam o meu embrião. No teu livro estão todos inscritos os dias que foram fixados e cada um deles nele figura. (17) Mas, a mim, que difíceis são teus projetos, Deus meu, como sua soma é grande! (18) Se os conto… são mais numerosos que areia! E, se termino, ainda estou contigo! (19) Ah! Deus, se matasses o ímpio… Homens sanguinários, afastai-vos de mim! (20) Eles falam de ti com ironia, menosprezando os teus projetos! (21) Não odiaria os que te odeiam, Iahweh? Não detestaria os que se revoltam contra ti? (22) Eu os odeio com ódio implacável! Eu os tenho como meus inimigos! (23) Sonda-me, ó Deus, e conhece o meu coração! Prova-me, e conhece minhas preocupações! (24) Vê se não ando por um caminho fatal e conduze-me pelo caminho eterno.

(1) Lamenatzêach ledavíd mizmór, Adonái chaqartáni vatedá. (2) Atá iadáta shivtí vequmí, bánta lereí merachóq. (3) Or'chí veriv'í zeríta, véchol derachái hisqánta. (4) Qi en milá bilshoní, hen Adonái iadáta chulá. (5) Achór vaqédem tzartáni, vatáshet alái qapêcha. (6) Peliá dáat mimêni, nisguevá ló uchál la. (7) Ána eléch meruchêcha, veána mipanêcha evrách. (8) Im eçáq shamáim sham áta, veatzía sheól hinêqa. (9) Eçá chanfê sháchar, eshqená beacharít iâm. (10) Gam sham iadechá tan'chêni, vetochazêni ieminêcha. (11) Vaomár ach chóshech ieshufêni, veláila or baadêni. (12) Gam chóshech ló iach'shích mimêqa, veláila qaiôm iaír qachashechá qaorá. (13) Qi atá qaníta chiliotái, teçuqêni bevéten imí. (14) Odechá al qi noraót niflêti, niflaím maaçêcha venafshí iodáat meód. (15) Ló nich'chád atzmí mimêqa, ashér uçêti vaçéter ruqámti betach'tiót áretz. (16) Galmí raú enêcha veál çifrechá qulám iqatêvu, iamím iutzáru veló echád bahém. (17) Velí ma iaqerú reêcha El, me atzemú rashehém. (18) Esperém mechól irbún, heqitzôti veodí imách. (19) Im tiqtól Elôha rashá, veanshê damím çúru mêni. (20) Ashér iomerúcha limzimá, naçú lasháv arêcha. (21) Haló meçan'êcha Adonái esná, uvitqomemêcha etqotát. (22) Tach'lít çin'á çenetím, leoievím háiu li. (23) Choqrêni El vedá leví, bechonêni vedá çar'apái. (24) Ur'ê im dérech otzév bi, un'chêni bedérech olám.

Salmo 140

Para quem vai estudar

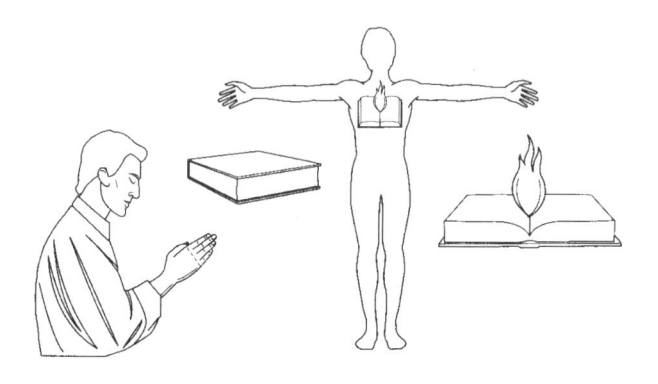

Fique de pé, com o rosto voltado para o leste e as mãos unidas em oração. Imagine que há em seu peito um livro fechado, de cor púrpura, e repita várias vezes:

Iúd, Bêt

Depois estenda os braços formando uma cruz e visualize que, em seu peito, o livro se abre na página central. Diga então:

Ó Urí El Atá She Atá Eín Çof La Or Shemá Bo Elái

Ao terminar de dizer essas palavras, veja uma chama cinza-prateada aparecer no centro do livro aberto, iluminando-o por dentro. Sinta e veja todas as dúvidas saindo de você. Depois comece a estudar a matéria que deseja aprender.

(1) *Do mestre de canto. Salmo. De Davi.* (2) Iahweh, salva-me do homem perverso, defende-me do homem violento: (3) eles planejam o mal em seu coração e

a cada dia provocam contendas; (4) afiam a língua como serpentes, sob seus lábios há veneno de víbora. [Pausa] (5) Iahweh, guarda-me das mãos do ímpio, defende-me do homem violento: eles planejam tropeços aos meus passos; estendem laços e redes sob meus pés, (6) os soberbos escondem-me armadilhas, colocam-me ciladas pelo caminho. [Pausa] (7) Eu digo a Iahweh: "Tu és o meu Deus, Iahweh, ouve minha voz suplicante! (8) Iahweh, meu Senhor, força que me salva, tu me proteges a cabeça no dia da batalha! (9) Iahweh, não aproves os desejos dos ímpios, não favoreças os seus planos!" Eles levantam (10) a cabeça, aqueles que me cercam. Que a malícia de seus lábios os recubra! [Pausa] (11) Brasas acesas chovam sobre eles, caiam em abismos e não possam levantar! (12) Que o caluniador não se afirme sobre a terra, que o mal persiga o violento até a morte! (13) Eu sei que Iahweh defenderá o direito dos indigentes e fará justiça aos pobres. (14) E os justos celebrarão o teu nome, os retos viverão em tua presença.

(1) Lamenatzêach mizmór ledavíd. (2) Chaletzêni Adonái meadám ra, meísh chamaçím tintzerêni. (3) Ashér chashevú raót belév, qol iôm iagúru mil'chamót. (4) Shanênu leshonám qêmo nachásh, chamát ach'shúv táchat çefatêmo çelá. (5) Shomrêni Adonái midê rashá, meísh chamaçím tintzerêni, ashér chashevú lid'chót peamái. (6) Tamenú gueím pach li vachavalím, páreçu rêshet leiád magál, moqeshím shátu li çelá. (7) Amárti ladonái Êli áta, haazína Adonái qol tachanunái. (8) Elohím Adonái oz ieshuatí, çaqôta leroshí beiôm násheq. (9) Al titên Adonái maavaiê rashá, zemamó al taféq iarúmu çelá. (10) Rosh meçibái, amál çefatêmo iechaçêmo. (11) Imôtu alehém guechalím, baésh iapilém bemahamorót bal iaqúmu. (12) Ish lashôn bal iqôn baáretz, ish chamás ra ietzudênu lemad'chefót. (13) Iadáti qi iaaçé Adonái din aní, mishpát evioním. (14) Ach tzadiqím iodú lishmêcha, ieshevú iesharím et panêcha.

Salmo 141

*Para eliminar dores morais
e curar doenças do coração*

Antes de rezar este Salmo, estude bem o desenho para poder memorizá-lo. Depois, visualizando-o, diga:

Ordo-Templis. Sapiens Lux Eterna

---

* Aqui estão representadas duas colunas, uma branca e outra preta, pela simples razão de que uma pessoa que não possui sustentação interior está desarmonizada. A letra *Iúd*, dentro do coração, lhe dará a força; a letra que está abaixo, *Sámech*, lhe dará o apoio de Deus. As duas colunas representam o equilíbrio entre a força feminina e a força masculina.

Leia agora esta oração:

Ó supremo Templo de Jerusalém,
tu que és o apoio moral de todos os corações,
vem e apóia meu ânimo.

Repita essa oração, visualizando o desenho, até que ele emane de seu próprio coração, como se fosse um apoio interior oferecido ao seu fragilizado coração moral e físico.

(1) *Salmo. De Davi.* Iahweh, eu te chamo, socorre-me depressa! Ouve minha voz quando clamo a ti! (2) Suba minha prece como incenso em tua presença, minhas mãos erguidas como oferta vespertina! (3) Iahweh, coloca uma guarda em minha boca, uma sentinela à porta dos meus lábios. (4) Impede meu coração de se inclinar ao mal, de cometer a maldade com os malfeitores. Não terei prazer em seus banquetes! (5) Que o justo me bata, que o bom me corrija, que o óleo do ímpio não me perfure a cabeça, pois me comprometeria com suas maldades. (6) Eles estão entregues ao poder da Rocha, seu juiz, eles que tinham prazer quando me ouviam dizer: (7) "Como pedra do moinho rebentada por terra, estão espalhados nossos ossos à boca do Xeol". (8) A ti, Iahweh, elevo meus olhos, eu me abrigo em ti, não me deixes sem defesa! (9) Guarda-me das armadilhas que armaram para mim, e das ciladas dos malfeitores. (10) Caiam os ímpios, cada qual em sua rede, enquanto eu escapo, em liberdade!

(1) Mizmór ledavíd, Adonái qeratícha chúsha li, haazína qolíi beqor'í lach. (2) Tiqón tefilatí qetóret lefanêcha, maç'át qapái mín'chat árev. (3) Shitá Adonái shomrá lefí, nitzerá al dal çefatái. (4) Al tat libí ledavár ra, lehit'olél alilót berésha et ishím pôale áven, uvál el'chám beman'amehém. (5) Iehelmêni tzadíq chéçed veiochichêni, shémen rosh al ianí roshí, qi od utfilatí beraotehém. (6) Nishmetú vidê çelá shoftehém, veshameú amarái qi naêmu. (7) Qemó folêach uvoqêa baáretz, nifzerú atzamênu lefí sheól. (8) Qi elêcha Elohím Adonái enái, bechá chaçíti al teár nafshí. (9) Shomrêni midê fach iáqeshu li, umoqeshót pôale áven. (10) Ipelú vemach'moráv resháim, iáchad anochí ad eevór.

Salmo 142

*Para eliminar dores musculares
e câimbras nas pernas,
ou para curar as pernas de qualquer doença*

Massageie toda a superfície das pernas com óleo autêntico de amendoim, ligeiramente morno. Depois recite este Salmo.
    (1) *Poema. De Davi. Quando estava na caverna. Prece.* (2) Gritando a Iahweh, eu imploro! Gritando a Iahweh, eu suplico! (3) Derramo à sua frente o meu lamento, à sua frente exponho a minha angústia, (4) enquanto meu alento desfalece; mas tu conheces meu caminho! No caminho em que ando ocultaram para mim uma armadilha. (5) Olha para a direita e vê: ninguém mais me reconhece, nenhum lugar de refúgio, ninguém que olhe por mim! (6) Eu grito a ti, Iahweh, e digo: Tu és meu refúgio, minha parte na terra dos vivos! (7) Dá atenção ao meu grito, pois já estou muito fraco. Livra-me dos meus perseguidores, pois eles são mais fortes do que eu! (8) Faze-me sair da prisão para que eu celebre o teu nome! Os justos se ajuntarão ao meu redor, por causa do bem que me fizeste.

    (1) Masqíl ledavíd, bihiotó vameará tefilá. (2) Qolí el Adonái ez'áq, qolí el Adonái et'chanán. (3) Eshpóch lefanáv sichí, tzaratí lefanáv aguíd. (4) Behit'atéf alái ruchí veatá iadáta netivatí, beórach zu ahaléch tamenú fach li. (5) Habét iamín ur'ê veén li maqír, avád manós mimêni en dorésh lenafshí. (6) Zaáqti elêcha Adonái, amárti atá mach'çí chelqí beéretz hachaím. (7) Haq'shíva el rinatí qi dalôti meód, hatzilêni merodefái qi ametzú mimêni. (8) Hotzía mimasguér nafshí lehodót et shemêcha, bi iach'tíru tzadiqím qi tigmól alái.

Salmo 143

*Para eliminar a dor de dente.
Para eliminar dores e ajudar na cicatrização
de doenças periodontais*

Consiga brotos de acácia ou mangueira: mastigue os raminhos ou prepare uma infusão com as folhas e faça bochechos quando a água estiver morna. Também se pode usar água e sal marinho. Esses tratamentos podem ser feitos independentemente dos conselhos do seu dentista. Reze este Salmo, visualizando uma luz ou energia de cor mostarda que vai curando a região doente ou dolorida. Repita o tratamento ainda três vezes, depois de ter desaparecido a dor, a doença ou a inflamação. Não esqueça de visitar o dentista.

(1) *Salmo. De Davi.* Iahweh, ouve a minha prece, dá ouvidos às minhas súplicas, por tua fidelidade, responde-me, por tua justiça! (2) Não entres em julgamento com teu servo, pois frente a ti nenhum vivente é justo! (3) O inimigo me persegue, esmaga minha vida por terra, faz-me habitar nas trevas como os que estão mortos para sempre. (4) Meu alento já vai se extinguindo, e dentro de mim meu coração se assusta. (5) Recordo os dias de outrora, em todo o teu agir eu medito, refletindo sobre a obra de tuas mãos; (6) a ti estendo meus braços, minha vida é terra sedenta de ti. [Pausa] (7) Responde-me depressa, Iahweh, pois meu alento está no fim! Não escondas tua face de mim: eu ficaria como os que baixam à cova. (8) Faze-me ouvir teu amor pela manhã, pois é em ti que eu confio; indica-me o caminho a seguir, pois eu me elevo a ti. (9) Livra-me dos meus inimigos, Iahweh, pois estou protegido junto a ti. (10) Ensina-me a cumprir tua vontade, pois tu és o meu Deus; que teu bom espírito me conduza por uma terra aplanada. (11) Por teu nome, Iahweh, tu me conservas, por tua justiça tira-me da angústia, (12) por teu amor aniquilas meus inimigos e destróis meus adversários todos, porque eu sou servo teu!

(1) Mizmór ledavíd, Adonái shemá tefilatí haazína el tachanunái, beemunatechá anêni betzidqatêcha. (2) Véal tavó vemishpát et avdêcha, qi ló itz'dáq lefanêcha chol chai. (3) Qi radáf oiév nafshí diqá laáretz chaiatí, hoshiváni vemachashaqím qemetê olám. (4) Vatit'atéf alái ruchí, betochí ishtomém libí. (5) Zachárti iamím miqédem, haguíti véchol paolêcha, bemaaçé iadêcha açochêach. (6) Perásti iadái elêcha, nafshí qeéretz aiefá lechá çelá. (7) Mahér anêni Adonái qaletá ruchí, al tastér panêcha mimêni venimshálti im ioredê vor. (8) Hashmiêni vabóqer chasdêcha qi vechá vatách'ti, hodiêni dérech zu eléch qi elêcha naçáti nafshí. (9) Hatzilêni meoievái, Adonái elêcha chiçíti. (10) Lamedêni laaçót retzonêcha qi atá Elohái, ruchachá tová tan'chêni beéretz mishór. (11) Lemáan shim'chá Adonái techaiêni, betzidqatechá totzí mitzará nafshí. (12) Uv'chasdechá tatzmít oievái, vehaavadtá qol tzorerê nafshí qi aní avdêcha.

Salmo 144

Para curar fraturas na mão ou no braço

Reze a mesma oração e cumpra o mesmo ritual da parte 13 do Salmo 119, correspondente à letra hebraica *Mém*.

Antes de rezar o Salmo 144, coloque uma faixa de algodão ou lã sobre a região afetada (que já deverá ter sido tratada e, se for o caso, engessada pelo médico), depois de untá-la abundantemente com óleo de rícino. Deixe a faixa no local durante o máximo de tempo possível. Não exponha a fratura ao frio, porque o óleo produz calor e a mudança de temperatura não será benéfica.

(1) *De Davi*. Bendito seja Iahweh, o meu rochedo, que treina minhas mãos para a batalha e meus dedos para a guerra; (2) meu amor e minha fortaleza, minha torre forte e meu libertador, o escudo em que me abrigo e que a mim submete os povos. (3) Iahweh, que é o homem para que o conheças, o filho do mortal, para que o consideres? (4) O homem é como um sopro, seus dias como a sombra que passa. (5) Iahweh, inclina teu céu e desce, toca os montes, e eles fumegarão, (6) fulmina o raio e dispersa-os, lança tuas flechas e afugenta-os! (7) Do alto estende a tua mão, salva-me, livra-me das águas torrenciais, da mão dos estrangeiros: (8) sua boca fala mentiras, e sua direita é direita de perjúrio. (9) Ó Deus, eu canto a ti um cântico novo, vou tocar para ti a harpa de dez cordas: (10) és tu que dás a vitória aos reis e salvas Davi, teu servo. Da espada cruel (11) salva-me! Livra-me da mão dos estrangeiros: sua boca fala mentiras e sua direita é direita de perjúrio. (12) Sejam nossos filhos como plantas, crescidos desde a adolescência; nossas filhas sejam colunas talhadas, imagem de um palácio; (13) nossos celeiros cheios, transbordantes de frutos de toda espécie; nossos rebanhos se multipliquem aos milhares e miríades, em nossos campos; (14) nossos bois estejam carregados; não haja brecha ou fuga, nem grito de alarme em nossas praças. (15) Feliz o povo em que assim acontece, feliz o povo cujo Deus é Iahweh!

(1) Ledavíd, barúch Adonái tzurí, hamelaméd iadái laqráv, etzbeotái lamil'chamá. (2) Chasdí umtzudatí misgabí umfaltí li, maguiní uvó chaçíti harodéd amí tach'tái. (3) Adonái ma adám vatedaêhu, ben enésh vatechashevêhu. (4) Adám lahével damá, iamáv qetzél ovér. (5) Adonái hat shamêcha vetéred, ga beharím veieeshánu. (6) Beróq báraq utfitzém, shelách chitzêcha utehumém. (7) Shelách iadêcha mimarôm, petzêni vehatzilêni mimáim rabím miiád benê nechár. (8) Ashér píhem díber-shav, viminâm iemín sháqer. (9) Elohím shir chadásh ashíra lach, benével açór azamerá lach. (10) Hanotén teshuá lamelachím, hapotzê et Davíd avdó mechérev raá. (11) Petzêni vehatzilêni miiád benê nechár, ashér píhem díber-shav viminâm iemín sháqer. (12) Ashér banênu qintiím megudalím bineurehém, benotênu chezaviót mechutavót tavnít hechál. (13) Mezavênu meleím mefiqím mizán el zan, tzonênu maalifót merubavót bechutzotênu. (14) Alufênu meçubalím, en péretz veén iotzét, veén tzevachá bir'chovotênu. (15) Ashrê haám sheqácha ló, ashrê haám sheadonái Eloháv.

Salmo 145

*Para perder o medo
de seres espirituais ou astrais*

A pessoa que rezar este Salmo três vezes por dia terá uma proteção espiritual muito poderosa. Os versículos do Salmo 145 se iniciam com as letras do alfabeto hebraico, na ordem usual. É um Salmo que promete apoio a todas as criaturas.

No final deste Salmo, destaca-se como Deus está próximo de todos aqueles que Lhe imploram com sinceridade. Para obter um efeito ainda mais intenso, é preferível recitá-lo em hebraico, tal como se encontra logo depois da versão em português. Relembro ao leitor que a versão em hebraico está transliterada da maneira como deve ser pronunciada por quem fala português. Os acentos estão marcados.

(1) *Louvor. De Davi*. Eu te exalto, ó Rei meu Deus, e bendigo teu nome para sempre e eternamente. (2) Eu te bendirei todos os dias e louvarei teu nome para sempre e eternamente. (3) Grande é Iahweh, e muito louvável, é incalculável a sua grandeza. (4) Uma geração apregoa tuas obras a outra, proclamando as tuas façanhas. (5) Tua fama é esplendor de glória: cantarei o relato das tuas maravilhas. (6) Falarão do poder dos teus terrores, e eu cantarei a tua grandeza. (7) Difundirão a lembrança da tua bondade imensa e aclamarão a tua justiça. (8) Iahweh é piedade e compaixão, lento para a cólera e cheio de amor; (9) Iahweh é bom para todos, compassivo com todas as suas obras. (10) Que tuas obras todas te celebrem, Iahweh, e teus fiéis te bendigam; (11) digam da glória do teu reino e falem das tuas façanhas, (12) para anunciar tuas façanhas aos filhos de Adão, e a majestade gloriosa do teu reino. (13) Teu reino é reino para os séculos todos, e teu governo para gerações e gerações. Iahweh é verdade em suas palavras todas, amor em todas as suas obras; (14) Iahweh ampara todos os que caem e endireita todos os curvados. (15) Em ti esperam os olhos de todos e no tempo certo tu lhes dás o alimento: (16) abres a tua mão e sacias todo ser vivo à vontade. (17) Iahweh é justo em seus caminhos todos, e fiel em todas as suas obras; (18) está perto de todos os

que o invocam sinceramente. (19) Realiza o desejo dos que o temem, ouve seu grito e os salva. (20) Iahweh guarda todos os que o amam, mas destruirá todos os ímpios. (21) Que minha boca diga o louvor de Iahweh e toda carne bendiga seu nome santo, para sempre e eternamente!

(1) Tehilá ledavíd, aromim'chá Elohái hamélech, vaavarechá shim'chá leolám vaéd. (2) Béchol iôm avarechêqa, vaahalelá shim'chá leolám vaéd. (3) Gadól Adonái umehulál meód, veligdulató en chéqer. (4) Dor ledór ieshabách maaçêcha, ugvurotêcha iaguídu. (5) Hadár qevód hodêcha, vedivrê nifleotêcha açícha. (6) Veezúz noreotêcha iomêru, ugdulatechá açaparêna. (7) Zécher rav tuvechá iabíu, vetzidqatechá ieranênu. (8) Chanún verachúm Adonái, érech apáim ugdól cháçed. (9) Tôv Adonái laqól, verachámav al qol maaçáv. (10) Iodúcha Adonái qol maaçêcha, vachaçidêcha ievarechúcha. (11) Qevód mal'chutechá iomêru, ugvuratechá iedabêru. (12) Lehodía livnê haadám guevurotáv, uch'vód hadár mal'chutó. (13) Mal'chutechá mal'chút qol olamím, umemshaltechá béchol dor vadór. (14) Çomêch Adonái léchol hanofelím, vezoqéf léchol haqefufím. (15) Enê chol elêcha ieçabêru, veatá notên lahém et och'lám beitó. (16) Potêach et iadêcha, umasbía léchol chái ratzón. (17) Tzadíq Adonái béchol deráchav, vechaçíd béchol maaçáv. (18) Qaróv Adonái léchol qoreáv, léchol ashér iqraúhu veemét. (19) Retzón iereáv iaçé, véet shav'atám ishmá veioshiêm. (20) Shomér Adonái et qol ohaváv, veét qol hareshaím iashmíd. (21) Tehilát Adonái iedabér pi, vivarêch qol baçár shêm qodshó leolám vaéd.

Salmo 146

*Para curar uma ferida infectada
ou que demora a cicatrizar*

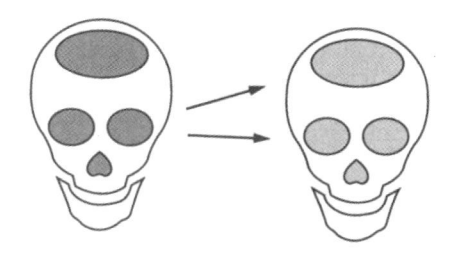

Imagine uma caveira de cor azul-índigo, sem a parte superior do crânio. Essa caveira contém um líquido verde, no tom característico das salas de cirurgia. Recite o mantra:

*Çeqél Mugshán
Norá, Norá, Norá*

Repita o mantra até ver o líquido adquirir um tom verde fosforescente. Depois imagine que está bebendo o conteúdo da caveira.

Este Salmo também pode ser rezado quando a pessoa vai sofrer uma cirurgia ou depois de ter sido operada. Abençoe as mãos de quem realizou ou vai realizar a intervenção cirúrgica e depois reze o Salmo 146. Este Salmo deve ser lido três vezes por dia durante o período de convalescença. Cumpra o mesmo ritual no momento da troca das ataduras ou do tratamento de suas lesões.

---

* Estamos ativando a potestade de Norá, o poder terrível e incalculável da morte, que mata e destrói tudo o que é prejudicial. Ela ativa ilimitadamente o poder de restauração, que mata como um antibiótico e então regenera.

(1) Aleluia! Louva a Iahweh, ó minha alma! (2) Enquanto eu viver, louvarei Iahweh, tocarei ao meu Deus, enquanto existir! (3) Não depositais a segurança nos nobres e nos filhos do homem, que não podem salvar! (4) Exalam o espírito e voltam à terra, e no mesmo dia perecem seus planos! (5) Feliz quem se apóia no Deus de Jacó, quem põe a esperança em Iahweh seu Deus: (6) foi ele quem fez o céu e a terra, o mar e tudo que neles existe. Ele mantém para sempre a verdade: (7) fazendo justiça aos oprimidos, dando pão aos famintos; Iahweh liberta os prisioneiros, (8) Iahweh abre os olhos dos cegos, Iahweh endireita os curvados, (9) Iahweh protege o estrangeiro, sustenta o órfão e a viúva; Iahweh ama os justos, mas transtorna o caminho dos ímpios. (10) Iahweh reina para sempre, teu Deus, ó Sião, de geração em geração! Aleluia!

(1) Haleluiá, halelí nafshí et Adonái. (2) Ahalelá Adonái bechaiái, azamerá lelohái beodí. (3) Al tivtechú vindivím, bevén adám sheên ló teshuá. (4) Tetzé ruchó iashúv leadmató, baiôm hahú avedú eshtonotáv. (5) Ashrê sheél Iaaqóv beezró, çivró al Adonái Eloháv. (6) Oçé shamáim vaáretz, et haiám véet qol ásher bam, hashomér emét leolám. (7) Oçé mishpát laashuqím, notén léchem lareevím, Adonái matír açurím. (8) Adonái poqêach ivrím, Adonái zoqéf qefufím, Adonái ohév tzadiqím. (9) Adonái shomér et guerím, iatôm vealmaná ieodêd, vedérech reshaím ieavét. (10) Imlóch Adonái leolám, Eloháich Tzión, ledór vadór, haleluiá.

Salmo 147

Para curar picadas de cobra ou escorpião

Este Salmo é particularmente milagroso em casos de picada de qualquer animal — não somente cobras venenosas, mas também lacraias, vespas, aranhas, lagartos e salamandras, escorpiões ou qualquer outro animal peçonhento. O Salmo deve ser rezado várias vezes, até a pessoa sarar.

Advertência: É necessário que a pessoa consulte o médico para receber a injeção do antídoto indicado para cada tipo de picada.

(1) Louvai a Iahweh, pois é bom cantar ao nosso Deus — doce é o louvor. (2) Iahweh reconstrói Jerusalém, reúne os exilados de Israel; (3) ele cura os corações despedaçados e cuida dos seus ferimentos; (4) ele conta o número das estrelas, e chama cada uma por seu nome. (5) Nosso Senhor é grande e onipotente e sua inteligência é incalculável. (6) Iahweh sustenta os pobres e rebaixa os ímpios ao chão. (7) Entoai a Iahweh o louvor, cantai ao nosso Deus com a harpa: (8) ele cobre o céu com nuvens, preparando a chuva para a terra; faz brotar erva sobre os montes, e plantas úteis ao homem; (9) fornece alimento ao rebanho e aos filhos do corvo, que grasnam. (10) Ele não se compraz com o vigor do cavalo, nem aprecia os músculos do homem; (11) Iahweh aprecia aqueles que o temem, aqueles que esperam seu amor. (12) Glorifica a Iahweh, Jerusalém, louva teu Deus, ó Sião: (13) pois ele reforçou as trancas de tuas portas, abençoou os teus filhos no teu seio: (14) pôs a paz em tuas fronteiras, com a flor do trigo te sacia. (15) Ele envia suas ordens à terra, e sua palavra corre velozmente: (16) faz cair a neve como lã, espalha a geada como cinza. (17) Ele atira seu gelo em migalhas: diante do seu frio, quem pode resistir? (18) Ele envia sua palavra e as derrete, sopra seu vento e as águas correm. (19) Anuncia sua palavra a Jacó, seus estatutos e normas a Israel; (20) com nação nenhuma agiu deste modo, e nenhuma conheceu as suas normas. Aleluia!

(1) Haleluiá, qi tôv zamerá Elohênu, qi naím navá tehilá. (2) Bonê Ierusha-láim Adonái, nid'chê Israél iechanés. (3) Harofé lishvurê lev, um'chabésh leatzevotám. (4) Monê mispár laqochavím, lechulám shemót iqrá. (5) Ga-dól adonênu vérav qôach, litvunató en mispár. (6) Meodéd anavím Adonái, mashpíl reshaím adê áretz. (7) Enú ladonái betodá, zamerú lelohênu vechi-nór. (8) Hamechaçê shamáim beavím, hamechín laáretz matár, hamatz-míach harím chatzír. (9) Notên livehemá lach'má, livnê orév ashér iqráu. (10) Ló vigvurát haçús iech'pátz, ló veshoqê haísh irtzé. (11) Rotzé Adonái et ie-reáv, et hameiachalím lechasdó. (12) Shabechí Ierushaláim et Adonái, hale-lí Eloháich Tzión. (13) Qi chizáq berichê shearáich, berách banáich beqir-bêch. (14) Haçám guevulêch shalôm, chélev chitím iasbíech. (15) Hasholêach imrató áretz, ad meherá iarútz devaró. (16) Hanotên shéleg qat-zámer, qefór qaéfer iefazér. (17) Mashlích qar'chó chefitím, lifnê qarató mi iaamód. (18) Ishlách devaró veiamçém, iashév ruchó izelú máim. (19) Ma-guíd devaráv leiaaqóv, chuqáv umishpatáv leisraél. (20) Ló áça chen léchol gói, umishpatím bal iedáum, haleluiá.

Salmo 148

Para salvar-se de um incêndio

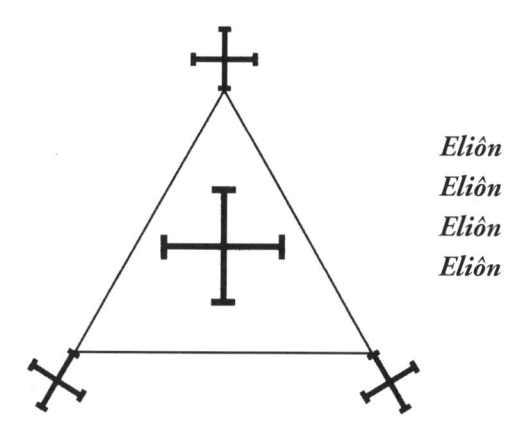

Eliôn
Eliôn
Eliôn
Eliôn

Diga *Eliôn* e use o emblema acima, enquanto continua pronunciando *Eliôn*, para que o incêndio se apague. (O emblema lhe indicará o que fazer.) *Eliôn* quer dizer "o mais alto Deus, o maior e mais poderoso".

A mesma oração do Salmo 76 é rezada a seguir. Quando você tiver de apagar um fósforo, um papel ou uma vela, nunca o faça com água, mas sim eliminando o oxigênio para sufocar o fogo.

Os seres elementais do Fogo não gostam que lhes joguem água, porque isso provoca neles uma mudança muito brusca. Agradeça ao Fogo toda vez que dele se servir, para que ele seja sempre seu amigo e aliado. Os elementos, assim como todas as criaturas superiores e inferiores, em todos os seus níveis, louvam a Deus. O Fogo é um dos quatro elementos.

---

* O triângulo central em vermelho é o emblema do elemento Fogo. A cruz, no centro, é o equilíbrio da força que mantém o fogo ardendo. As cruzes nos vértices do triângulo equilibram o fogo; elas o dominam.

(1) Aleluia! Louvai a Iahweh no céu, louva-o nas alturas; (2) louvai-o todos os seus anjos, louvai-o seus exércitos todos! (3) Louvai-o, sol e lua, louvai-o, astros todos de luz (4) louvai-o, céus dos céus e águas acima dos céus! (5) Louvem o nome de Iahweh, pois ele mandou e foram criados; (6) fixou-os eternamente, para sempre, deu-lhes uma lei que jamais passará. (7) Louvai a Iahweh na terra, monstros marinhos e abismos todos, (8) raio e granizo, neve e bruma, e furacão cumpridor da sua palavra; (9) montes e todas as colinas, árvore frutífera e todos os cedros, (10) fera selvagem e o gado todo, réptil e pássaro que voa, (11) reis da terra e todos os povos, príncipes e juízes todos da terra, (12) jovens e também donzelas, os velhos com as crianças! (13) Louvem o nome de Iahweh: é o único nome sublime, sua majestade vai além da terra e do céu, (14) e ele reforça o vigor do seu povo! Orgulho de todos os seus fiéis, dos israelitas, seu povo íntimo. Aleluia!

(1) Haleluiá, halelú et Adonái min hashamáim, haleluhú bameromím. (2) Haleluhú chol mal'acháv, haleluhú qol tzevaáv. (3) Haleluhú shémesh veiarêach, haleluhú qol qôch've or. (4) Haleluhú shemê hashamáim, vehamáim ashér meál hashamáim. (5) Iehalelú et shêm Adonái, qi hu tzivá venivráu. (6) Vaiaamidém laád leolám, choq natán veló iaavór. (7) Halelú et Adonái min haáretz, taniním véchol tehomót. (8) Esh uvarád, shéleg veqitór, rúach ceará oçá devaró. (9) Heharím véchol guevaót, etz perí véchol arazím. (10) Hachaiá véchol behamá, rémes vetzipór qanáf. (11) Mal'chê éretz véchol leumím, çarím véchol shôfte áretz. (12) Bachurím vegâm betulót, zeqením im nearím. (13) Iehalelú et shêm Adonái, qi nisgáv shemó levadó, hodô al éretz veshamáim. (14) Vaiárem qéren leamó, tehilá léchol chaçidáv, livnê Israél am qerovó, haleluiá.

Salmo 149

Para que um incêndio não se alastre

Tal como no Salmo anterior, você deve rezar o Salmo 149 com absoluta fé e confiança de que os anjos do Fogo ouvirão suas preces. Mas não esqueça de chamar os bombeiros, porque eles, para apagar o fogo por sufocamento, usam espumas que não contêm água.

(1) Aleluia! Cantai a Iahweh um cântico novo, seu louvor na assembléia de seus fiéis! (2) Alegre-se Israel com aquele que o fez, os filhos de Sião festejam o seu rei! (3) Louvem seu nome com danças, toquem para ele cítara e tambor! (4) Sim, pois Iahweh gosta do seu povo, ele dá aos humildes o brilho da salvação! (5) Que os fiéis exultem de glória, e do lugar gritem com júbilo, (6) com exaltações a Deus na garganta, e nas mãos a espada de dois gumes; (7) para tomar vingança entre os povos e aplicar o castigo entre as nações; (8) para prender seus reis com algemas e seus nobres com grilhões de ferro: (9) cumprir neles a sentença prescrita é uma honra para todos os seus fiéis! Aleluia!

(1) Haleluiá, shíru ladonái shir chadásh, tehilató biqehál chaçidím. (2) Ismách Israél beoçáv, benê Tzión iaguílu vemalqám. (3) Iehalelú shemó vemachól, betóf vechinór iezamerú ló. (4) Qi rotzê Adonái beamó, iefaér anavím bishuá. (5) Ialzú chaçidím bechavód, ieranenú al mishqevotám. (6) Romemót el bigronám, vechérev pifiót beadám. (7) Laaçót neqamá bagoím, tochechót baleumím. (8) Leeçór mal'chehém beziqím, venich'bedehém bechavelê varzél. (9) Laaçót bahém mishpát qatúv, hadár hu léchol chaçidáv, haleluiá.

Salmo 150

Salmo de agradecimento e louvor a Deus por todas as Suas obras

Este belo Salmo de louvor e glorificação a Deus é o último da Bíblia, mas nem por isso o menos formoso. Ele deve ser rezado não somente em ação de graças, depois de ter obtido de Deus um benefício extraordinário, mas constantemente, para agradecer por todos os benefícios que recebemos ao longo da vida e assim atrair mais bênçãos e benefícios. Os judeus costumam rezar este Salmo com acompanhamento musical.

(1) Aleluia! Louvai a Deus em seu templo, louvai-o no seu poderoso firmamento, (2) louvai-o por suas façanhas, louvai-o por sua grandeza imensa! (3) Louvai-o com toque de trombeta, louvai-o com cítara e harpa; (4) louvai-o com dança e tambor, louvai-o com cordas e flauta; (5) louvai-o com címbalos sonoros, louvai-o com címbalos retumbantes! (6) Todo ser que respira louve a Iahweh! Aleluia!

(1) Haleluiá, halelú El beqodshó, haleluhú birqía uzó. (2) Haleluhú vigvurotáv, haleluhú qeróv gud'ló. (3) Haleluhú betéqa shofár, haleluhú benével vechinór. (4) Haleluhú betóf umachól, haleluhú beminím veugáv. (5) Haleluhú vetzil'tzelê sháma, haleluhú betzil'tzelê teruá. (6) Qol haneshamá tehalél iá, haleluiá.

Oração Duniá

*Para ser recitada diante dos 22 altares
das várias religiões*

Ó El Eliôn — Sê minha lei
Ó Amon-Ra — Diante de ti me inclino
Ó Para Brahma — Comanda minha existência
Ó Mája Vishnú — Com teu amor, inunda o meu coração
Ó Shina — Permite-me morrer e renascer em teu ser
Ó Vajradara — Desperta-me
Ó Kirán Yín — Escuta meus rogos
Ó Tirtankaras — Permita-me seguir teu exemplo
Ó Amaterasu o mi Kami — Ilumina com tua luz meu caminho para ti
Ó Ahura Mazda — Purifica-me com teu fogo
Ó Hunab Ku Hurakan — Que teu fogo sagrado seja minha vida
Ó Viracocha-Pachacamac — Conduze-me para diante de ti
Ó Anami — Sê meu sinrram
Ó Olofi Olodumaré — Com tua onipotência, faz-me forte para servir-te
Ó Odin — Que tuas sábias runas me guiem até ti
Ó Duir — Sê minha força
Ó Bahá'u'lláh — Guia-me
Ó Fátum Zeós (Zeus) — Que teu olímpico fogo sagrado more
para sempre em meu coração
Ó Anú — Que a sagrada Ur viva para sempre em mim
Ó Jesus — Dá-me sabedoria e força para autonegar-me diante
de Deus, assim como tu fizeste
Ó Alá — Submisso ante ti estou
Ó Uzíl — Que a luz do sol único ilumine minha perpetuidade!

Leituras recomendadas

O *Talmude*

A *Torá*

A *Bíblia*

O *Alcorão*

O *Zend-Avesta*

O *Bhagavad-Gita*

Anurag Sagar (texto sikh)

O *Tao Te King*

Xintoísmo, as culturas tibetanas

Sol Madanjet Singh

Cábala y Mística Judía (quarta edição, Israel Gutwirth, Acervo Cultural de Editores, Argentina)

O alfabeto hebraico

Símbolo	Nome	Significado	Valor	Letra
א	Álef	Boi, Osíris/Ápis, o boi puxando o arado	1	A
ב	Bêt	Casa, o templo sagrado, a sinagoga onde se acendem as velas da festa de Chanuqá	2	B, V
ג	Guímel	Camelo, com o qual atravessamos sem morrer o grande deserto interior da ignorância em busca do oásis: Deus	3	G
ד	Dálet	A porta sagrada, que conduz à sagrada *bêt* interior	4	D
ה	Hei	A janela que se abre na *bêt* interior	5	H
ו	Váv	Cravo, o gancho com que nos unimos a Deus	6	V
ז	Záin	Espada, o armamento usado contra o ego pessoal	7	Z
ח	Chêt	Cercado, delimitação pessoal, universo pessoal em cuja queda devemos nos redimir usando o esquadro e o compasso	8	CH
ט	Tét	A serpente da luz, que devemos resgatar das garras do eu pessoal. (Nota: *tét* é a serpente simbólica cabalista, pois serpente em hebraico é *náchash*)	9	T
י	Iúd	(1) A mão de Deus, em *bêt* (2) A semente cabalística outorgada na cerimônia de iniciação	10	I
כ	Qáf	Palma da mão, semelhante à luva do *catcher* que recebe a bola do *pitcher* no beisebol. Receptor bom, capacitado e genuíno; assim como recebe, também pode transmitir com igual fidelidade e eficiência	20	Q, C, K

Símbolo	Nome	Significado	Valor	Letra
ל	Lámed	Arado, movido por Ápis/Osíris e Amon-Ra, e o aprendizado de seu uso	30	L
מ	Mém	Água (em hebraico *máim*), significando os fluidos hormonais	40	M
נ	Nun	Peixe, alimento proveniente da água do subconsciente com o qual eliminamos a fome de sabedoria	50	N
ס	Sámech	O suporte interior ou consciência alquímica	60	SS, Ç
ע	Áin	O olho, com o qual vemos além do bem e do mal	70	O
פ	Pêi	A boca, com a qual recebemos o alimento do mestre e iremos transmitir o aprendido	80	P
צ	Tzádiq	O anzol, com o qual pescamos o peixe na água	90	Tz
ק	Quf	A nuca, o ouvido; capacidade de escutar a santidade de nossa verdadeira natureza	100	Q, C, K
ר	Rêsh	A cabeça, responsável pela nossa lógica interior A cabeça de nosso poderosíssimo mestre interior: Deus	200	R
ש	Shin	O dente, com o qual, cabalisticamente falando, mastigamos o alimento espiritual para que seja bem digerido	300	Sh, X
ת	Táv	O auge de nosso processo de despertar a despersonalização total	400	T